高等院校旅游管理专业系列教材

生 态 旅 游 学

高 峻　孙瑞红　李艳慧　编著

南开大学出版社

天 津

图书在版编目(CIP)数据

生态旅游学 / 高峻,孙瑞红,李艳慧编著.—天津:南开大学出版社,2014.5(2025.1 重印)
高等院校旅游管理专业系列教材
ISBN 978-7-310-04448-1

Ⅰ.①生… Ⅱ.①高…②孙…③李… Ⅲ.①生态旅游—旅游学—高等学校—教材 Ⅳ.①F590.7

中国版本图书馆 CIP 数据核字(2014)第 064766 号

生态旅游学
SHENGTAI LÜYOUXUE

南开大学出版社出版发行
出版人:刘文华
地址:天津市南开区卫津路 94 号 邮政编码:300071
营销部电话:(022)23508339 营销部传真:(022)23508542
https://nkup.nankai.edu.cn

天津泰宇印务有限公司印刷 全国各地新华书店经销
2014 年 5 月第 1 版 2025 年 1 月第 7 次印刷
230×170 毫米 16 开本 15.25 印张 284 千字
定价:45.00 元

如遇图书印装质量问题,请与本社营销部联系调换,电话:(022)23508339

前 言

生态旅游出现于20世纪80年代，始于国际上对可持续发展问题的关注，并逐步由理念走向实践，积累了一定的发展经验。中国生态旅游发展也经历了从概念接受到理解，从理解到实践，从实践走向示范的过程。在这一过程中，虽然对生态旅游的内涵仍有不同的认识，但生态旅游在促进生态环境保护、促进当地经济社会发展等方面的作用已得到认可。生态旅游是在环境保护和可持续发展理念下与旅游相互结合的产物，它将旅游置身于整个地球生态系统中进行考虑，将生态系统中具有生态美的特征要素打造成旅游产品，引入科学、专业却又科普、生动的环境解说来向游客传递生物多样性保护的必要性和迫切性，并最终实现生态保护和当地经济发展、社会改善的多赢。因此，从某种角度来看，生态旅游是可持续发展理论在旅游领域里的重要实践；生态旅游的形式或产品只是其可持续发展目标的载体，选择生态旅游这种形式更有利于实现可持续发展的最终目标。

为实现区域“可持续”和“发展”的两重目标，生态旅游需要借助多学科融会贯通、综合应用来实现，其中最重要的就是将旅游等社会科学和生态等自然科学全盘考虑。因此，生态旅游具有自然和社会科学的特征，其研究方法既有定量，也有定性，所以需要吸纳相关学科的研究成果。其中景观生态学、生态经济学、生态人类学、利益相关者理论等构成了生态旅游研究和实践的基础理论。从现实看，我国幅员辽阔，地貌、气候类型复杂，生物种类繁多，具有开展生态旅游活动的极大潜力。但协调旅游开发与环境保护之间的关系，实现区域可持续发展的战略目标，生态旅游还需要有正确的途径和科技支撑，生态旅游需要从资源调查开发、产品设计、旅游景区规划、环境保护、旅游行为规范、环境解说，以及旅游企业管理等各个环节体现生态的理念和原则，打造生态旅游的开发体系、认证体系、解说体系、环境影响评价体系等。

本书用比较广阔的思路和多学科的内容对生态旅游进行较完整的梳理，从生态旅游作为区域可持续发展战略的视角出发，以地理学、生态学、环境科学、社会学、文化学、管理学以及建筑规划学等多学科为基础，首先从生态旅游的兴起与发展入手，介绍生态发展的背景，特别关注的是生态旅游与其他旅游形式的不同点；其次是介绍与生态旅游相关的理论基础和方法，因为这有助于对生态旅游进行研究；再次考虑到本教材是为旅游管理专业学生所用，本书开创性地从理论上阐述了不同生态系统对生态旅游目的地打造的重要意义，并对因地制宜的生态旅游形式进行了分析总结，希望学生能对生态学有个基本的认识，这样有助于更好地理解生态旅游的实质。在此基础上，本书介绍了生态旅游开发与规划、生态旅游者及其行为、如何针对游客开展环境教育及解说等相关内容。考虑到生态旅游发展最终还是要回到生态环境保护上来,并且探讨如何向更广的领域进行推广，本书最后对旅游的环境影响、文化影响等进行了全面分析，力求为现代旅游业减少其负面影响指出一条可行的生态环境管理之路，并全面地勾勒出生态旅游的基本框架。

感谢南开大学出版社孙淑兰老师的积极鼓励和支持，也感谢南开大学出版社编辑的认真负责，为本书的顺利出版做了大量工作。同时感谢上海师范大学旅游学院赵金凌博士对本书大纲设计及初期工作的重要贡献，感谢我的学生——上海工程技术大学管理学院孙瑞红博士为本书编写所付出的巨大努力，感谢我的博士生李艳慧在书稿整理修正中作出的重要贡献，也感谢我的博士研究生刘世栋所提供的支持。由于生态旅游还处于逐步发展过程中，对生态旅游的认识也有个逐步完善的过程，尽管几易其稿，花了大量的时间和精力，但仍然有许多不甚满意的地方，同时也不可避免地存在缺点和错误，在此敬请广大读者批评指正。希望在大家的共同努力之下，开创出中国生态旅游的美好明天！

高峻
2014 年 2 月于上海

目　录

第一章　生态旅游概述

【学习导引】

生态旅游出现于20世纪80年代，始于国际上对可持续发展问题的关注，并逐步由理念走向实践，积累了一定的发展经验。中国生态旅游发展也经历了从接受概念到理解，从理解到实践，从实践走向示范的过程。在这一过程中，虽然对生态旅游的内涵仍有不同的认识，但生态旅游在促进生态环境保护、促进当地经济社会发展等方面的作用已得到认可。所以，作为本书的开篇之章，生态旅游概述旨在通过对生态旅游相关理论和研究的介绍，使学生能够正确认识和理解生态旅游的基本概念，以便日后进一步掌握生态学的知识和理论，明确生态旅游的框架体系，把握生态旅游开发和规划的基本过程，认清生态旅游战略和产品之间的相互关系，抓住生态旅游的经营管理重点，为今后进行生态旅游开发与管理奠定基础。

【教学目标】

1. 掌握生态旅游的历史、发展、现状以及发展前景。
2. 了解生态旅游发展的国际经验。
3. 掌握生态旅游研究在我国的发展过程及现状。
4. 掌握生态旅游的定义及其基本内涵。

【学习重点】

生态旅游的定义及其基本内涵；生态旅游兴起的国际背景及发展历程；生态旅游发展的国际经验。

世界上很早就关注到旅游开发与环境保护的问题。美国在19世纪设立国家公园的目的就在于保护大自然，供旅游者观赏和学习。而在20世纪60年代，大众旅游出现了自然取向性调整，更多的旅游者愿意回归自然，生态旅游在这种需求的刺激下应运而生。经过半个多世纪的研究和发展，生态旅游研究已经取得了丰硕的成果，生态旅游业也成为当今世界最具发展潜力的产业之一。

本章通过对生态旅游的兴起、历史、现状和未来发展前景的阐述，使学生对于生态旅游及生态旅游产业有一个全面而正确的认识。

第一节 生态旅游兴起

一、可持续发展与生态旅游

20 世纪 50 年代以后世界各国经济的快速发展，人类生态环境出现逐步恶化的趋势。1980 年，国际自然保护同盟制订了《世界自然保护大纲》，首次提出了“可持续发展”（Sustainable development）的概念，期望世界各国的发展能遵守满足当代需求，同时不损及后代满足其本身需求的准则。1983 年，联合国成立了世界环境与发展委员会（WECD）。四年以后 WECD 向联合国大会提交了《我们共同的未来》的报告，为“可持续发展”作出如下定义：“既能满足当代人的需要，又不对后代人满足其需要的能力构成危害的发展”。

20 世纪 80 年代是全世界开始关注于可持续发展问题的时代。1980 年由国际自然及自然资源保护联盟（The International Union for Conservation of Nature and Natural Resources，IUCN）、联合国环境规划署（United Nations Environment Program，UNEP）与世界自然基金会（World Wide Life Fund，WWF）所规划的《世界自然保育方案》（The World Conservation Strategy）中建议生态保护与经济发展之间必须有直接的联结，以达到“保育推动发展，发展强化保育”的目标。人类开始意识到，经济发展是需要付出代价的，人类不可能利用地球上的资源作无限制的发展，必须协调经济发展与环境保护之间的关系，否则人类必将承担环境破坏的后果。

1983 年，为了积极响应国际上“可持续发展”的思想，同时也为了解决当时中美洲地区发展的困境，墨西哥保育专家塞贝勒斯·拉斯喀瑞（Ceballos Lascuráin）创造性地使用了“生态旅游”（Ecotourism）一词，目的在于用“生态旅游（Ecotourism）”这个颇具吸引力的名词去游说墨西哥政府在北尤卡坦湿地设立美洲红鹤繁殖地保护区。拉斯喀瑞在与开发者谈到终止当地的码头建设时，提出保育湿地可以吸引观光客来此赏鸟，借生态旅游来发展当地的经济活动。这是利用生态旅游将生态保护和发展经济相结合的第一次尝试。

世界各国经济的发展导致城市病的产生，也促进更多的城市居民到大自然去旅游，很多国家公园和自然保护区逐步成为旅游者热衷的旅游地。保护区所拥有的独特的自然与文化资源成为城市旅游者最主要的吸引物，越来越多的观光客开始对造访原始的自然生态环境，体验原住民传统文化产生浓厚兴趣。

但是过去在一些国家（特别是在发展中国家）的自然保护区，往往更多地考虑野生生物保护的需求，而对于当地社区和居民对发展经济，提高生活水平的需求并不重视。他们为了方便保护区的管理而将原住居民迁移至规划的保护区外围，并限制原住居民利用保护区内的自然资源，这对当地居民的生活产生了很大的影响，并影响当地经济或社会的发展，最终导致了保护区管理机构与地方居民间关系恶化。因此需要协调好保护区管理与当地居民的需求与福利之间的关系。1982年在巴厘岛举办的世界国家公园会议（The World Congress of National Parks）中，鼓励地方居民参与保护区管理的提案得到了许多保育人士以及保护区管理人员的支持。会议中建议通过教育、利益共享、决策参与以及适当的社区发展计划，推动地方居民成为自然资源的共同守护者。

因此，国家公园和自然保护区的旅游发展，让当地居民参与自然资源的保育管理和利益分享，缓和国家公园和保护区管理当局与当地居民之间紧张的关系，同时也促进了自然环境保护和经济发展。观光活动带来的经济利益既可以改善许多国家公园及保护区管理单位面临经费不足的窘境，同时也使当地居民的生活水平有较为显著的提高。

因此，促进地方社会经济发展，保存文化传统，改善当地居民生活水平，有效保护自然环境已逐步成为生态旅游的重要内涵。

二、国际生态旅游年的设立

1992年，联合国在巴西里约热内卢举行地球高峰会议（Earth Summit），一百余个与会国家共同提出《二十一世纪议程》（Agenda 21），其中第十九条特别议程便是这些国家为观光产业所做的可持续经营的承诺：促进旅游的可持续发展，降低游憩活动的冲击，保育具有吸引观光利益的自然与文化资源，鼓励当地居民参与等，渐渐成为政府及企业经营的方向。

面对旅游业发展所带来的机遇和挑战，1990年世界自然基金会（WWF）在所属可持续发展部门成立了相关机构，负责推广生态旅游的概念，进而独立成为国际生态旅游学会（The International Ecotourism Society，TIES）。目前已发展成为拥有来自一百余国涵盖学术界、保育界、产业界、政府单位及非营利组织等约一千六百个会员的国际生态旅游学会，通过提供生态旅游准则、训练、技术支持、计划评估、研究及出版物等服务，致力于全球性生态旅游的推动。

随着“生态旅游”概念的推广，许多拥有丰富自然资源的第三世界国家、国际性的观光组织与保育团体也陆续加入发展生态旅游的行列。鉴于这股热潮，联合国经济暨社会委员会（The Economic and Social Council）于 1998 年 7 月 30 日的第四十六次大会决议，设定 2002 年为国际生态旅游年（The International Year of Ecotourism）。大会决议指出，要落实《二十一世纪议程》，需要全面整合观光产业，以确保观光产业在各联盟间不但能提供经济利润，并对地球生态系的保育、保护与重建有所帮助；同时在可持续经营原则下发展国际间旅游与观光产业，并使环保融入旅游发展的一环，进而考虑到落实生物多样性、气候变化等国际研讨会各项结论的需求。此外，大会还提出要依据可持续发展纲领，加强推动旅游业国际合作。除了满足现阶段旅游者与各观光国或观光区域之所需，还需要保障与增加未来发展的机会，以确保资源分配能满足经济、社会发展的需求，维持文化的完整性、基本的生态演化过程、生物多样性及生态系统。

国际生态旅游年的设立表明了全世界各国对“生态旅游”概念的接受和认可，生态旅游成为获得全球响应的一种可持续旅游发展模式。此后联合国世界旅游组织（World Tourism Organization，WTO）及联合国环境规划署（United Nations Environment Program，UNEP）也积极推动以生物多样性保护为核心的生态旅游发展战略。联合国希望借助于世界各国的积极参与，深入研究生态旅游与可持续发展的相互关系，加强进行经验与技术的交流，更好地完善生态旅游的规划、发展与经营管理，并运用有效的营销策略来推广正确的生态旅游。

第二节 国际生态旅游发展

理想的生态旅游蓝图为促进地方经济发展与维系自然生态找到了一个新的平衡点，因此，生态旅游成为许多发展中国家在平衡当地经济发展与生态环境保护以及可持续利用自然资源时的优先考虑。以东南亚地区为例，自从 1991 年太平洋亚洲地区旅游协会（PATA）在巴厘岛（Bali）提出发展生态旅游的号召后，印度尼西亚开始积极发展生态旅游，几年后，印度尼西亚的蜥蜴出没的科摩多岛（Komodo）就由原来每年 5000 人次左右的游客量，发展成半年就有近万人次搭船远渡而到。在泰国，1990 年以前在泰国丛林中探险的游客九成是外国人，而现在泰国人去自然生态地区旅行的意愿高达八成五。结合生态理念的旅馆设计也逐渐风行，在马来西亚的塔曼尼加拉公园（Taman Negara Park），新加坡的旅馆业者建造了可持续经营的木质房舍，供人们住宿于茂密的原始热带雨林中。希尔顿宾馆也在沙劳越（Sarawak）的雨林中，仿照伊班土著（Ibanindigenous）的长屋，在班潭国家公园（Ban Lake National Park）设立一流且与自然生态结合的旅馆。2000年发展中国家的观光总收益中有17%来自生态旅游的收益，即说明越来越多的人在具生态特色的地方从事生态旅游活动，生态旅游的发展已是国际主要潮流之一。

此外，许多国家在其整体的观光旅游发展与自然保育推展上，把生态旅游的经营理念结合进来，同时建构其制度化的推展，这包括美国、加拿大、澳大利亚、新西兰、巴西、玻利维亚、古巴、哥斯达黎加、智利、阿根廷、秘鲁等国家。

一、国家公园：保护大自然供旅游者观赏和学习

对自然生态系统的保护，最早可追溯到“国家公园”概念的产生及其实践。1832年美国艺术家乔治·卡特林（George Catlin）对美国西部大开发对印第安文明、野生动植物和荒野的影响深表忧虑。他写到：“它们可以被保护起来，只要政府通过一些保护政策设立一个大公园……一个国家公园，其中有人也有野兽，所有的一切都处于原生状态，体现着自然之美”。“国家公园”随后即被全世界许多国家所使用，尽管各自的确切含义不尽相同，但基本意思都是指自然保护区的一种形式。1860年间，美国一群致力于保护自然的先驱，鉴于加利福尼亚州的优胜美地（Yosemite）山谷中的红杉巨木任遭砍伐，而积极促请美国国会立法保护该地，即形成著名的自然保护先驱法案《优胜美地文告》。1864年，根据《优胜美地文告》，将优胜美地区域划为第一个州立公园。1872年美国国会在怀俄明州设立美国，也是世界第一座国家公园：黄石国家公园（Yellowstone National Park），将黄石国家公园置于美国联邦政府的管辖之下。1890年优胜美地也改设为国家公园。

根据1872年3月1日的美国国会法案，黄石国家公园的设立是“为了人民的利益，被批准成为公众的公园及娱乐场所”，同时也是“为了使她所有的树木，矿石的沉积物、自然奇观和风景，以及其他吸引物都保持现有的自然状态而免于破坏”。在此后的100多年里，世界各国也纷纷建立了国家公园，国家公园成为协调自然环境保护和旅游业发展之间关系的平衡者。但与后来的“生态旅游”概念有所不同的是，由于大部分国家公园都建立在人迹罕至的地方，因此并不承担发展当地经济的责任。

二、大众旅游的自然取向性调整

进入20世纪六七十年代，由于欧美各国经济快速发展导致观光旅游人数大增，不管是以自然野生环境还是以异族文化为主题的观光地，都人满为患。旅游活动对当地环境和文化的冲击也日渐加大。肯尼亚早期开发“野生生物巡游”，79%

的游客受肯尼亚的原始自然环境和丰富的野生动物资源吸引来此进行狩猎旅游，这些行为导致国家公园和保护区的环境品质急剧恶化，动物猎杀活动屡禁不止，社会不安定等负面影响的产生。肯尼亚政府于 1977 年宣布停止狩猎活动，宣布禁猎令，继而一些团体机构也提出“用你的镜头来猎取肯尼亚”来代替狩猎旅游。

越来越多的游客开始对造访原始的自然生态环境、体验原住民传统文化产生浓厚兴趣，造成 20 世纪后期旅游业的快速成长，尽管还没有明确提出生态旅游的概念，但是却表明大众旅游的自然取向性方面的调整，同时也引起了不少专家学者的关注，例如世界自然保护联盟（IUCN）特别顾问、墨西哥专家塞贝勒斯·拉斯喀瑞就意识到人们乐于“为了考察、观赏风景、野生动植物以及能在此地发现的所有现存的文化现象的特点的目的，到较为偏僻或未被污染的地区旅行”。

在“永续发展”思想的指导下，赫泽尔（Hetzer）于 1965 年开始呼吁旅游发展应以对当地文化和环境冲击最小，对当地经济发展效益最大和游客满意程度最大为衡量标准，提出发展“生态性旅游”（Ecological Tourism）。在这一时期，出现大量与此相关的词汇（见表 1.1）。

表 1.1　大众旅游基础上的自然取向调整性旅游

对旅游主题		对旅游特征的描述	
Green Tourism	绿色旅游	Nature Tourism	自然旅游
Wildness Tourism	荒野旅游	Sustainable Tourism	可持续旅游
Scientific Tourism	科考旅游	Alternative Tourism	替代性旅游
Agro-Tourism	农业旅游	Low-impact Tourism	低冲击旅游
Wildlife Tourism	野生生物旅游	Soft Tourism	软旅游
Ethnical Tourism	伦理旅游	Responsible Tourism	负责任旅游
Special Interest Tourism	专项旅游	Appropriate Tourism	适宜性旅游
Environmental Pilgrimage	环境朝圣	Environment-friendly Tourism	环境友好旅游

引自梁慧，张立明（2004）。

这些不同名称的旅游活动却有一个共同的特点，即“负责任的旅游”。也就是说，旅游业的发展要注意“不改变生态系统的完整性”，要维护生物多样性，活动项目设置的专项性，体验上的高雅性，教化功能的多样性。

三、生态旅游：从理念走向实践

作为一种新兴的、环保的旅游方式，20 世纪 80 年代中期，“生态旅游”一经提出，就得到世界各国的广泛认同。各国政府开始注重生态旅游发展，成立了生态旅游相关组织，旨在促进生态旅游发展，保护环境和生物多样性。不仅发展中国家，即便如美国、日本、澳大利亚、新西兰和欧洲国家等经济发达国家也都根据各自的生态环境特点，开发了生态旅游产品。生态旅游地域范围越来越广，生态旅游活动规模越来越大，生态旅游产品类型越来越丰富。一些生态旅游发展较快的国家已经注意到生态旅游与当地社区千丝万缕的联系，并努力改善生态旅游发展和社区发展的关系，为社区谋福利。人们也开始注重生态旅游发展所带来的社会、经济和环境的综合效应。

随着“生态旅游”思想在世界范围内的进一步发展，生态旅游进入稳定成熟发展阶段。生态旅游市场的细分可以根据生态旅游者不同的兴趣爱好划分，例如观鸟、潜水、自然爱好者、考古学家、洞穴学者、徒步旅行者、登山者、环境保护主义者和自我价值实现者等。由于各自的划分标准不同，不同学者又有不同的分类方式，例如彼得森（Carol Patterson）把生态旅游产品分为9类，是包价旅游（Tour Package）、节庆（Festival）、住宿（Accommodation）、导游服务（Guiding Service）、观光胜地（Attraction）、非营利性协会（Non-profit Association）、餐饮服务（Food Service）、零售（Retail）、交通运输（Transportation）等。

由于生态旅游逐渐成为区域经济新的增长点和自然保护区资金的重要来源，一些发展中国家，如津巴布韦、肯尼亚、纳米比亚、乌干达、厄瓜多尔、多米尼加、哥斯达黎加、越南、斐济、印度尼西亚等甚至将自身作为一个生态旅游目的地而进行大力建设和促销。比较成功的生态旅游区建设例子有：卢旺达帕乐克国家公园（Pago Luck National Park）以旅游业经济收入来支撑保护区系统；南非马迪卡维（Madikwe）猎场保护区则通过旅游业来促进当地的生态恢复；加纳卡库姆（Kakum）国家公园与保护区以社区为基础，对保护区进行成功的旅游开发；坦桑尼亚查伯姆(Chumbe)岛珊瑚公园则注重根据环境与文化敏感性来设计生态旅游。

四、与生态旅游相关的国际组织及其活动

1. 世界自然保护联盟（IUCN）

世界自然保护联盟简称为IUCN，是International Union for Conservation of Nature and Natural Resources的缩写。作为专职于世界自然环境保护的国际组织，该联盟于1948年在瑞士格兰德（Gland）成立，是政府及非政府机构都能参与合作的少数几个国际组织之一。由全球181个国家、120个政府组织、超过800个非政府组织、10000名专家及科学家组成。

IUCN注重在可持续发展的前提下保护自然与自然资源。IUCN在自然保护的传统领域处于领先地位，如拯救濒危动植物种，建立国家公园和保护区，评估物种，以及保护和恢复生态系统等方面。IUCN旨在影响、鼓励及协助全球各地的国家公园和保护区，保护自然的完整性与多样性，并确保在使用自然资源上的公

平性，以及生态上的可持续发展。

2. 世界野生生物基金会（WWF）

世界野生生物基金会（World Wild Life Foundation，WWF）是在全球享有盛誉的、最大的独立性非政府环境保护组织之一。自1961年成立以来，WWF一直致力于环境保护事业，在全世界拥有将近520万支持者和一个在100多个国家活跃着的网络。

WWF 的使命是遏制地球自然环境的恶化，创造人类与自然和谐相处的美好未来。致力于保护世界生物多样性，确保可再生自然资源的可持续利用和推动降低污染和减少浪费性消费的行动。

WWF在中国的工作始于1980年对大熊猫及其栖息地的保护，是第一个受中国政府邀请来华开展保护工作的国际非政府组织。1996年，WWF正式成立北京办事处，此后陆续在全国八个城市建立了办公室。发展至今，共拥有80多名员工，项目领域也由大熊猫保护扩大到物种保护、淡水和海洋生态系统保护与可持续利用、森林保护与可持续经营、可持续发展教育、气候变化与能源、野生物贸易、科学发展与国际政策等领域。

3. 国际生态旅游协会（TIES）

国际生态旅游协会（The International Ecotourism Society，TIES）是一个致力于促进生态旅游的非营利组织，成立于1990年。TIES作为世界上最早和最大的国际生态旅游协会，倡导团结社区，养护和可持续旅游，力求成为全球的生态旅游知识来源。该组织一直处于生态旅游发展的前列，为生态旅游提供指导方针和标准、培训、技术援助、研究和出版服务，同时也关注生物—文化多样性，以及可持续的社区发展。通过会员服务，行业宣传和教育计划，该组织致力于帮助组织、社区和个人的进行生态旅游宣传和实践。目前在90多个国家有成员，这些成员来自不同的专业领域和行业，其中包括：学者、顾问、养护的专业人员和组织、各国政府、建筑师、旅游经营者、管理人员、一般发展专家和生态旅游者等。

TIES 的使命是促进生态旅游的发展，"在自然领域进行的负责任旅游，保存环境和提高当地人民的福祉"；建立一个个人、机构和旅游业的国际网络；教育游客和旅游专业人员；影响旅游业、公共机构和捐助者，将生态旅游的原则纳入其行动和政策。

4. 世界环境与发展大会

1992年6月，联合国在巴西里约热内卢召开世界环境和发展大会，通过了《关于环境与发展宣言》、《二十一世纪议程》、《联合国气候变化框架公约》、《生物多样性公约》和《森林声明》等五个重要文件。在《二十一世纪议程》这个纲领性的文件中，第一次明确定义"既满足当代人的需要，又不对后代人满足其需要的能力构成危害的发展”为“可持续发展”，正式确定把“可持续发展”作为人类发展的总目标，并确定了为实现这一总目标所应采取的一系列行动计划。

5. 世界生态旅游高级会议

在联合国和世界旅游组织的支持下，2002年5月19日至22日于加拿大魁北克召开了世界生态旅游高级会议（WES）。此次会议是由魁北克旅游局和加拿大旅游委员会联合举办的，并且吸引了逾千名来自132个国家，包括公共、个体部门和非政府部门的与会者前来参加。

魁北克高级会议经历了2001年到2002年的18场筹备会议，这些会议吸引了各国家和地方政府的3000多位代表参加，包括有旅游、环境及其他行政部门，私营旅游事业单位及其贸易协会，非政府组织、理论研究机构及顾问、政府间联合组织，以及地方团体。

《魁北克宣言》虽然不是一份协议文件，但却是多方投资者对话的成果。其主要目的是为可持续发展在生态旅游发展方面设立一个初步的议程，并提出一系列建议。

出席高级会议的与会者都认同：将可持续发展世界高级会议（WSSD）作为今后十年制定国际政策的开端性事件；并且强调，作为一个主导产业，由于其对缩减贫困和在受危及的生态系统中对环境保护的潜在贡献，旅游业的可持续性应该在WSSD上拥有优先考虑权。因此，与会者要求联合国下属组织和出席该高级会议的成员国政府，对《魁北克宣言》及WSSD之世界生态旅游高级会议所产生的其他决议进行宣传。

五、国际生态旅游发展经验

国外旅游业的发展历程表明，生态旅游已经成为国际旅游业的发展趋势。不少国家，特别是澳大利亚在生态旅游管理体制、资源开发、环境教育与居民权益保护等方面形成了较为成熟的系统管理经验，为中国旅游业可持续发展提供了有益的借鉴。

1. 立法保护、严格执法

健全的环保法规与严格的执法为生态旅游的发展奠定了法律基础。例如1916年，美国通过了关于成立国家公园管理局的法案，将国家公园的管理纳入了法制化的轨道。1923年芬兰颁布了《自然保护法》。自1992年里约会议以后，日本就制定了《环境基本法》。在英国，1993年就通过了新的《国家公园保护法》，旨在加强对自然景观、生态环境的保护。

早在1970年，澳大利亚就颁布实施了《环境保护法》，经过多年的丰富与完善已经形成了门类齐全的法律体系。联邦层次的环境立法有50多个，例如《环境保护和生物多样性保持法》、《大堡礁海洋公园法》、《清洁空气法规》等；而各州的环境法规更多达百余个，例如维多利亚州的《环保收费法规》等。澳大利亚还十分注重公民对环境法律制定的参与，有关环境法律法规的制定采取全民参与的方式面向社会招标，法律法规草案散发给广大公民，广泛征求意见。这既激发了公民关心环保立法的热情，又使法律法规条款具有很高的公众认可度。

澳大利亚在加强环境立法的同时，切实加强环保执法力度，从而有效地规范了企业、游客行为，保护了旅游资源环境。在澳大利亚，任何个人或组织违反了环保法规都会受到严厉的处罚。澳大利亚各州均有“环保警察”（SEPP）专职环境执法工作，维多利亚州环保局每年都要处理40～50起破坏环境的案件，而在大堡礁绿岛公园游客即使带走一枚小小的贝壳也会被处以高额罚款。

另外，重视制定发展计划和战略也是旅游目的地生态旅游持续开展的基础。例如美国在1994年就制定了生态旅游发展规划，以适应游客对生态旅游日益增长的需求；澳大利亚斥资1000万澳元，实施国家生态发展战略；墨西哥政府制定了“旅游面向21世纪规划”，而生态旅游是该规划的重点推介项目；肯尼亚政府就制定了许多重要的国家发展策略，其中特别将生态旅游视为重点项目。

2. 政府主导、多层协作

政府主导型发展模式是澳大利亚生态旅游迅速发展的另一成功经验。澳大利亚各级政府高度重视自然资源和遗产地保护，政府的政绩评价标准不仅包括GDP、就业、社会福利，而且包括环境保护等软指标。任何政府官员、部门不重视环保事业，就会在听证咨询中被质问，甚至在选举中落选。澳大利亚有专职的政府部门负责指导环境保护与生态旅游发展，目前形成了联邦政府、州政府、地方政府三个互为补充的完备的政府环保机构。三者既明确分工，又密切协作：联邦政府职能定位于国家利益层次，主要负责国际环保公约签订、国内环保法规制定、跨州环保事务协调、重要环保科学技术的研究及推广等，例如1994年该国联邦政府提出的国家生态旅游策略（National Ecotourism Strategy），为生态旅游发展规划出了一个全盘的架构；各州政府承担着政府主要的生态环境建设和保护职责以及环保法规的制定和实施，例如环境标准的制定和监督执行、环保科学研究和技术推广、生态植被的保护和建设、国家公园的建设和管理、企业环境许可证的发放和监督、污染综合治理、环保执法和宣传教育等；地方政府的环保职能则在州政府的环保计划框架内进行，包括影响环境因素的控制、社区环境摩擦的协调、制定和执行社区环保规划等。各级政府通过法律和跨部门机构来协调三级政府部门的环保工作，例如维多利亚州的自然资源与环境厅，由厅长办公室对下属的环保局、自然资源局和生态再循环局进行协调。

3. 全民参与、综合协调

发动全民参与、综合协调各方利益是国外推进生态旅游发展的成功经验之一。很多国家都实行经营和管理的分离制度，并实行许可证制度以加强管理。政府为了引导旅游企业参与生态旅游产业，在税收、信贷、设施等方面给予诸多优惠；政府与旅游企业合作，推出“生态商业”计划，鼓励商业企业减少水、电等资源的使用。例如澳大利亚墨尔本市水利部门与旅游开发商在该市郊区联合建造的人工湿地，不仅显著改善了当地的环境，而且使实体产业价格上升了10倍，实现了经济效益和生态效益的双赢。

澳大利亚的国家公园和各类保护区还注重在开发生态旅游的过程中与社区居民分享利益，联合当地居民和私有林主共同开发、保护当地旅游资源，形成了社区共管、专业公司与土著居民共同开发的经营管理格局。又如生态旅游发展较早的肯尼亚，在生态旅游发展的过程中就提出了“野生动物发展与利益分享计划”。菲律宾通过改变传统的捕鱼方式不仅发展了生态旅游业，同时也为当地人提供了替代型的收入来源。

澳大利亚的国家公园和各类保护区还倡导社会团体、从业人员、公众在旅游过程中必须尽环境保护义务。政府规定导游都要向游客介绍政府的环保规定，提醒游客严格执行；大学和科研机构通过对旅客的调查、旅游市场分析和专业培训，为生态旅游发展提供信息和人才保障。社会力量的积极介入为澳大利亚生态旅游发展起到了积极的促进作用。

4. 环保宣传、教育示范

在发展生态旅游的过程中，很多国家都提出了不同的口号和倡议，例如英国发起了“绿色旅游业”运动，日本旅游业协会召开多次旨在保护生态的研讨会，并发表了“游客保护地球宣言”。

澳大利亚政府及旅游部门重视通过宣传教育的方式来培养国民的旅游环保意识，引导其参与生态环境保护和建设。相关部门经常开展生态旅游教育计划，针对新闻媒介、旅游业、教育与培训机构和消费者等对象开展旨在提高对生态旅游意识与实践的系列教育活动，例如堪培拉市的“无垃圾城市”计划教育中心为居民免费提供垃圾回收再利用的知识和技术培训；帮助新闻媒介和旅游推销员更好地把生态旅游原则运用到他们的宣传活动中。澳大利亚联邦旅游部、澳大利亚旅游协会等机构还出台了一系列有关生态旅游的指导手册，以宣传生态旅游意识、营造良好环保氛围、规范游客行为。

5. 多种手段，加强管理

许多国家在进行生态旅游开发的过程中都对进入生态旅游区的游客量进行严格的控制，并不断监测人类行为对自然生态的影响；通过利用专业技术对废弃物进行处理，以及加强对水资源节约利用等手段以达到加强生态旅游区管理的目的。

例如，泰国利用先进的技术手段支持基础设施的发展，尤其是通过国内与国际的计算机网络技术提供地区的相关资讯，推广泰国各地的景点；采用经济手段对旅游景点加以控制，如热门景点采取限制游客人数、增收使用税、采取不同价格体系和建立商业准入许可证等方式，目的是使游客量不超过景点的承受能力，将旅游对环境的负面影响减少到最小。

6. 培育人才，长远规划

泰国政府鼓励开发本国旅游人力资源，扩大旅游业就业人数，使其充分满足市场发展的需求，同时也适应旅游业可持续发展的需求。在关注旅游收入的同时，也要注重提高旅游服务的质量。吸引游客在自身经济能力可承受范围内，到泰国更多的地方旅游，逗留更长的时间，进行更多的消费，提高消费水平，从而带动整个旅游业收入的提高，使旅游地区得到发展，最终对整个社会经济起到推动作用。

泰国政府还专门制定了一项发展生态旅游的五年计划，根据这项计划，泰国将在中央、全国四大区域和各府设立各级专门委员会，形成全国性的生态旅游促进机构。该机构重点在青年游客中开展生态旅游宣传，并为有志开发生态旅游的投资者设立数据库，还出版专门的手册告诉游客如何保护自然资源。

第三节　中国生态旅游发展

一、从概念接受到理解（20 世纪 80 年代至 1998 年）

旅游与环境这个与生态旅游密切相关的问题，早在 20 世纪 70 年代就引起我国旅游界的关注。而在 20 世纪 80 年代之后，生态旅游的概念逐步进入国内，引起广大学者的热烈探讨，并开始获得政府部门的关注。一系列有关生态旅游的机构的成立和研讨会的召开，使大家对生态旅游的认识不断深化，促进了我国生态旅游实践活动。

1993 年 9 月，在北京召开的第一届东亚地区国家公园和自然保护区会议通过了《东亚保护区行动计划概要》，其中对旅游产生的负面环境效应进行了分析，提出生态旅游是解决环境问题的重要途径之一。这标志着生态旅游概念在中国第一次以文件形式得到确认，在政策的操作面上得到了支持，并第一次上升到国家政策的高度。

1994年3月，国务院第十六次常务会议审议通过了《中国21世纪议程》，议程中第一次将可持续发展提到国策的高度。从可持续发展的角度出发，生态旅游被赋予深刻的内涵和重任，以克服旅游开发过程中对环境破坏的弊端，促进人与自然的和谐相处。1994年成立了以中科院各生态科研单位为基础的中国旅游协会生态旅游专业委员会。

1995年1月在云南的西双版纳召开了全国第一届生态旅游学术研讨会。会议就生态旅游的定义、内涵，生态旅游与自然旅游保护的关系，如何在生态旅游中开展环境教育，中国生态旅游资源的综合评价和持续利用的总体战略和生态旅游线路等问题进行了热烈的讨论。会后发表了《发展我国生态旅游的倡议》，对我国的生态旅游发展起到了极大的推动作用。1996年6月在武汉召开了国际生态旅游学术研讨会，同年10月推出的《中国21世纪议程优先项目计划》调整补充方案中，列出"承德市生态旅游"，"井冈山生态旅游与次原始森林保护"等作为实施项目，进一步推进了生态旅游的发展。

二、从概念到实践（1999年至2009年）

1999年是中国生态旅游发展的重要一年。国家旅游局、国家环保局、国家林业局、中国科学院四个部门联合举办了"99 中国生态环境游"，这次活动的支持单位还有中国科协、人与生物圈中国委员会、国务院新闻办、新华社、人民日报社和中央电视台。承办单位有各省市自治区直辖市的旅游局、环保局和林业厅等单位。"99中国生态环境游"的主题是"走向自然、认识自然、保护环境"，主题口号有：（1）走向自然，认识自然，保护环境；（2）返璞归真，回归自然；（3）生态环境游——时尚的选择；（4）青山秀水探净土，清风明月近自然。期间，四川推出了九寨沟、黄龙、峨眉山、乐山大佛等生态旅游点；湖南张家界国家森林公园举办了国际森林保护节，推出武陵源等生态旅游区。以四川和湖南为表率，生态旅游逐渐在全国范围内发展起来。当时推出的生态旅游类型，主要包括了观鸟、野生动物旅游、自行车旅游、漂流旅游、沙漠探险、自然生态考察、滑雪旅游、登山探险、香格里拉探秘游和海洋之旅十大类专项产品，共193项。通过新闻媒体的大力推介和宣传造势，"生态旅游"的概念普遍被大众熟知。

同年，我国首次承办以"人与自然"为主题的"中国昆明99世界园艺博览会"，世博会的主题是"人与自然——迈向21世纪"。"99中国生态环境游"活动有效地推动了"99昆明世界园艺博览会"的成功举办，并促使许多生态公园的诞生。"生态旅游"至此在国家主题口号和相关主题活动的宣传作用下，潜移默化地深入国人之心。

进入21世纪以后，生态旅游逐渐在全国范围内发展起来。有关生态旅游研究的大量文献和资料，都集中在对生态旅游概念的界定、内涵的解释、功能的探讨、特征的描述等基础理论研究方面，很多的专家和学者作出了艰苦努力，吸取国际生态旅游的先进发展理念和方式方法，为我国的生态旅游发展提供了可借鉴的经验。

2001年3月全国旅游发展会议首次提出建立一批国家生态旅游示范区。同年，国家旅游局在《2001年国家旅游局工作要点》与《中国旅游业"十五"发展规划》中再次提出了建设国家生态旅游示范区的思路，并将其列为我国"十五"期间旅游业发展的重点之一。

2007年，"2007中国国际生态旅游博览会"成为将理论与实际相结合、国内与国外相结合、景区与线路相结合、普及生态旅游与发展会展奖励旅游相结合的新型展会，为中国生态旅游的实践研究，特定区域生态旅游规划案例研究提供了一个良好平台。

2007年7月28日，中华人民共和国国家旅游局、国家环境保护总局共同授予东部华侨城"国家生态旅游示范区"的荣誉称号，这也是我国第一个国家级生态旅游示范区。

2008年，中国国家旅游局发布通知，将2009年全国主题旅游年确定为"中国生态旅游年"，主题口号为"走进绿色旅游、感受生态文明"。生态旅游已经日益引起国家层面的关注，也会日益走向社会，被大众所认可。

三、从实践走向示范（2009年以后）

2009年1月1日，"2009中国生态旅游年"启动仪式在海南三亚市举行。"2009中国生态旅游年"正式拉开帷幕，生态旅游在各地获得积极响应。如果说，1999年的"生态环境旅游主题年"，只是作为一个尝试，响应世界发展生态旅游的潮流，推进1999年昆明世界园艺博览会的成功举办，那么，"2009中国生态旅游年"表明中国生态旅游开始逐步从实践走向示范。

目前我国的生态旅游尚处于发展的初级阶段，在世界上仍处于相对落后的地位。这与我国拥有丰富的生态资源很不相称，与促进国民经济的发展与国际竞争的要求相差甚远，因而还需进一步加强理论研究，以指导具体的操作过程，从而加快国民经济建设的速度，增强我国旅游业在国际市场中的竞争力，并创造出有中国特色的生态旅游品牌。

尽管我国有着丰富的生态旅游资源，但生态旅游开发却存在不少的问题，主要表现为在理论上对生态旅游概念的理解不清，由于缺乏清晰的生态旅游概念，"生态旅游"的概念被严重泛化，几乎任何一种与自然文化资源有关的旅游产品似乎都可以贴上"生态旅游"的标签。不少地区的生态旅游并不"生态"，从规划、开发、管理到经营，仍然沿用大众旅游的模式，且鲜有顾及旅游开发中生态环境的保护，因此被社会批评为“打着生态旅游的旗号干着破坏生态的事”。这些问题的存在说明需要更多地对生态旅游加以关注和研究，要将生态旅游的研究成果及时转化到具体的指导，以加快我国生态旅游的发展速度，为中国生态旅游的健康发展提供良好的基础。

为了规范生态旅游开发，有必要开展生态旅游的示范建设。2008 年国家旅游局规划发展与财务司在《全国生态旅游发展纲要（2007～2015 年）》（征求意见稿）中指出，加强生态旅游的试点示范工作，总结经验，逐步推进旅游可持续发展战略的实施。通过开展试点示范工作，建立一批国家生态旅游示范区，形成集管理、政策、技术、机制于一体的示范体系，围绕生态旅游发展领域的重大问题，开展政策、战略和关键技术的研究与实践。通过典型区域和领域的试点示范，解决地方旅游业普遍遇到的资源利用、生态保护、结构调整和增长方式转变等方面的问题，形成不同类型的生态旅游发展模式，并向周围其他地区辐射推广。

生态旅游示范工作主要从区域发展、社区发展和企业发展三个层次展开。选择不同生态环境和资源禀赋类型的区域，进行合理利用资源和保护生态环境的生态旅游示范区，提高区域可持续发展能力，引导当地群众脱贫致富。选择一批具有典型性、代表性的城镇、乡村，试点国家和地方两级生态旅游扶贫实验区，探索推进地方可持续发展的模式，促进新农村建设。抓住经济增长方式转变和产业结构调整带来的机遇，广泛推广生态友好理念，通过绿色节能技术优化组合和综合集成，建立一批生态旅游发展示范企业。

从生态旅游示范区建设入手，有助于在实践中进一步厘清“生态旅游”的概念，明确“生态旅游”发展的内涵与外延，确定生态旅游发展的基本途径和重点内容，深入推动生态旅游的理论研究和实践发展，有助于平衡社会经济发展与保护生态环境和文化之间的关系，促进地方经济发展，提高当地居民的生活水平，建立和谐社会。

第四节　生态旅游概念内涵

一、生态旅游定义

1980 年加拿大学者克劳德·莫林（Claude Moulin）在霍金斯（Hawkins）等人编著的文集《旅游规划与开发问题》中发表《有当地人和当地组织参与的生态

旅游和文化旅游规划》（Plan for Ecological and Cultural Tourism Involving Participation of Local Population and Associations）一文，提出了与生态学直接有关的旅游概念：生态性旅游（Ecological Tourism），并强调对旅游资源的保护和当地居民（或社区）的参与。

赫克托（Hector）1987年在《生态旅游之未来》（The Future of Ecotourism）中最早对生态旅游下了定义，指出生态旅游是“前往相对没有被干扰或污染的自然区域，专门为了学习、赞美、欣赏这些地方的景色和野生动植物和存在的文化表现（现在和过去）的旅游”。

塞贝勒斯·拉斯喀瑞（Lascuráin，1987）给生态旅游的定义是：去往相对原始（undisturbed）的地区或未被污染（uncontaminated）的自然区域的旅行活动，其目的是研究、欣赏和品味自然风光、野生动植物及当地文化遗迹。

库尔特·库提（Kurt Kutay）在1989年认为，生态旅游是一种旅游发展模式，在选定的自然区域中规划出游憩基地以及可供游憩的生物资源并标示出它与邻近社会经济区域的联结，另一方面，相对于一般观光旅游的规划，生态旅游必须有事先的计划并且谨慎处理盈利和环境冲击的问题。

布（Boo）1999年认为，生态旅游是指去相对原始（undisturbed）的自然区域，以欣赏自然风光和野生动植物为目标，并能为保护区筹集资金，为当地居民创造就业机会，为旅游者提供环境教育，从而有利于自然保护的旅游活动。

生态旅游协会（Ecotourism Society）在1993年对生态旅游的定义是：具有保护自然环境和维系当地居民双重责任的旅游活动。

埃坎·斯拉坎亚（Ercan Sirakaya），维诺德·萨斯哈兰和塞维尔·所蒙兹（Vinod Sasidharan and Sevil Sonmez，1999）对以往生态旅游定义进行回顾和评论，并通过对美国282个生态旅游经营者的调查，对生态旅游进行定义：生态旅游是一种非消耗性（nonconsumptive）、教育性、浪漫性（romantic）的新型旅游，其目的地是那些自然风光异常优美、文化和历史意义突出且几乎未受人类干扰破坏的地区，旨在欣赏当地的自然、社会文化历史。

此外，世界自然保护联盟（IUCN）、国际生态旅游协会（IES）和澳大利亚生态旅游协会（EAA）等组织也分别对生态旅游进行了定义，他们的定义基本上代表了有关生态旅游定义的主流观点。

世界自然保护联盟（World Conservation Union，1996）也提出，生态旅游就是前往那些相对没有受到干扰的自然区域的、对环境负责任的旅游，其目的在于享受并了解自然（以及相应的过去和现在的文化特色），其旅游者负面影响较小，为当地人提供收益的社会和经济参与机会。

2002年国际生态旅游协会（The International Ecotourism Society）给生态旅游

的定义是：为保护生态多样性做出贡献；维护当地人的福利；包括解说/学习经历；旅游者和旅游业负责任的行动；主要是小规模、小团体进行；对非更新资源的消费要尽可能少；强调当地（尤其是农村人口）参与、拥有和经营的机会。

澳大利亚生态旅游协会（EAA）2003 年的定义是：着重通过体验大自然来培养人们对环境和文化的理解、欣赏和保护，从而达到生态上可持续的旅游。

对国外生态旅游定义的分析可以发现，生态旅游提出是与大众旅游相区别，体现的是环境保护和可持续发展的旅游形式，注重的是对地方经济发展的促进和改善当地居民生活，以及环境教育的功能。

总体来看，生态旅游与过去传统的自然旅游、绿色旅游等共同之处在于它们都是在大自然环境中进行的，如野生动物旅游、观鸟旅游和森林旅游等。但是生态旅游与传统旅游的最大区别在于：即便有似乎相同的形式，生态旅游发展的目的却是要促进当地的生态环境保护，发展当地经济，提高当地居民的生活水平。即，传统旅游只关心消费者的利益，生态旅游更关心当地的利益。

要衡量一种旅游是生态旅游还是传统旅游，关键就是看这种旅游是否促进了环境保护和当地经济社会的发展。因此发展生态旅游不能就事论事，不是仅仅开发出几种生态旅游的产品，或是有了某种生态旅游的形式就算是生态旅游了。从更高的层次和更广阔的视野来看，生态旅游不仅仅是一种旅游产品，一种旅游形式，更是一项基于可持续发展的区域开发战略，是区域可持续发展的重要战略选择。

综上所述，我们认为生态旅游定义可以概括为：生态旅游是在生态学和可持续发展理念指导下所确定的一种区域发展战略，是以区域可持续发展为目标，以自然区域或某些特定的文化区域为对象，以享受和理解自然景观、野生生物及当地文化为内涵，以对生态系统的影响最小化和环境保护为标志，以对当地社区和居民经济上受益为基本原则的旅游现象。

二、生态旅游基本内涵

人们之所以对生态旅游理解有偏差，主要由于生态旅游既是战略，也是产品。如果人们把生态旅游仅仅理解为产品，就很难区别生态旅游与传统的绿色旅游、自然旅游。所以对生态旅游的认识需要从生态旅游发展的背景来理解。生态旅游发展的国际经验告诉我们，生态旅游在当初兴起的时候，正是被当作一种区域旅游开发的战略来执行的，所以才从生态性旅游（ecological tourism）发展为生态旅游（ecotourism）。当一种旅游产品被标上“生态旅游”的时候，其所要传达的信息是这种旅游产品符合国际上或本国的生态旅游产品的标准，是环保的，对环境的影响也是最小的。生态旅游产品的形式并不重要，重要的是产品的内涵，应是具有可持续性的。

关于生态旅游在20多年的发展过程中，包括中国学者在内的许多学者都从各自的专业背景出发，对生态旅游进行了定义。不管这些定义有多么的繁复，但生态旅游的基本内涵可以归结为三点。

1. 与自然和文化生态的关系

生态旅游强调旅游过程中对自然与文化生态的感悟与体验，特别是通过环境教育与解说，使旅游者增强对自然与文化生态的认识和理解。

以自然区域的资源为核心，将当地具有生态教育价值的特色生物、自然及人文风貌等通过良好的规划与服务，使游客得以深入体验。因此区域的独特自然和人文资源是规划及经营生态旅游的必要条件。

作为享受自然、认识自然、满足旅游者的旅游体验，生态旅游以回归大自然为基调，必须以良好的生态环境作为旅游吸引物，必须有特定的旅游观赏内容，如优美的自然景观，独特的人文文化等，以满足人们享受自然、认识自然的需求。生态旅游不仅能使旅游者返璞归真，享受大自然，在清新、开阔、洁净的环境中修养身心，而且能够了解、研究特定区域内的自然景观、野生动植物以及相关的文化历史特征，使旅游者从中获得高质量的旅游经历。

2. 与环境保护和生态保育的关系

生态旅游必须有利于促进当地环境的保护和生态的养育。生态旅游必须和生态环境的保护有机结合起来，强调在维护良好环境质量的前提下开展旅游，生态旅游不能把消费摆在首位，不能以牺牲环境为代价。因此，必须保持旅游区域内的环境质量和保持生态自然资源和文化遗产的多样性，实现生态系统的良性循环和有序发展，保持优异的自然环境。

生态旅游致力于旅游影响的最小化，即努力通过重复使用或者主要使用当地建筑材料，促进可更新能源的开发和使用，安全处理和再利用废弃物，谨慎对待涉及环境和文化敏感的旅游设施，规范旅游者的数量和行为等措施来确保旅游活动对生态的影响控制在限定的范围内。

生态旅游致力于环境保护意识的普及，不仅对旅游者进行必要的科学普及，同时也需要对管理人员和当地居民做适当的科普教育，其中训练有素、懂得多种语言、具备自然和文化历史知识、遵守道德原则、具有环境解释和有效沟通技能的导游是生态旅游活动实施的关键。

3. 与当地经济社会发展的关系

生态旅游致力于促进当地社会经济和文化的发展，特别是当地社区及居民生活水平的提高。

生态旅游活动大部分都是在比较偏远的地方开展的，当地经济普遍不发达，居民生活水平低下，因此成功的生态旅游应该有助于当地社会经济的发展。其基本途径是当地居民的参与和利益反馈社区，带动当地的经济发展，即通过旅游开发，为当地基础设施建设筹集资金，为当地居民创造就业机会，有效发展经济，能够使当地居民在生态环境质量不降低的基础上，在经济上、财政上获得益处。要将旅游所得的部分收益转化成为当地社区的发展基金，操作方式包括鼓励社区居民的参与，以及通过不同机制协助当地发展经济，使当地能获得来自生态保护及旅游发展的实质效益。

生态旅游致力于为自然保护直接提供资金，加强当地生态与人文资源的保护、研究和教育，通过公园门票收入，以及饭店、航空公司、旅游公司等旅游企业税收，志愿者贡献等方式寻求资金支持。

生态旅游也致力于尊重当地文化，特别要尊重地方文化传统和居民长久形成的习惯，将旅游开发对当地人群的文化影响降至最低。

三、生态旅游开发的复杂性

与一般的旅游开发不同，生态旅游的开发需要科技的支撑，要确保生态旅游战略目标的实现，其基本途径就是循环经济和生态工程。生态旅游涉及的关键技术主要有景区植被建设与维护、生态景观和生物多样性的维持、清洁能源的使用、景区污水处理、生态建筑的设计与建造、旅游道路的生态化设计、景区空间结构的生态模式、景区环境容量与环境质量控制和景区环境动态监测及信息管理技术等。

一方面，通过科技手段和生态工程的运用，对废弃物进行“减量化、再利用、资源化”。在景区开发过程中积极推进清洁能源的利用，节能设施的开发，绿色饭店的标准实施，饭店与景区污水的处理，中水回用技术的采用，生态步道的修建，无水生态厕所的建设，天然河流的保护，景区空气污染的控制，旅游区植被恢复和野生动物保护的工程技术实施等。另一方面，在传统旅游业的基础上，运用生态学原理，设计结构与功能协调、系统优化、良性运转的生态旅游系统。

因此生态旅游的发展要以科技为支撑，加大循环经济发展的力度，利用生态工程设计资源的配套利用，促进旅游活动的和谐美，最大限度地减少旅游业发展对环境的影响，实现区域开发的战略目标，促进人与自然和谐。

生态旅游的开发还有赖于地方政府恰当和有效的管理。政府应当制定合适的政策，以平衡旅游开发和环境保护之间的矛盾，平衡不同利益相关者的相互关系，形成和谐的开发。

生态旅游的开发还需要负责任企业的参与，所谓负责任的企业不仅要成功地开发生态旅游区和产品，而且要关注当地的环境是否得到有效保护，当地社区和居民生活水平是否得到提高，因此优质的生态旅游资源往往需要负责任的企业来开发。同样，对生态旅游者来说，应该是负责任的旅游者。

景区管理者应该进行有效的生态旅游宣传教育，特别是通过环境解说系统，增强旅游者对生态旅游的认识和理解。管理者在宣传上需要科学地解释自然景观和自然现象，普及基本的科学知识，宣传生态文化，而不是过多地以杜撰的传说或神话解释自然现象。

另外，生态旅游的开发一定要让当地社区参与。中国发展生态旅游的大部分地区往往有世世代代生活于此的当地居民，如果为了发展生态旅游，而排斥当地居民，不让当地居民参与并有机会得到生活水平的提高，很难说是成功的生态旅游开发。

生态旅游的开发还基于对当地文化敏感性的尊重。在大部分开发生态旅游的地方，当地居民往往都具有独特的文化传统，这是千百年来当地居民与环境之间所形成的一种和谐的互动关系，包括思想、宗教、语言、艺术、家庭、生活形态、风俗等方面。这些都是人类的文化遗产，可以让旅游者领略到文化的多样性，以及人类与自然的和谐相处之道。但是这些文化遗产正面临着全球化的冲击，大批涌入的旅游者显然会使这些文化遗产显得无比脆弱。因此在开发生态旅游的过程中，需要正确了解并掌握当地文化的特征，有选择地开发生态文化，目的在于保护当地的文化，减少旅游开发所带来的对文化和社会的冲击。在澳大利亚北领地，有关土著文化的展览只在如博物馆、画廊、旅游工艺品商店等地方展示，而当地土著的社区并不对旅游者开放。这样可以有效避免旅游者对当地社区的影响，继续维持当地土著居民的生活方式。由此可以看出，开发生态旅游远非开发一个产品那么简单。

第五节 生态旅游研究评述

在过去20多年的时间里，生态旅游受到了国外研究者的极大关注，并一直成为旅游理论研究热点。2002年澳大利亚的格里菲斯大学创办了第一本生态旅游专业研究杂志——《生态旅游杂志》(Journal of Ecotourism)。此后，相继成立的研究与管理生态旅游的众多协会与组织，推动了生态旅游在全世界的发展。本节对国外生态旅游研究内容、方法、侧重点等加以回顾、借鉴并及时总结经验，以便更好地学习和研究生态旅游。

一、国外生态旅游研究评述

早在20世纪60年代，已经有学者对旅游的环境问题提出警告，但这方面研究基本处于发现问题、搜集资料的状态。有关政府和非政府国际组织的环境保护部门也试图通过旅游规划减少旅游对目的地带来的负面影响。国际组织也陆续开始关注旅游与环境之间的关系问题，如亚太旅游协会（Pacific Asia Travel Association，PATA）1973年年会主题为"旅游创造更好环境"（Tourism Build Better Environment），经济合作与发展组织（Organization for Economic Cooperation and Development，OECD）1980年召开以"旅游对保护的协同与合作"（Tourism and Conservation Working Together）为主题的会议。这个时期旅游环境研究工作为后期对旅游环境影响研究提供了充足的第一手资料，同时也为以后提出"生态旅游"这一概念做了铺垫。现代生态旅游概念中的许多内容都可以在这一时期的研究中找到，生态旅游是在这一时期研究成果之上的飞跃。

1. 研究概述

（1）概念研究阶段

20世纪80年代中期到90年代中后期，生态旅游的研究停留在概念探索、定义争论和开发研究的初期阶段。

生态旅游定义的研究是生态旅游研究的首要问题。围绕生态旅游定义研究，不同学术背景的学者各自从不同角度对生态旅游进行定义。早在1980年克劳德·莫林（Claude Moulin）就提出所谓"生态性旅游"（Ecological Tourism），强调对旅游资源的保护和当地居民（或社团）的参与。而"生态旅游"这一概念最早由世界自然基金会（IUCN）特别顾问塞贝勒斯·拉斯喀瑞（Ceballos Lascurάin）于1983年首先提出，并在1986年墨西哥召开的一次国际环境会议上被正式确认。

"生态旅游"概念一经提出就受到大量关注，虽然关于其概念界定进行了大量研究，但是"没有一个统一的定义"（Ormas，1995），且"缺乏对生态旅游的特色与其他旅游方式的区别的认识"（Rossand Wall，1999）。生态旅游概念研究的代表性学者和机构有：Ceballos Lascurain（1987）、Ziffer（1989）、Boo（1990）、Zell（1992）、Figgis（1993）、Muloin（1992）、Valentine（1992）、Richardson（1993）、The Canadian Environmental Advisory Council（1993）、Ecotourism Society（1993）等，这些学者和机构观点的主要分歧在于生态旅游的本质特征上，即如何将生态旅游与传统旅游相区别。范内尔（Fennell，1990）在对国外85个生态旅游定义总结的基础上认为，生态旅游定义主要集中于价值导向型，例如保护、道德规范、可持续性、教育与社区利益等。拉尔夫（Ralf Buckley，1994）指出，除非是作为立法和规划条文及原则，否则不需要有精确的生态旅游定义。斯拉坎亚、萨斯哈兰和森梅兹（Ercan Sirakaya，Vinod Sasidharan & Sevil Sonmez）1999 年对以往生态旅游定义进行回顾和评论，并通过对美国 282 个生态旅游经营者的调查，对生态旅游进行如下定义：生态旅游是一种非消耗性、教育性、探险性的新型旅游，其目的地是那些自然风光异常优美、文化和历史意义突出且几乎未受人类干扰破坏的地区，旨在欣赏当地的自然、社会文化历史。

生态旅游规划开发研究也于该时期兴起。爱德华·因斯克普（Edward Inskeep，1991）提出生态旅游可参照旅游规划的制定过程：研究准备—目标确定—调查—分析综合—政策规划形成—实施—调整。理查德·弗瑞斯特（Richard Forster，1973）最早倡导同心圆式的利用模式，将国家公园从里到外分成核心保护区、游憩缓冲区和密集游憩区，这个分区模式得到了世界自然保护联盟的认可。

（2）理论研究阶段

20 世纪 90 年代中后期到 21 世纪初期，生态旅游研究不再纠缠于概念的纷争，焦点转移到生态旅游的目标、特征、原则、框架体系、规划、开发模式及评价等方面。

该时期大部分研究学者对生态旅游已达成一些共识：生态旅游是实现保护和发展的有效工具，其目的是使当地社区受益、使旅游者获得教育、使旅游影响（尤其是对当地社会和自然环境的影响）最小化、使自然资源和社会文化得到有效的保护（Mackirmon，1995；Brandon，1996；Sproule，1996；R. W. Butler，Andy Drumm，1998；Wearing & Neil，1999；Swarbrooke，1999）。生态旅游的目标是为了实现自然和人文生态比较脆弱的地区的可持续发展。为了实现生态旅游的目标，研究者提出生态旅游原则应对上述目标进行细化（Blamey，1997）。

该时期对生态旅游规划方法和开发模式的认识已经基本成熟。生态旅游规划模式的探讨主要是针对生态旅游区的功能分区。甘（Gunn，1988）提出了国家公园旅游分区模式，即划分为重点资源保护区、低利用荒野区、分散游憩区、密集游憩区和旅游服务社区，这一模式提出后被普遍采用。

该时期研究学者对生态旅游评价达成一致看法，认为“生态旅游的评价方法应该是评价某一旅游地的旅游满足理想的生态旅游原则的程度”（Wallace & Pierce，1996；Lee & Shepenger，1992）。但应如何评估生态旅游的发展？这比生态旅游概念本身更复杂，至今还没有一个系统而有效的方法。奥拉姆斯（Orams，1995）提出从旅游者和自然环境两个方面来衡量生态旅游的实施结果。美国《康纳斯旅者》（Conde Nest Travel，1997）调查并分析了全美上百个生态旅游活动项目后，总结了七条生态旅游评价标准。罗斯和华尔（Ross & Wall，1999）提出“衡量旅游目的地满足理想的生态旅游原则的程度”的生态旅游评价体系。

该时期生态旅游理论研究已经形成了一些比较有影响的基本框架和方法，生态旅游研究正在从描述性研究走向更加严格和具有理论基础的研究（Malloy & Fennell，1998；Surabaya & Uysal，1998；Surabaya & Meelellan，1998；Surabaya，1997），但因生态旅游还处于发展初期，生态旅游理论研究离成为一门成熟的学科还有很大距离。该时期生态旅游研究还开始关注生态旅游游客市场发展状况（Hvenegaard & Dearden，1998；Hawkins，1995）、生态旅游者的行为特征（Selegnut，1995；Eagles & Cascagnette，1995；Hawkins，1996；Wight，1997；Diamantis，1999），以及生态旅游质量控制（Sirakaya & Uysal，1997）和认证问题（Wearing，1995；Jaakson，1997；Malloy & Fennell，1998）。

（3）实践研究阶段

进入21世纪之后，生态旅游大部分研究者对生态旅游的宏观研究和理论研究有所减少，大多已经转向对生态旅游具体操作和实践发展进行探索。

这个时期研究学者对生态旅游的研究范围也有比较明确的界定。韦弗（Weaver，2001）提出生态旅游五个主要相关研究领域：生态旅游供给；生态旅游需求；专业与非专业的生态旅游研究机构；生态旅游影响；生态旅游的外部环境。这五个方面基本涵盖了目前全球生态旅游的主要研究方向。

该时期研究学者在探讨生态旅游产品供给上，一方面继续扩大生态旅游在自然地域开展的活动类型范围（Zwirn，Pinsky & Rahr，2005；Humavindu，2006；Ryan & Saward，2004），另一方面试图通过把文化成分融入生态旅游吸引物或者承认生态旅游与传统大众旅游的重叠，因而逐步扩大生态旅游的范畴（Nepal，2004）。研究地域不再局限于公立自然保护区，其他生态旅游地域的研究也逐步兴起（Moragrega，2004），越来越多的学者也逐步关注包括城市区域在内的，被高度改良的私人或公共土地的生态旅游发展潜力（Buckley，2004）。

生态旅游产业的研究主要涉及生态旅游企业符合顾客偏好的产品开发、高破产率、导致生态旅游高耗损率的因素以及生态旅游中的一般化问题等（Mackoy & Osland，2004；Hawkins，2004；Parker & Khare，2005；Dickey & Higham，2005）。

生态旅游需求研究主要集中在生态旅游者的人口特征、行为动机及偏好、心理特点研究（Wight，2001；Weaver & Lawton，2002；Fennell，2002；Rawles & Parsons，2004）、生态旅游者市场的细分及标准的确定（Weaver & Lawton，2002；Eubanks，Stoll & Ditton，2004；Kerstetter. *et al.*，2004；Tao，Eagles & Smith，2004；Swain & Swain，2004）、针对特定市场的解说及营销（Weiler & Ham，2004；Twidale & Bourne，2003；Price，2003；Lai & Shafe，2005）等。研究人员希望通过对生态旅游市场更为深入细致的研究，发掘生态旅游者不同于传统旅游者的消费特征及心理需求，将生态旅游者进行更加准确的分类和判断，从而提供更加有针对性的解说服务，提升生态旅游的市场吸引力和参与度。

在生态旅游的组织和政策研究方面，研究人员一直认为需要有相关政策认同生态旅游在促进社区与私人企业参与的积极作用，生态旅游既能够扶贫、改善当地居民生活和增加当地税收（Fennell，2002；Buckley & Weaver，2005），同时还更多地关注目的地的环境保护和资源的可持续使用及发展（Stein，Clark & Rickards，2003）。在提高生态旅游的效果方面，社会参与模式已经得到研究学者和生态旅游目的地的认可和实践检验。

在生态旅游的影响方面，旅游者对野生动植物影响的观察研究是研究范围最广、学术最为严格的区域之一，研究的核心目的是管理游客的生态旅游体验（Fowler，1999；Buckley，2004b；Rodger & Moore，2004）。生态足迹（ecological footprint）研究在不同生态旅游区得到应用。生态旅游对生态环境恢复的影响研究也是国外正在兴起的一个学术研究课题，主要集中于自愿型生态旅游者实地活动对野生动物生态环境保护与提高的作用（Fennell & Weaver，2005）。在生态旅游的社会与文化影响方面，以社区为基础的生态旅游被认为是一种潜在的解决方式。社区生态旅游不仅可以有利于生态系统的恢复与保护，而且有助于当地社区居民获取利益；但以社区为基础的生态旅游要想成功，需依赖外部协作、内部合作、进入生态旅游区的安全性和有效领导等因素（Jone，2005）。生态旅游经济影响研究集中在如何采用投入—产出法（Herath，2002）、成本效益法、环境破坏费用法（Gossling，1999）等方法制定合理的价格让旅游者消费生态旅游产品，以便使目的地的产出大于其在经济、社会、环境方面的投入，补偿其环境的消耗，实现可持续发展（Solomon，Corey Luse & Halvorsen，2004）。生态旅游质量控制及认证制度是保证生态旅游产品和服务与规定标准相一致的方式。质量控制与可持续的原则与实践相关，通过这种方式，生态旅游能够得到旅游消费者的认同，同时又在实践操作中保证绿色生态的实现。但是，目前学者对生态旅游的质量控制研究较少，主要有斯拉坎亚（Sirakaya，1997）、斯拉坎亚和乌萨（Sirakaya & Uysal，1997）、布兰克和汉姆（Black & Ham，2005）等。

2. 基本评述

（1）研究方面尚未形成体系，定性研究为主

对于生态旅游的研究大部分停留在概念性分析、定性分析，还只是探索性的和描述性的，缺乏成熟的量化分析方法，缺乏经验（事前与事后分析）、准经验和比较研究。生态旅游研究领域和方法都比较单一，迫切需要新的研究方法。由于生态旅游研究领域还没有一个坚实的理论基础，这就要求研究者们从心理学、社会学、人类学、经济学、生态学和地理学等历史较长的学科寻找方法。总之，生态旅游研究理论和概念框架还有待进一步完善。

（2）研究内容还在进一步扩展，研究热点不断出现

生态旅游产品、研究区域、活动和市场等内容不断扩展，“土著性”或“原住民”等含有文化性的相关内容逐步融入生态旅游的研究范围。生态旅游的环境、经济和社会文化影响的研究正受到研究者的关注。主要表现为如下四个方面的内容：①以一种“硬科学”的方式来考虑野生动物生态旅游的影响；②关注以社区为基础的生态旅游对优化社会文化影响的潜力；③以量化方式来计算生态旅游所产生的激励作用；④从伦理道德范畴来考虑生态旅游的影响。

（3）某些研究主题还需深入，研究成果有待检验

首先，生态旅游市场营销如何结合生态旅游的本质内涵、可持续性原则与实践、生态旅游细分市场等，以便多方面传播生态旅游的核心价值观，这需要进一步研究；其次，生态旅游研究与管理如何因地制宜、实事求是，依据本国的实际情况制定相关的生态旅游标准与策略，以控制生态旅游质量，保证生态旅游产品与游客的生态、经济和社会文化期待一致，这也需要进一步研究；再次，生态旅游产业研究如何以社区为基础的生态旅游产品、生态旅游区、生态旅游住宅和生态旅游运行商等内容为基础，对生态旅游产业链上的其他相关内容继续深化，这还需要进一步研究；最后，生态旅游外部环境的影响研究，除了需要考虑地域、文化、战争等外部因素对生态旅游的影响外，也需要考虑其他外部因素对生态旅游的影响分析。

（4）发达国家是研究主体，发展中国家多为研究对象

从生态旅游研究研究者的来源方面来看，大部分还集中在以美国为首的发达国家，发展中国家在生态旅游方面的研究比较落后，力量也比较薄弱。因此生态旅游的研究结果更多反映的是西方学者的研究视角和观点。

从研究者的学科领域来看，主要集中在环境、旅游、林业、生态、人类学等方面。

从生态旅游研究的客体和主体来看，发达国家是生态旅游主要的客源市场，因此美国、加拿大、澳大利亚是生态旅游数据收集的主要目的地。而从研究对象来看，在生态旅游研究中多以经济欠发达国家生态旅游地为案例，尤其是中美洲和非洲地区，如哥斯达黎加、肯尼亚、坦桑尼亚等。

（5）与理论研究相比，实证研究相对较少

由于生态旅游研究的不成熟，因此关注点集中于基本理论，而对实践关注不够。生态旅游有必要选取一些条件比较理想的区域，开展不同类型的生态旅游实证研究，为生态旅游发展提供具有普遍适用意义的成功案例。由于旅游业（包括生态旅游）是操作性很强的行业，归根到底还是要依靠其所推出的产品来吸引游客，因而有必要进一步加强生态旅游产品的开发研究。

二、国内生态旅游研究评述

1. 研究概述

迄今为止，通过中国学术文献网络出版总库检索到的国内最早与生态旅游研究相关的文章是1985年8月汪嘉熙于《生态学杂志》上发表的《发展旅游事业中的一些环境生态问题》，其次是1986年3月杨正荣于《生态经济》上发表的《保护、开发利用鸡足山自然生态资源，发展旅游事业的探讨》，这两篇文章都提到了旅游发展中的生态及环境问题，指出未来旅游业的发展必须与保护并重。另外，1990年《自然资源译丛》刊出的《不同旅游类型对美国弗兰特岭的生态影响》是国内最早的与生态旅游相关的译文。这三篇文章拉开了我国旅游开发对环境影响研究的序幕。

国内生态旅游研究主要可以分为以下几个阶段。

（1）1985～1995年：起步阶段

自1985年开始有学者关注生态旅游的研究，研究文献从无到有，逐渐增长，但还没有成为研究的焦点。该时期的研究主要集中在对国外生态旅游兴起的介绍，对旅游、生态、环境的关系探讨，以及如何将生态旅游付诸实践等问题，背景是欧美对环境保护和旅游业发展对环境负面作用的关注。例如，汪嘉熙（1985）、陈仙波（1994）、陈静（1995）等探讨了旅游与环境和生态的关系问题；杨正荣（1986）、邵迎辉和滕润玲（1992）、袁兴中和刘红等（1995）、杨桂华（1995）、刘关山（1995）、李蕾蕾（1995）、崔凤军（1995）等对生态旅游在国内的实践问题探讨；朱铁臻（1995）、周世强和张科文等（1995）对旅游的负面影响作用进行了研究。

（2）1996～2005年：发展阶段

从1996年开始，国内生态旅游研究呈现了稳定的增长，1999年的研究文献增长更为显著，此后生态旅游成为众多旅游学者的研究焦点之一。这个时期学者研究的主题是生态旅游的本质及特征、生态旅游与可持续发展的关系、自然保护区作为生态旅游实践地的发展、旅游资源的开发与环境保护、生态旅游的规划及森林生态旅游等。生态旅游的概念及本质研究在这个时期争论激烈（王良健，1999；王兴国和王建军，1998；王尔康，1998；王大悟，1999；赵新民，2000；罗明春，2003），学者基本达成的共识是生态旅游是集环境保护、环境教育、社区发展为一体（周世强1998；石中元1997；王兴斌1997；董红梅2002；全华，2004），自然旅游地和文化保留地是生态旅游的主要开发区域，生态旅游的开展形式是多样化的。生态旅游同可持续旅游发展的关系（章家恩和徐琪，1999；杨兆萍和张小雷，2000；杨桂华，2005；李包相和沈济黄等，2005；高峻，2005）及具体实施方案（牛亚菲，1999）也是探讨的焦点，高峻2005年提出，生态旅游是区域可持续发展战略与实践，这个观点在国内已经基本形成共识，生态旅游的基本性质与可持续旅游发展之间的关系也基本得以厘清。这个时期生态旅游产品的规划开发（王大悟，1999；杨桂华和王跃华，2000；钟林生和肖笃宁，2000；鄢和琳，2000）、生态旅游的具体实践及与在各地的发展及应用是研究最多的主题（张树夫，2001；庞振刚和董波，2001；陈烈，2004；赖坤和冯学钢，2004），解决旅游目的地环境污染和文化负面影响，生态旅游被寄予厚望。环境容量、环境影响评价是生态旅游研究的重要方法（刘青松，2003），景观生态学也作为研究方法被引入生态旅游研究之中（王仰麟和杨新军，1999）。

（3）2006年至今：增长阶段

这个时期是生态旅游研究文献增长最快的时期，除生态旅游在实践中的规划（曹广成，2007；莫晓红和罗明春，2007；王昆欣和周国忠等，2006；穆彪，2007）依然是研究主体之外，研究也扩展到环境伦理、社区参与、湿地生态旅游、可行性分析（张爱儒，2009）、市场分析及营销策略、资源评价（胡炜霞和张继前，2006；胡炜霞，2008）、生态旅游地的价值评估及开发评价等，生态旅游的研究深度也得到了进一步挖掘，如干扰理论引入社区参与（邱膑扬和袁霜凌等，2009）、环境可持续发展评价（赖斌和杨丽娟等，2006）、游客满意度调研（唐晓云和吴忠军，2006；文军，2009）、生态旅游的法治管理（马兰花，2009）、利益相关者研究（田至美和李妍彬，2006）等。GIS、景观生态学和环境承载力也在生态旅游研究中得到了应用（李健和钟永德等，2006）。

2. 基本评述

生态旅游研究在中国可以说是形成了研究的热点，有关生态旅游的研究文献在旅游（包括饭店）总体文献中位居第三（谢彦君，2003）。通过中国期刊网（CNKI）的中国学术期刊网络出版总库对旅游专业学术文献进行了专门的检索，自1997年以来，生态旅游研究的文献逐年增多，相比于1997年，2008年增长了将近20倍；其增长的速度远远高于旅游文献的增长速度；并且在目前旅游研究主题多元化的背景之下，生态旅游依然保持较高的比例，因此生态旅游受到当代旅游研究者的强烈关注。

表1.2　生态旅游在中国旅游研究论文中的百分比

年份	1997	1998	1999	2000	2001	2002	2003	2004	2005	2006	2007	2008
旅游（篇）	701	791	1081	1399	1632	1987	2579	3082	4952	6724	7868	8843
生态旅游（篇）	37	34	144	169	199	253	321	348	524	629	710	749
占比（%）	5.3	4.3	13.3	12.1	12.2	12.7	12.4	11.3	10.6	9.4	9.0	8.5

引自：中国期刊网（2009）。

通过中国期刊网（CNKI）的中国学术期刊网络出版总库、中国年鉴网络出版总库、中国专利全文数据库、国家科技成果数据库、中国标准数据库、中国博士学位论文全文数据库、中国优秀硕士学位论文全文数据库、中国重要会议论文全文数据库、中国重要报纸全文数据库、中国图书全文数据库的生态旅游研究文献的综合调查，按篇名直接检索“生态旅游”，获取了关于生态旅游文献的年份、来源单位、研究层次、出版来源、学科类别、中文关键词等信息。

从文献的发表年份来看（表1.2），生态旅游的研究热点集中在2000年之后，尤其2006年、2007年、2008年增长态势凶猛。生态旅游研究热的兴起，原因在于全球对环境保护、气候变化、绿色生态等问题的关注和国内“生态文明”的提出及环境问题的日益严峻。

从对生态旅游研究的作者单位来看，绝大多数的研究人员来自高校系统，其他则来自研究机构或政府部门。北京林业大学、东北林业大学、云南大学是发表生态旅游研究文章最多的单位。

从生态旅游研究的学科类别来看，主要集中在旅游、资源科学、环境科学与资源利用、林业、农业经济、经济管理与可持续发展、生物学、建筑科学与工程、经济体制改革、地理、文化、市场研究与信息、数学等方面，其中旅游、资源科学、环境科学与资源利用占据整体学科类别数量的90%以上。

从生态旅游研究所获取的资助分类，前三名是国家自然科学基金、国家社会基金、国家科技攻关计划。整体上看，生态旅游研究所获取的基金资助主要来自国家和地方政府，极少来自国际上的项目资助，没有企业或相关营利机构支持该主题研究。

从生态旅游研究成果发表的出版物来看，《中国旅游报》、《生态经济》、《安徽农业科学》、《中国绿色时报》、《资源开发与市场》、《旅游学刊》和《旅游科学》等是发表生态旅游研究文章最多的刊物，这些论文基本代表了中国生态旅游理论研究的最高成就。

从研究文献的中文关键词来看，国内关于生态旅游的研究主要集中在宏观方面，如“可持续发展”、“对策”等，研究内容也较为单一，主要是生态旅游的规划、开发、环境保护、资源开发、生态旅游产品等，研究主要结合开展生态旅游的自然保护区、湿地、乡村、森林公园，研究方法多是景观生态学和生态学的相关方法。

三、生态旅游基本框架

生态旅游是生态学、地理学、环境科学、管理学、社会学和人类学等学科之间的交叉学科，涉及众多的知识领域。学习生态旅游，就是在以旅游开发为目标指向下，对相关学科领域的掌握，并应用相关学科的理论和方法，进行区域旅游的合理适度开发，以促进区域的可持续发展。

1. 生态学基础

生态学是生态旅游的学科基础，其核心概念是生态系统。生态系统是生物有机体与周围环境之间现象和关系的总和。地球上所有的生物存在于特定的生态系统之中。生态系统由生产者、消费者和分解者组成，具有独特的结构和功能。无论是在陆地还是水体，都是由一系列的生态系统所构成。通过了解和掌握生态系统的基本理论，可以更好地了解生物与生物之间，生物与环境之间的相互关系，也有助于更好地理解人—地关系。

旅游资源是生态旅游开发的基础，生态旅游资源来自自然生态系统的基本要素，特别是野生生物和生态景观，同时也包含了众多的人文生态。通过认识生态旅游资源，学习生态旅游资源调查的一般方法和重点内容，掌握生态旅游资源的形成和变化规律，正确有效地开发生态旅游产品。

2. 生态旅游开发与规划

生态旅游开发与规划是生态旅游的核心。生态旅游的开发首先是战略的确定，也就是说生态旅游开发关键是区域可持续发展战略模式的选择。对不同地区来说，发展模式是各种各样的，确定生态旅游，就意味着在旅游开发中将更多地关心环境的可持续发展，更加注重当地社区的利益。生态旅游规划是生态旅游开发的保障。目前我国一些地方生态旅游开发所出现的问题与缺少科学的生态旅游规划有关，一些地方的生态旅游规划缺乏科学理念、不遵循自然规律，导致在自然区域内大兴土木，建造了破坏景观和生态系统的人造景点，从根本上违背了生态旅游的初衷；一些地方根本不按规划建设，一切按领导意志行事，开发出的生态旅游不伦不类，不但破坏了环境，而且难以吸引游客，无法获得预期的经济效益。与一般的旅游规划不同，生态旅游规划需要更加关注环境保护，关注当地社区利益，规划需要有明确具体的措施来保护环境，需要在不同利益相关者之间获得平衡。

3. 生态旅游者

生态旅游者是生态旅游过程中的主体，也是一类比较特殊的旅游者群体。对一般的旅游者来说，旅游的目的就是消费，是以满足旅游者自身最大的需求为目标，对自身行为的合理性并没有更多的思考。生态旅游者是负责任的旅游者，是对环境保护有明确认知的群体，是以低消耗为旅游形式，以认识自然和了解自然为最大的旅游目的。因此需要对生态旅游者的一般行为特征进行分析，了解生态旅游者的动机、爱好和消费特征，这样才能正确开发符合生态旅游者需要的生态旅游产品。另外从普通的旅游者转变为生态旅游者也有赖于正确的宣传教育。生态旅游者的行为规范一方面来自生态旅游者的自律，另一方面也来自生态旅游的宣传教育。一些媒体把生态旅游宣传成衣、食、住、行都舒适安全的大众游，对公众形成误导。一些媒体把不是生态旅游的休闲度假形式宣传为生态旅游，使消费者产生概念上的混淆，影响正常选择。没有正确的生态旅游教育，也会使旅游者对如何亲近自然、回归自然、与自然和谐相处认识不清，客观上形成了对生态旅游的不当需求，强化了旅游开发经营者的错误认识和选择。

4. 生态旅游设施

生态旅游设施是生态旅游的重要载体，主要涉及的是户外的旅游设施及住宿设施。生态步道具有休闲观光、保健教育等多重功能，其设计包括步道结构、材质的设计和使用；生态旅馆是生态旅游的标志设施，其设计核心是为顾客提供环保、有利健康的住宿产品，以资源的低消耗、绿色能源使用、废弃物的减量化和再利用为基本特征，促进对当地环境的保护和资源的合理利用；游客中心是生态旅游宣传教育的主要场所，是与旅游者进行沟通和交流的渠道，不仅给旅游者提供相关的生态旅游信息，同时应该成为一个有特色的生态教育博物馆；户外露营地的设计要考虑近水、背风、采光、便利、安全等多方面因素；环境解说系统是生态旅游区户外最主要的信息平台，为旅游者提供现场的解释，有利于旅游者更好地认识自然和理解自然。

5. 环境管理

环境管理是生态旅游发展的重要保障。需要正确评估生态旅游目的地的环境容量，建立生态旅游目的地的环境管理框架体系。环境管理结合相关的环境技术来进行，包括生态能源的使用，水体环境的管理，野生动物栖息地的保护，植被的生态恢复，废弃物的循环利用等，同时需要对生态旅游区的环境进行长期动态监测，以保障生态旅游的可持续发展，特别是当环境出现恶化的态势时，就可以有效地遏制。任何的旅游开发活动，或多或少都会对环境造成影响，因此生态旅游开发也需要进行环境影响评价，要结合区域环评和项目环评对生态旅游区的开发活动进行评估，以最大限度地减少旅游开发对环境的影响。

6. 地域文化的管理

地方文化是具象的文化景观和非物质的文化遗产的外在表现。文化景观的产生来自长期自然环境的影响，反映的是人与自然的和谐关系，非物质文化遗产则是人类精神生活的表象。旅游开发同样也会带来对地方文化的冲击。地方文化的敏感性来自旅游者与旅游地居民间明显的文化梯度，来自旅游者和旅游地居民在旅游需求层次的错位。旅游过程中的跨文化交流包括了价值观念、社会关系规范、民族习俗、旅游者个性心理因素和代码系统等。旅游开发对当地文化的冲击也涉及古镇古村落的过度商业化、传统工艺品的过度世俗化、传统习俗及节事的过度娱乐化和社会结构的日益复杂化。

四、学习生态旅游的意义

近年来，随着国家大力强调可持续发展，建设和谐社会，统筹兼顾经济发展与环境保护得到了地方政府和群众的关心和支持。而旅游开发是地方政府发展经济的重要途径和手段，所以在很多偏远的地区，旅游开发被地方政府作为积极发展的支柱产业。但是由于种种原因，一些地方旅游开发的结果，不仅没有让当地的群众富裕起来，反而破坏了当地的生态环境，这与可持续发展、建设和谐社会的国家政策不相一致。社区发展是生态旅游的重要目的之一，也是衡量是否是生态旅游的基本标准。生态旅游可以为地方经济带来积极的促进作用，特别是对当地社区。因此需要对生态旅游中的利益相关者进行辨识，明确核心利益相关者和其他利益相关者。当地社区是生态旅游中的核心利益相关者，需要吸引当地社区参加生态旅游的开发、投资、规划和经营管理，这样才能更好地协调不同利益主体之间的相互关系。

因此，发展生态旅游具有重大的战略意义和现实作用，生态旅游可以平衡经济发展与环境保护之间的矛盾，解决由于旅游业开发所带来的环境问题，可以更好地促进当地自然和文化遗产的保护，提高当地群众的生活水平。

目前我国在生态旅游研究方面仍然存在许多不足的地方，这也导致了生态旅游没有得到很好的发展。由于理论研究的不足，导致对生态旅游概念理解的差异。由于对生态旅游概念认识的不一致，对生态旅游内涵理解上的不准确，因此造成我国目前生态旅游的研究仍然停留在表象上，无法进一步深入。

理论研究的不足也导致了在生态旅游开发中陷入误区，一些生态旅游区开发不当造成环境破坏。在开发生态旅游的地区内，不管法律是否禁止开发，大兴土木，进行楼堂馆所和旅游基础设施建设，对自然景观造成严重破坏，甚至使有些区域永久地丧失了景观的连续性和生态系统的完整性。有的地方生态旅游区大造人工景点，完全冲淡了生态旅游的主题，降低了旅游品位。景区内饭店和宾馆产生的生活污水和垃圾得不到及时有效处理，造成环境污染。此外，生态旅游路线开发不科学，也造成对生态环境的负面影响，例如由于旅游线路设计不合理，再加上为方便游人的索道、公路、便道建设，过多地伸入自然保护区域，在破坏景观的同时，还影响野生动物的活动，使其栖息地破碎化，损害生态系统功能，破坏生物多样性。同时，对环境管理也缺少有效的监督，例如，2005 年国家环保总局遵照国务院要求对自然保护区进行了执法检查，在检查的 226 个国家级自然保护区中，有 82 个存在违规开发活动，占 36.3%，有 25 个自然保护区核心区和缓冲区有旅游开发活动。

虽然在生态旅游开发中有许多不尽如人意的地方，但这也更加说明正确的生态旅游开发的重要性。对地方政府来说，采用何种旅游开发模式对于当地经济的可持续发展具有重要意义。许多地方地处偏远，交通条件不发达，可进入性差，地方经济缺少发展的空间，但是丰富的自然资源和优美的生态环境却为生态旅游的发展奠定了基础。同时我们也应该认识到，这些优美的生态环境也是很脆弱的，很容易在大规模的旅游开发中遭到破坏。

如果采用生态旅游的开发模式，意味着旅游产业开发的有限性，有利于促进当地政府和群众正确认识所拥有的生态旅游资源价值，有利于协调经济发展和环境保护的关系，也有利于促进当地社区和群众积极参与生态旅游开发。

“生态旅游”在高校教学体系中可以被生态学、环境科学、地理科学、资源与环境管理、林学、农学和旅游管理等不同的本科专业或研究生列为重要课程之一，并随着国家可持续发展战略的确定而日显其突出价值。学习生态旅游，目的在于正确认识和理解生态旅游的基本概念，学习生态学的基本知识和理论，掌握生态旅游的框架体系，重点把握生态旅游开发和规划的基本过程，明确生态旅游战略和产品之间的相互关系，了解生态旅游的经营管理重点，为今后进行生态旅游开发与管理奠定基础。学习生态旅游，有利于站在生态学、地理学、人类学等学科层次上更好地把握生态旅游的开发与经营，有利于更好地把握可持续发展背景下的旅游开发方式，有利于更好处理不同利益相关者之间的相互关系，更好地提高生态旅游开发的水平和层次。

思考题

1. 生态旅游产生的基本背景是什么？
2. 简要叙述国外生态旅游的发展现状。
3. 简要叙述我国生态旅游的发展现状。
4. 试述生态旅游研究的复杂性。
5. 试述生态旅游基本学习框架。

第二章　生态旅游相关理论

【学习导引】

生态旅游是在生态学和可持续发展理念指导下所确定的一种区域发展战略。同时，生态旅游具有自然科学和社会科学的特征，其研究方法既有定量的，也有定性的，所以需要吸纳相关学科的研究成果。其中，景观生态学、生态经济学、生态人类学、利益相关者理论等构成了生态旅游研究和实践的基础理论。本章的主要内容是对相关理论的介绍和解读，引导学生对于生态旅游研究的广泛性和复杂性有一个较为全面的认识，这也是真正进入旅游研究的第一道门槛。尽管这些基础知识与基本理论可能有些生僻、深奥、晦涩，但一定要潜心学好，否则将难以深入展开旅游研究，获得旅游研究的真谛。

【教学目标】

1. 分析和理解学习生态旅游相关理论的必要性和重要性。

2. 掌握与生态旅游相关的学科以及各个学科基本理论的主要观点。

3. 认识和了解生态旅游与相关学科的交叉点和不同理论对于生态旅游研究的借鉴之处。

【学习重点】

可持续发展理论的基本原则和主要理论；生态经济学的主要理论；生态经济学与生态旅游的主要关系；景观生态学的基本理论；景观生态学与生态旅游的关系；生态人类学的基本观点；利益相关理论与生态旅游的关系。

生态旅游研究的主要内容可以简单地概括为：研究以区域可持续发展为目标，以自然区域或某些特定的文化区域为对象，以享受和理解自然景观、野生生物及当地文化为内涵，以对生态系统的影响最小化和环境保护为标志，以对当地社区和居民经济上受益为基本原则的所有旅游现象。可见，生态旅游研究是一门交叉学科研究，由于其研究内容的广泛性和复杂性，所以，其技术手段和理论借鉴就注定也是极为广泛和多样化的。

本章主要是从与生态旅游研究联系最为紧密的几个相关学科入手，分析说明生态旅游研究与相关学科的关系、不同学科理论的基本特征，介绍相关理论的基础性知识，探讨相关理论对于生态旅游研究的借鉴和参考价值，以求使读者能够进一步把握生态旅游研究的主要参考理论和技术方法，为日后生态旅游研究提供一种理论的借鉴和指导。

第一节　可持续发展理论

一、可持续发展定义

可持续发展理论的形成经历了相当长的历史过程。20 世纪 50～60 年代，人们在经济增长、城市化、人口、资源等所形成的环境压力下，对“增长—发展”的模式产生怀疑并展开讲座。1962 年，美国女海洋生物学家蕾切尔·卡逊（Rachel Carson）发表了一部引起很大轰动的环境科普著作《寂静的春天》，作者描绘了一幅由于农药污染所产生的可怕景象，惊呼人们将会失去“春光明媚的春天”，在世界范围内引发了人类关于发展观念上的争论。1972 年，美国两位著名学者巴巴拉·沃德（Barbara Ward）和雷内·杜博斯（Rene Dubos）的著作《只有一个地球》问世，把人类生存与环境的认识引向一个新境界——可持续发展的境界。1972 年，一个非正式国际著名学术团体——罗马俱乐部发表了有名的研究报告《增长的极限》，明确提出“持续增长”和“合理的持久的均衡发展”的概念。

1972 年，“可持续发展”（Sustainable Development）的概念最先在斯德哥尔摩举行的联合国人类环境研讨会上正式讨论。1980 年，国际自然保护同盟的《世界自然资源保护大纲》提出：“必须研究自然的、社会的、生态的、经济的以及利用自然资源过程中的基本关系，以确保全球的可持续发展。” 1981 年，美国布朗（Lester R. Brown）出版了《建设一个可持续发展的社会》一书，提出以控制人口增长、保护资源基础和开发再生能源来实现可持续发展。1987 年，世界环境与发展委员会出版《我们共同的未来》报告，将可持续发展定义为“既能满足当代人的需要，又不对后代人满足其需要的能力构成危害的发展”。它系统阐述了可持续发展的思想。1992 年 6 月，联合国在里约热内卢召开的“环境与发展大会”，通过了以可持续发展为核心的《里约环境与发展宣言》、《21世纪议程》等文件。

由于可持续发展涉及自然、环境、社会、经济、科技、政治等诸多方面，所以，研究者的角度不同，对可持续发展所下的定义也就不同。1987年由世界环境与发展委员会所确定的定义，是目前世界上采用最广泛的“可持续发展”定义：

> 既能满足当代人的需要，又不对后代人满足其需要的能力构成危害的发展称为可持续发展。它们是一个密不可分的系统，既要达到发展经济的目的，又要保护好人类赖以生存的大气、淡水、海洋、土地和森林等自然资源和环境，使子孙后代能够永续发展和安居乐业。可持续发展与环境保护既有联系，又不等同。环境保护是可持续发展的重要方面。可持续发展的核心是发展，但要求在严格控制人口、提高人口素质和保护环境、资源永续利用的前提下进行经济和社会的发展。发展是可持续发展的前提；人是可持续发展的中心体；可持续长久的发展才是真正的发展。

1989年“联合国环境发展会议”（UNEP）专门为“可持续发展”的定义和战略通过了《关于可持续发展的声明》，认为可持续发展的定义和战略主要包括四个方面的含义：走向国家和国际平等；要有一种支援性的国际经济环境；维护、合理使用并提高自然资源基础；在发展计划和政策中纳入对环境的关注和考虑。

总之，可持续发展就是建立在社会、经济、人口、资源、环境相互协调和共同发展基础上的一种发展，其宗旨是既能相对满足当代人的需求，又不能对后代人的发展构成危害。

二、可持续发展基本原则

1. 公平性（Fairness）原则

公平性原则指机会选择的平等性，具有三方面的含义：一是指同代人之间的横向公平性；二是指代际公平性，可持续发展不仅要实现当代人之间的公平，而且也要实现当代人与未来各代人之间的公平，各代人之间的公平要求任何一代都不能处于支配地位，即各代人都有同样选择的机会空间；三是指人与自然，与其他生物之间的公平性。这是与传统发展的根本区别之一。

2. 可持续性（Sustainability）原则

可持续性原则的核心思想是指生态系统受到某种干扰时能保持其生产率的能力。资源和环境是人类生存与发展的基础，离开了资源和环境，就无从谈及人类的生存与发展。资源的持续利用和生态系统可持续性的保持是人类社会可持续发展的首要条件。可持续发展主张建立在保护地球自然系统基础上的发展，因此发展必须有一定的限制因素。人类发展对自然资源的耗竭速率应充分顾及资源的临界性，应以不损害支持地球生命的大气、水、土壤、生物等自然系统为前提。换句话说，可持续发展要求人们根据可持续性的条件调整自己的生活方式。在生态可能的范围内确定自己的消耗标准，而不是过度生产和过度消费。

3. 共同性（Common）原则

鉴于世界各国历史、文化和发展水平的差异，可持续发展的具体目标、政策和实施步骤不可能是唯一的。但是，可持续发展作为全球发展的总目标，所体现的公平性原则和可持续性原则，则是应该共同遵从的。要实现可持续发展的总目标，就必须采取全球共同的联合行动，认识到我们的家园—地球的整体性和相互依赖性。从根本上说，贯彻可持续发展就是要促进人类之间及人类与自然之间的和谐。如果每个人都能真诚地按“共同性原则”办事，那么人类内部及人与自然之间就能保持互惠共生的关系，从而实现可持续发展。

三、可持续发展的主要理论

1. 可持续发展的基础理论

（1）经济学

①增长的极限理论。该理论是梅多斯（D. H. Meadows）1972 年在《增长的极限》一文中提出的有关可持续发展的理论。该理论的基本要点是：运用系统动力学的方法，将支配世界系统的物质关系、经济关系和社会关系进行综合，提出了人口不断增长、消费日益提高，而资源则不断减少、污染日益严重，制约了生产的增长；虽然科技不断进步能起到促进生产的作用，但这种作用是有一定限度的，因此生产的增长是有限的。

②知识经济理论。该理论认为，经济发展的主要驱动力是知识和信息技术，知识经济将是未来人类可持续发展的基础。

（2）生态学

生态学理论是指根据生态系统的可持续性要求，人类的经济社会发展要遵循生态学三个定律：一是高效原理，即能源的高效利用和废弃物的循环再生产；二是和谐原理，即系统中各个组成部分之间的和睦共生，协同进化；三是自我调节原理，即协同的演化着眼于其内部各组织的自我调节功能的完善和持续性，而非外部的控制或结构的单纯增长。

（3）人口承载力理论

人口承载力理论是指地球系统的资源与环境，由于自身自组织与自我恢复能力存在一个阈值，在特定技术水平和发展阶段下的对于人口的承载能力是有限的。人口数量以及特定数量人口的社会经济活动对于地球系统的影响必须控制在这个限度之内，否则，就会影响或危及人类的持续生存与发展。这一理论被誉为 20 世纪人类最重要的三大发现之一。

（4）人地系统理论

人地系统理论是指人类社会是地球系统的一个组成部分，是生物圈的重要组成，是地球系统的主要子系统。它是由地球系统所产生的，同时又与地球系统的各个子系统之间存在相互联系、相互制约、相互影响的密切关系。人类社会的一切活动，包括经济活动，都受到地球系统的气候（大气圈）、水文与海洋（水圈）、土地与矿产资源（岩石圈）及生物资源（生物圈）的影响，地球系统是人类赖以生存和社会经济可持续发展的物质基础和必要条件；而人类的社会活动和经济活动，又直接或间接影响了大气圈（大气污染、温室效应、臭氧洞）、岩石圈（矿产资源枯竭、沙漠化、土壤退化）及生物圈（森林减少、物种灭绝）的状态。人地系统理论是地球系统科学理论的核心，是陆地系统科学理论的重要组成部分，是可持续发展的理论基础之一。

2. 可持续发展的核心理论

可持续发展的核心理论，尚处于探索和形成之中。目前已具雏形的流派大致可分为以下几种：

（1）资源永续利用理论

资源永续利用理论流派的认识论基础在于：人类社会能否可持续发展决定于人类社会赖以生存发展的自然资源是否可以被永远地使用下去。基于这一认识，该流派致力于探讨使自然资源得到永续利用的理论和方法。

（2）外部性理论

外部性理论流派的认识论基础在于：环境日益恶化以及人类社会出现不可持续发展现象和趋势的根源，是人类迄今为止一直把自然（资源和环境）视为可以免费享用的“公共物品”，不承认自然资源具有经济学意义上的价值，并在经济生活中把自然的投入排除在经济核算体系之外。基于这一认识，该流派致力于从经济学的角度探讨把自然资源纳入经济核算体系的理论与方法。

（3）财富代际公平分配理论

财富代际公平分配理论流派的认识论基础在于：人类社会出现不可持续发展现象和趋势的根源是当代人过多地占有和使用了本应属于后代人的财富，特别是自然财富。基于这一认识，该流派致力于探讨财富（包括自然财富）在代际之间能够得到公平分配的理论和方法。

（4）三种生产理论

三种生产理论流派的认识论基础在于：人类社会可持续发展的物质基础在于人类社会和自然环境组成的世界系统中，物质的流动是否通畅并构成良性循环。他们把人与自然系统的物质运动分为三大“生产”活动，即人的生产、物资生产和环境生产，致力于探讨三大生产活动之间和谐运行的理论与方法。

四、可持续发展与旅游

可持续发展理论为生态旅游提供了理论基础，在这个基础上，生态旅游追求生态、经济和社会文化的平衡发展，强调环境与经济的协调，追求人与自然的和谐。

可持续发展与旅游业有密切关系。旅游业赖以发展的基础条件是自然资源和文化遗产，一旦破坏了这些基础条件，旅游业就不可能持续地发展。因此，旅游业作为一个涉及经济、环境和社会文化的综合性行业，必须走可持续发展道路。也就是说，旅游业的发展必须建立在生态环境的承载能力之上，保护自然资源和生态环境，维护地方文化遗产和传统风俗，这样才能保证旅游业持续健康地发展。

要实现旅游业的可持续发展，就要较好地解决以下三大问题：

（1）需求问题旅游活动以满足人类需求为主要目的，既要满足目的地社区的基本需要，提高社区居民的生活水平，同时又要满足旅游者对更高旅游质量的需要。

（2）发展问题旅游资源开发与旅游业的发展应在生态系统的承载能力之内，要保证可更新资源的持续利用，同时使不可更新资源的消耗最小化，反对为谋取短期利益而掠夺性开发旅游资源。

（3）公平问题以公平为基本原则，旅游业的发展不能以牺牲目的地环境质量为代价，也不能为满足自己的旅游需求而损害后代人公平利用旅游资源的权利，不能为满足旅游者或投资者的利益而忽视当地社区和居民的利益。

如何解决这些问题，用可持续发展理论指导旅游业，并实现旅游业的可持续发展，是世界范围内旅游业关注的焦点。可持续旅游的开发有各种方式，生态旅游是其中之一，也是首选的有效途径。它强调环境保护，目的地居民参与，社区利益和旅游者的个人体验等，能较好地解决环境保护和产业发展之间的矛盾，因此生态旅游是实现旅游可持续发展的重要途径。

2002 年国际生态旅游年的主题口号为“生态旅游——可持续发展的关键所在”，就明确了生态旅游的这一地位和作用。

第二节　生态经济学

生态经济学（ecological economics）是研究生态和经济这一复合系统的结构、功能及其运动规律的学科，即研究生态经济系统的结构及其矛盾运动发展规律的学科，是生态学和经济学相结合而形成的一门边缘学科。生态经济强调的核心是经济与生态的协调，注重经济系统与生态系统的有机结合，强调宏观经济发展模式的转变。

生态经济学的研究内容主要包括：经济发展与环境保护之间的关系；环境污染、生态退化、资源浪费的产生原因和控制方法；环境治理的经济评价；经济活动的环境效应；生态系统和经济系统相互作用而形成的复合系统及其矛盾运动过程；生态经济发展和运动的规律；人类经济发展和自然生态发展相互适应、保持平衡的途径。生态经济学为解决环境资源问题，制定正确的发展战略和经济政策提供科学依据。

总之，生态经济学与传统经济学的不同之处在于，生态经济学将生态和经济作为一个不可分割的有机整体，改变了传统经济学的研究思路，促进了社会经济发展新观念的产生。

一、学科发展

“二战”以后，科学技术的持续发展、劳动生产率的不断提高和世界经济的快速增长，充分显示出人类干预和改造自然的能力也在逐渐增强。然而与此同时出现了大量的环境污染和生态退化问题，其严重程度是人们始料未及的。随着时间的推移，环境和资源问题从局部向全局、从区域向全球扩展，世界范围内的人口骤增、粮食短缺、环境污染、资源不足和能源危机不仅威胁着人类的生存状态，而且制约着社会的进一步发展。当科学家们探索以上问题产生的历史原因、发展趋势、预防措施和解决途径时，从一开始就发现：单纯从生态学或经济学的角度来解释和研究这些问题，是难以找到答案的，只有将生态学和经济学有机地结合起来进行分析，才能从中寻求到既发展社会经济又保护生态环境的解决之策。

20 世纪 60 年代后期，生态经济学作为一门独立的学科应运而生，是社会发展到一定阶段的必然结果。1962 年，美国海洋生物学家蕾切尔·卡逊（Rachel Carson，1962）发表《寂静的春天》（Silent Spring）一书，首次真正结合经济社会问题开展生态学研究。1968 年，美国经济学家鲍尔丁（Kenneth Ewart Boulding）1968 年发表了一篇题为《一门科学——生态经济学》的文章，首次提出了“生态经济学”这一概念和“宇宙飞船理论”。此外，鲍尔丁还首次提出了“循环经济”理念和“经济—社会—自然”协同发展的初始模型

1966 年，美国经济学家列昂捷夫（Wassily Leontief）使用投入—产出分析法，将处理工业污染物单独列为一个生产部门，除了原材料和劳动力的消耗外，把处理污染物的费用也包括在产品成本之中。他在污染对工业生产的影响方面进行了详尽的分析。他是第一个对环境保护与经济发展的关系进行定量分析研究的科学家。

1980 年，联合国环境规划署召开了以“人口、资源、环境和发展”为主题的

会议。会议充分肯定了上述四者之间的关系是密切相关、互相制约、互相促进的，并指出，各国在制定新的发展战略时对此要切实重视和正确对待。同时，环境规划署在对人类生存环境的各种变化进行观察分析之后，确定将“环境经济”（即生态经济）作为1981年《环境状况报告》的第一项主题。由此表明，生态经济学作为一门既有理论性又有应用性的新兴的科学，开始为世人所瞩目。

二、相关理论

1. 宇宙飞船理论

宇宙飞船理论由美国经济学家鲍尔丁（K. E. Boulding）1968年提出。其观点为：整个地球就如同太空中的宇宙飞船，依靠其自身的资源维持，一旦资源消耗殆尽，宇宙飞船也就无法生存了。同理，如果我们还是如以前那般线性地利用地球上的资源，地球也将像宇宙飞船那般因为资源的耗竭而走向灭亡。因此，他提出必须自觉意识到要在容量有限、未来封闭的地球上，建立循环生产系统，提倡“宇宙人经济”。

2. 公地悲剧和救生艇理论

英国加勒特·哈丁教授（Garrett Hardin）1968年在《公地悲剧》（The tragedy of the commons）一文中首先提出“公地悲剧”理论模型，描述了理性地追求最大化利益的个体行为是如何导致公共利益受损的恶果的。其观点是：作为理性人，每个牧羊者都希望自己的收益最大化。在公共草地上，每增加一只羊会有两种结果：一是获得增加一只羊的收入；二是加重草地的负担，并有可能使草地过度放牧。经过思考，牧羊者决定不顾草地的承受能力而增加羊只数量。于是他便会因羊只的增加而收益增多。看到有利可图，许多牧羊者也纷纷加入这一行列。由于羊群的进入不受限制，所以牧场被过度使用，草地状况迅速恶化，悲剧就这样发生了。

公地作为一项资源或财产有许多拥有者，他们中的每一个都有使用权，但没有权力阻止其他人使用，从而造成资源过度使用和枯竭。过度砍伐的森林、过度捕捞的渔业资源及污染严重的河流和空气，都是“公地悲剧”的典型例子。之所以叫悲剧，是因为每个当事人都知道资源将由于过度使用而枯竭，但每个人对阻止事态的继续恶化都感到无能为力，而且都抱着“及时捞一把”的心态加剧事态的恶化。公共物品因产权难以界定（界定产权的交易成本太高）而被竞争性地过度使用或侵占是必然的结果。

公地悲剧发生的根源在于：当个人按自己的方式处置公共资源时，真正的公地悲剧才会发生。“公地悲剧”的更准确的提法是：无节制的、开放式的、资源利用的灾难。就拿环境污染来说，由于治污需要成本，私人必定千方百计地把企业成本外部化。“公地悲剧”源于公产的私人利用方式。针对如何防止公地的污染，哈丁提出的对策是共同赞同的相互强制、甚至政府强制，而不是私有化。

后来“公地悲剧”被引申出“救生艇伦理”，把地球比喻为救生艇，认为救生艇的载重有限，只有让一些人淹死，才能让其他人获救。

3. 增长极限论

增长极限由美国经济学家德内拉·梅多斯（Donella Meadows）1972年在《增长的极限》一书中提出。梅多斯认为，影响经济增长有五个因素：人口增长、粮食供应、资本投资、环境污染和能源消耗。这五个因素的共同特点是其增长都表现为指数增长。这种增长的特点是，起初不引人注意，但经过一段时间之后却会变得非常惊人，如下式所示：

$$A=P(1+R)$$

式中：

P——某增长因素基期的数量；

R——该时期的增长率；

A——第n年的数量。

增长极限论最基本的观点是：1970年以后，人口和工业仍维持着指数增长，但迅速减少的资源将成为约束条件使工业化不得不放慢速度。工业化达到最高点后，由于自然顺延，人口和环境污染还会继续增长。但由于食物和医药缺乏引起死亡率上升，最后人口停止增长，致使人类在2100年之前崩溃。

梅多斯提出的避免人类崩溃的主要措施是：

一方面，在出生率和死亡率之间增加一个环路，使每年的出生婴儿数等于该年的预计死亡数，从而保持人口不变。

另一方面，在投资和折旧之间增加一个环路，使投资率等于折旧率，使工业资本保持不变。从而保持对立力量的平衡，达到“全球均衡状态”。

梅多斯还指出，为了保持持续的均衡状态，还需要有控制增长的技术政策：

（1）每一单位工业品的物资消耗量降到1970年价值的1/4以避免不能再生的资源的短缺；

（2）经济重点应从生产物质商品转移到增加学校、医院等服务设施上；

（3）污染降低到1970年数值的1/4；

（4）为了提高按人口平均的食物量，要将资本投放在粮食生产上；

（5）农业资本应优先使用于增加土地肥力和水土保持；

（6）由于工业资本用于服务设施、粮食生产、资源回收和污染控制，工业资本存量将处于低水平上。为了抵消这种影响，工业资本的平均寿命就要增加，为此就要改善设计，以便使工业生产中的机器设备耐用、易修理和减少报废。

关于梅多斯的增长极限论，西方经济学家有很多争论。有学者认为，梅多斯对基本经济关系与参数的估算是错误的，经济增长中出现的粮食、污染以及资源等问题是可以通过发展经济的办法得到解决的，相反，如果实行零经济增长，使技术停滞，人类只能自取灭亡。也有学者认为，梅多斯提出的人口增长、环境污染、生态平衡等问题是很重要的，从量的角度分析资源、环境、人口与经济增长之间的关系也是很有意义的。

4. 能值系统理论

能值是生态经济学中用来衡量自然支持系统与经济系统的产品与过程的新概念，在此基础上建立的理论和方法可用于度量来自自然系统的“自然资本”和生态服务功能的价值。能值为环境、资源、人类劳务、信息和发展决策的分析评价提供了新尺度。生态经济系统的能值分析是以能值为共同基准，综合分析评价系统的能物流、货币流、人口流、信息流，得出一系列反映系统结构和功能特征与生态经济效益的能值指标，评价系统的可持续发展性能及决策。

能值分析是美国著名生态学家奥德姆（H. T. Odum）于20世纪80年代创立的以能量为核心的系统分析方法。能值分析以能值作为基准，把不同种类、不可比较的能量转换成统一标准来进行比较。能值分析常用太阳能值（solar energy）来衡量某一能量的能值大小。

任何流动的或贮存状态的能量所包含的太阳能的量，即为该能量的太阳能值。地球生态经济系统内各种不同形式的能量都是从太阳能转化而来的，所以可以将太阳能值作为标准，衡量任何类别的能量。能量在系统内流动，一部分散失了，另一部分形成潜能，将系统维持在高组织、低熵状态，形成不同能量的高低能值等级。也就是说，不同的能量具有不同的太阳能值转换率。

通过应用“能值”这一新的科学概念和度量标准及其转换单位——能值转换率，可将生态经济系统内流动和储存的各种不同类别的能量和物质转换为同一标准的能值，进行定量分析研究，对生态系统内的自然资源的利用进行评估，并评估其发展的可持续性，从而对制定经济方针政策提供科学依据。

在现实社会生产和消费中，人们只注意一个系统中的货币流，如果系统中的货币流出大于其流入，则该系统（或生产过程）就是有活力的，但是，人们常常忽略了其物质流或能量流。在一个生产或生态系统中，人们追求的是其最大的货币流，而这种最大货币流是建立在最大的自然资源的流入基础之上的。因为要追求最大的货币流出和最小的货币流入，就必须以最大的自然资源流入为代价，这种出发点常常又会导致自然资源的过度开发，从而造成资源的可持续性下降。而能值分析则是对货币流、物质流、能量流和信息流的综合衡量，通过最有效的设计，使得系统达到最大的生态效益、经济效益和社会效益。

自然过程和社会经济过程都包含能量流动，都蕴含能值，因此以能值为基准，可以将不同种类、不可比较的能量转化过程化为统一标准，衡量和比较不同类别、不同等级能量的真实效应，同时还可通过能值和货币比率进一步衡量能值与货币的数量关系。能值分析方法提供了一个既有别于货币价值核算又可表达价值量的环境影响评价方法，从而使传统无偿的自然资本和环境服务功能能够融入人类的社会经济核算系统，为人类活动的科学决策提供技术手段。

5. 净福利

（1）净社会福利

净社会福利（NSW）是对国民生产净值（National Net Product, NNP）的一种"绿化"，是从 NNP 中扣除恢复生态环境良性循环所需的支出后，得到的一个新指标。在协调经济发展与环境质量的关系方面，方程式如下：

$$NSW=NNP+(B-GC)-AL$$

式中：

NSW——净社会福利；

NNP——国民生产净值；

B——未被认识的经济发展的非市场性有利条件（如知识的积累、保健的改善等）；

GC——为经济发展（包括信息、管理等）、减少污染所付出的劳力和费用；

AL——环境恩惠损失（如噪声增加、烟雾增多、风景区的商业化改变等）。

在对上述方程分析研究的基础上得出结论：在经济发展过程中，效益的追加部分增加时，为它支付的费用也必须增加，当追加费用等于追加效益时，经济就必须停止发展，否则会引起环境恶化。

（2）净经济福利

净经济福利是指经济发展所带来的全部经济福利，减去补偿伴随经济发展产生的负面效应的消耗后所剩余的福利。

1972 年，诺德豪斯（William D. Nordhaus）和托宾（James Tobin）提出净经济福利（Net Economic Welfare）指标。他们主张应该把都市中的污染等经济行为所产生的社会成本从 GDP 中扣除；同时，加上一直被忽略的家政活动、社会义务等经济活动。按此计算，美国从 1940 年到 1968 年，每年净经济福利所得，几乎只有 GDP 的一半。1968 年以后，二者差距越来越大，每年净经济福利所得不及 GDP 的一半。

萨缪尔森（P. A. Samuelson）在诺德豪斯和托宾的研究基础上，把美国的经济净福利估计延伸到 1976 年，证明按人均计算的经济净福利要比国民生产总值增长缓慢得多。日本的筱原三代平等经济学家，按 1970 年价格计算的日本经济净福利表明，日本在1955年和1970年由于环境污染造成的经济损失估计分别为550亿日元和64700亿日元，分别占净经济福利的0.2%和13.8%，环境污染的代价越来越高。

三、生态经济学与生态旅游

生态经济学要求必须确定旅游生态经济系统边界，通常旅游生态经济学适用于研究旅游业比较集中的，由某一行政机构管辖着一定范围的旅游区。

1. 旅游生态经济系统结构和功能特点

不同旅游区的生态经济系统结构具有不同的功能效率，而功能效率高低又直接影响旅游生态经济系统生产力大小。旅游生态经济系统的功能，除景观生态子系统表现出自身的物质流、能量流和信息流外，还交织贯穿着旅游经济子系统的经济物流、经济能流、价值流和经济信息流。旅游生态经济系统是由各个子系统耦合而成的复合系统。旅游经济系统结构、功能和景观生态系统结构、功能之间存在着对立统一的关系，两者结构协调，功能则必然协调，反之亦然。一般来说，旅游经济系统功能的加强，容易引起景观生态系统功能降低或失调。任何一个生态旅游区的开发建设，均需输入大量物质与能量（如建筑材料、食物、设备设施，等等），肯定会对自然生态系统的物质循环、能量流动产生深远影响。

2. 旅游经济系统与景观生态系统之间的关系

贯穿于旅游生态经济系统中的一个主要矛盾，就是旅游经济增长与生态平衡的矛盾。这是因为一方面在旅游区景观生态资源数量和资源更新能力是有限的，而旅游经济增长对生态资源的需求又是无限的。另一方面，旅游经济活动有时表现出来的时空无序性（如旺季暴涨的游客流量和因种种原因引起的旅游业滑坡等）同自然生态系统运动所表现出来的自然有序性也存在着矛盾。从旅游需求与旅游供给所构成的旅游经济活动同生态环境的结合上，研究旅游经济系统与景观生态系统之间的矛盾统一关系，探索旅游区内旅游业及其相关产业与环境保护协调发展的规律性，旨在实现旅游区旅游经济效益、社会效益和环境效益三者的统一，以保障旅游经济可持续发展。

3. 经济合理发展与旅游区环境保护之间的关系

任何风景名胜区环境容量都是有限的。随着我国旅游业蓬勃发展，现在许多风景名胜区生产性废物和生活性废物迅速增加，环境污染日趋严重。旅游地除开发建设中产生的“三废”外，旅游活动中住、食、行、游、娱、购等，亦是重要的污染源。据调查，一般国内外游客平均每人比旅游地居民排放的废气（主要是汽车尾气）多2～8倍，生活污水多2～7倍，生产垃圾多3～10倍。可见，旅游这种高层次消费活动，多半是以牺牲旅游地一定程度的环境质量为代价的。开展该项研究，目的就是要把旅游经济活动对环境的损害降低到最低程度，寻求旅游经济与环境保护协调发展。

4. 旅游区与相邻区域的生态经济系统关系

任何旅游生态经济系统都不是孤立存在的，它一方面要在旅游市场上同周围风景名胜区旅游生态经济系统展开激烈的竞争，另一方面由于旅游路线把许多旅游区连接在一起，因而促使各旅游系统之间发生能流、物流、信息流、游客流、旅游产品流、商品流、价值流的输入和输出。又因任何风景名胜区必然属于某个区域大系统中的一个子系统，因此，其旅游经济发展是受大区（大系统）影响和制约的。例如，风景名胜区内几乎所有物资设备、旅游商品都是靠区外第一、第二产业提供的，它们对旅游价格产生直接的影响。所以，我们要把旅游生态经济系统放在由众多子系统构成的区域大系统内，从结构和功能方面进行考察与研究。

5. 旅游生态经济系统的人工调控机制及其规律

人类既是旅游经济系统的主人，又是景观生态系统中生命系统的主体。因此，人类应该而且有可能通过科学技术这一中间环节，来构建能获得最佳经济效益、社会效益和生态效益的良性循环的旅游生态经济系统。在我国旅游区一般来说都与一个行政区相一致，其行政机构担负着对全区旅游生态资源总体开发实行统一的规划，以及对全区旅游经济结构进行合理的调整。后者是以前者为先决条件的，受到旅游资源和生态规律的制约。可见，我国旅游区在当前经济条件下，如何做到使环境规划同旅游经济结构调整有机地融为一体是至关重要的。

第三节 景观生态学

一、基本理论

景观生态学（Landscape Ecology）是20世纪70年代以后蓬勃发展起来的一门新兴的交叉学科。它以生态学理论框架为依托，吸收现代地理学和系统科学之所长，研究景观和区域尺度的资源、环境经营与管理问题，具有综合整体性和宏观区域性特色，并以中尺度的景观结构和生态过程关系研究见长（肖笃宁等，1997）。自80年代后期以来，逐渐成为世界上资源、环境、生态方面研究的一个热点。现在普遍的看法是，这门新兴学科是地理学与生态学相互结合的产物，是研究在一个相当大的区域内，由许多不同生态系统所组成的整体（即景观）的空间结构、相互作用、协调功能及动态变化的一门生态学新分支。

在自然等级系统中，景观一般被认为是属于比生态系统高一级的层次。景观生态学以整个景观为研究对象，强调空间异质性的维持与发展，生态系统之间的相互作用，大区域生物种群的保护与管理，环境资源的经营管理，以及人类对景观及其组分的影响。在景观这个层次上，低层次上的生态学研究可以得到必要的综合。

作为一门学科，景观生态学在20世纪60年代的欧洲形成。早期欧洲传统的景观生态学主要是区域地理学和植物科学的综合。土地利用规划和决策一直是景观生态学的重要研究内容。景观生态学直到80年代初才在北美受到重视，但迅速发展成为一门很有生气的学科。景观生态学给生态学带来新的思想和新的研究方法。它已成为当今北美生态学的前沿学科之一。

景观生态学的研究焦点是在较大的空间和时间尺度上生态系统的空间格局和生态过程。里泽（Risser）1984 年认为，景观生态学研究具体包括：景观空间异质性的发展和动态；异质性景观的相互作用和变化；空间异质性对生物和非生物过程的影响；空间异质性的管理等。景观生态学的理论发展突出体现其对异质景观格局和过程的关系，以及它们在不同时间和空间尺度上相互作用的研究。理论研究还包括探讨生态过程是否存在控制景观动态及干扰的临界值；不同景观指数与不同时空尺度对生态过程的影响；景观格局和生态过程的可预测性；以及等级结构和跨尺度外推。尽管这些都仅是理论雏形，但它们确实给生态学提供了一个新的范式（paradigm）。按照库恩（Kuhn）1970 年的科学哲学思想，科学的发展总是不断地以新的范式替代旧的范式。新范式意味着新的理论、新的概念、新的构架、新的思维、新的方法。

景观理论是生态系统理论的新发展。它的新颖之处主要在于景观理论强调系统的等级结构、空间异质性、时间和空间尺度效应、干扰作用、人类对景观的影响以及景观管理。景观生态学的生命力也在于它直接涉足于城市景观、农业景观等人类景观课题。奈维和李柏曼（Naveh and Lieberman）1984 年指出：景观生态学是生物生态学和人类生态学的桥梁。此外，跨尺度上推（scaling up）景观生态学是环球生态学（Global Ecology）的重要一环。

二、景观生态学与生态旅游

景观生态学不仅适合生态旅游的空间范围，而且与生态旅游尤为强调的生态内涵相一致，是生态旅游规划管理的理论基础之一。景观生态学的理论和方法与传统生态学有着本质区别，其注重人为活动干扰对景观格局和过程影响的研究，为生态旅游研究提供了一条有益的尝试途径。

1. 空间结构评价

生态旅游区景观格局的基本面貌是点、线、面的分布状态，旅游景点或景区以空间斑块的形式镶嵌于具有不同地理背景的被称为旅游区的基质上，旅游路线则是用来连接景点或景区之间，以及对外交通的廊道，廊道之间常常相互交叉形成网络。旅游区中斑块特征有类型、大小、形状与分布状况等，其影响着旅游区规划设计中的景点景区布局与旅游活动项目的选择；廊道特征有连通性、弯曲度与宽度等，影响着旅游区规划中景点间的可达性，游路的合理组织安排及自然资源的有效保护等；基质的特征有大小、孔隙率、边界形状等，它是策划旅游区整体形象和划分各种功能区的基础，对基质的研究有助于认清旅游区的环境背景，有助于对景点斑块的选择和布局，也有利于确定保护旅游区的生态系统特色。肖笃宁等 2000 年认为，区域旅游景观系统功能的实现来自景观元素之间的景观流。因此可以将旅游活动进一步解释为通过特定地点（景点或景区）和特定路径（游路）的生态流，通过游客所带来的信息流、客流、物流、货币流和价值流而对旅游区景观系统造成影响，从而发生动态变化。此种动态是指景观系统在结构和功能方面随时间推移发生的空间和非空间的变化，如旅游景点和旅游者食宿点的增加和减少，各种生态流的季节性变化等。

从景观生态学角度，生态旅游区的建设需要满足以旅游需求为主，兼顾其他需求的景观空间格局，或者说生态旅游区除了供人们游览外，还需要能保障对区域生态系统的维护、对环境的贡献和当地人们的生活，这个景观格局将确保区域旅游景观系统的健康、协调和可持续发展。景观生态学有一套较成熟的景观空间格局的测定、描述和统计指标体系，这一指标体系同样也可以运用到对旅游区的景观格局现状的分析之中。通过对景观格局现状的分析来描述旅游区的景观生态特征，为生态旅游区的规划提供理论依据，同时通过对比分析来评估生态旅游区规划能否达到预期的效果。

常用的景观格局分析指数数量较多，如斑块类型面积（CA）、斑块类型所占面积比例（PLAND）、最大斑块占景观面积比例（LPI）、斑块数量（NP）等是反映斑块类型规模的指数；斑块分维数（MPFD）是反映斑块类型的形状指数；斑块密度（PD）、景观斑块破碎化指数（FN）、景观形状破碎化（FS）是反映景观破碎化的程度；景观总面积（TA）表征景观内斑块规模的指数；丰富度（PR）、香农均匀度指数（SHEI）、优势度（RD）表征景观内斑块间相互关系的多样性指数；廊道长度（TC）、廊道密度（CD）、连接度（R）和景观引力（I_{ij}）。这些景观格局分析指数不仅有特定的生态意义，同时在旅游开发上也有明确的内涵。例如斑块类型面积（CA）与景观的开阔性、稳定性相关，如一望无际的水面、林海等。当某类景观类型具有旅游资源的基质时，面积越大，吸引力也越大，旅游开发的价值越高；丰富度反映了景观组分以及空间异质性，丰富度越大，景观越具有多样性，其旅游开发的潜力也越大；连接度（R）反映了旅游区交通网络各节点之间的相互连接程度。游路的畅通、连接和长短可运用连接度来评价，连接度高，表示游路通达，有利于旅游，连接度低，景点之间通达性差，需要加强廊道的建设；景观引力（I_{ij}）表示景点 i 和 j 之间的相互吸引力。在生态旅游区中，旅游景点可视为节点，它们间的吸引力与连接它们的廊道一起影响着旅游者的流动。两个景点之间吸引力越大，游人游览完一个景点以后，克服两景点间的阻力，出游另一景点的可能性越大。因此有必要采取有效措施提高两个景点的吸引力，减少廊道的阻力，从而提高整个景观的观赏价值，以增加游客在旅游区的逗留时间。

生态旅游区通过开发建设后，是否能达到预期目标，主要应考虑以下特性（Jones & Jones，1977；李素馨，1985；肖笃宁，1998）：多样性、自然性、特有性、稳定性、功效性、通达性、安静性、和谐性、开阔性、观赏性（参见表 2.1）。

表 2.1 景观格局分析指数与景观特性的一般关系

景观格局指数	多样性	自然性	特有性	稳定性	功效性	通达性	安静性	和谐性	开阔性	观赏性
CA	–	–	–	+	+	–	–	–	–	–
PLAND	–	–	+	–	–	–	–	–	–	–
LPI	+	–	+	–	–	+	–	–	–	–
NP	+	–	–	+	–	–	–	–	–	–
MPFD	+	+	–	–	+	–	–	+	–	+
PD	+	–	–	+	–	+	+	–	–	+
FN	–	+	–	+	–		+	–	–	+
FS	–	+	–	+	–	+	+	–	–	+
TA	–	–	–	+	+	–	–	–	+	–
PR	+	–	+	+	–	–	–	+	–	+
SHEI	+	+	–	–	–	–	–	+	–	+
RD	+	+	–	–	–	–	–	–	–	–
TC	–	–	–	+	+	+	+	–	+	–
CD	–	–	–	–	–	+	+	–	+	–
R	–	–	–	–	–	+	–	–	–	–
I_{ij}	–	–	–	–	–		–	–	–	–

*：“+”直接相关；“–”表示间接相关或不相关。

引自钟林生（2000）。

这些景观特性是景观功能的体现，景观的功能又反映着景观的结构，景观的结构决定着资源地理环境的分布形成和组分，制约着各种生态过程，与干扰能力、恢复能力、系统稳定性和生物多样性有着密切的关系。因此，作为反映景观结构的景观格局指数和体现景观功能的景观特性也存在着一定的关系，使人们可以通过景观格局的分析来了解和掌握旅游区的景观功能特征。

2. 生态旅游规划

景观具有明显的边界和视觉特征，整个地区的生态过程有共性，它所具有的稳定性是镶嵌体稳定性，是规划管理的一个适宜尺度。景观的经济、生态和美学这种多重性价值判断是景观规划和管理的基础（肖笃宁，1999）。

景观生态学在旅游规划中的作用集中表现为：第一，给实践者提供理论框架，重要是结构与过程的相互关联原理。第二，为规划设计者提供一系列方法、技术、数据及经验（王仰麟、杨新军，1999）。具体体现为以下三方面的内容。

（1）规划思路和指导原则

在开发规划过程中应遵从的两大基本思路是景观生态整体性的保证和空间异质性的结构图式设计（王仰麟、杨新军，1999）；指导原则包括整体优化组合原则、景观多样性原则、景观个性原则、遗留地保护原则和综合效益原则等。要在充分考虑景观美学价值的同时，以景观结构的优化、功能的完善和生态旅游产品的推出作为目标。尤其要注意根据特定的地理背景，分地段设计独特的生态旅游产品。

（2）功能分区与区划

为了避免旅游活动对保护对象造成破坏，也为了对游客进行分流以及使旅游资源得到优化配置和合理利用，必须对生态旅游目的地进行功能分区与区划。功能分区是"对人们的旅游需求以及满足这一需求的地域平衡进行规划"（Mupohehko *et al.*，1989）。甘（Gunn，1988）提出了国家公园旅游分区模式，即划分为重点资源保护区、低利用荒野区、分散游憩区、密集游憩区和旅游服务社区。该模式提出后被普遍采用。如何科学地确定分区界线，还存在一定的盲目性。景观生态学理论可以在这一方面发挥作用。可利用景观结构和过程的相互作用原理，即景观过程对景观空间结构的形成起重要作用，而景观结构对过程有基本的控制作用。主要结合地貌、植被、水文等特征进行，使各区的功能相对独立；同时，要参照结构规划中的景观格局划分。

功能分区可以保护景观尺度上的自然栖息地和生物多样性，并且不危害敏感的栖息地和生物。景观多样性的保护是生物多样性保护的拓展，包括了对景观中自然要素和文化价值保护两个侧面。结合生态学和地段地理学两方面研究基础的"景观生态学"，可以为"分地段"保护生态系统多样性，进而保护物种和遗传多样性提供相应的理论基础（刘家明，1999）。

（3）结构规划

功能的实现是以景观生态系统协调有序的空间结构为基础的。在进行旅游景观生态规划时，必须充分考虑景观的固有结构及其功能，如河流廊道、大的自然斑块等（刘鸿雁，1994）。在此基础上，选择或调控个体地段的利用方式方向，形成景观生态系统的不同个体单元，即为空间结构的元素基础。作为斑块的旅游接待区应既要方便游人，又要分散布点和适当隐蔽，不影响景观的美学功能，还能使斑块面积尽量减小而易于融入基质中。

进行廊道设计时，应注意合理组合。景区要以林间小路为廊道，互相交叉形成网络，网眼越大，生态效益越好；越小而异质性大，则景观美学质量越高（沙润和吴江，1996）。廊道的规划设计要慎重，其作用不易过于强调（王军、傅伯杰和陈利顶，1996）。连接各景区的廊道长短要适宜，过长会淡化景观的精彩程度，过短则影响景观生态系统的正常运行。要强化廊道输送功能之外的旅游功能设计，以增加游赏时间。

作为大面积游憩绿地的基质，则是生态旅游目的地的基调。以基质为背景，利用遥感技术和地理信息系统进行景观空间格局分析（李博，2000），构建异质性生态旅游景观格局。分景区进行主题设计，并策划旅游地整体形象，以体现多样性决定稳定性的生态原理和主体与环境相互作用的原理。应扩大生态旅游目的地的范围，并在其外围增加缓冲的边缘带。还要注意挖掘当地丰富的文化内涵，形成与自然风景相得益彰的资源格局，提高景区吸引力。

3. 景观视觉评价

广义上，景观视觉环境特指具有视觉特征的景观总体环境，由区域的土地形态（或地形）与土地覆盖（水体、植被，以及人工的开发）组成，体现一个地理区域的视觉与文化属性，即景观视觉环境是由客观环境与主观感知（人对客观环境的形式要素的感知）共同构成的，包括优美的风景环境和普通的视觉环境。狭义上，景观视觉环境是指普通人裸眼所能感知到的景观环境。景观视觉环境质量的研究不但兼顾了视觉美学意义上的景观，而且还注重了环境生态的美学评价以及景观价值的评价。景观视觉环境也是景观生态系统的有机组分，景观生态学是以人类对景观的感知作为景观评价的出发点。

对景观视觉环境进行评价有几个方面的重要意义，首先，景观视觉环境的物质性和精神性要求我们必须对其重视和保护；第二，景观资源因其不可再生性和脆弱性更加需要加以保护；第三，市场经济行为的负面影响正在威胁着资源和环境，景观视觉资源首当其冲，尤其需要有效的保护。

景观视觉环境评价（LVEA）源于20世纪六七十年代英美国家相继颁布的一系列保护风景美学资源的法令，如美国国会通过的《野地法》（1964）、英国1968年通过的《乡村法》等。这些法令的制定，标志着长期以来为人们所享用但并不为人们所珍惜的风景美学资源，也将与其他有经济价值的自然资源一样，具有法律地位。从90年代开始，对景观视觉环境评价的研究已经从传统的描述层次逐渐转到定量分析上，景观视觉环境评价中包括对景观视觉敏感度、景观视觉环境阈值计算、景观生态环境质量进行评估和景色质量等方面进行评价。

其中，景观敏感度是景观被注意到的程度的量度，景观敏感度是景观的易见性、可见性、清晰性，景观醒目程度等的综合反映，与景观本身的空间位置，物理属性等都有密切关系。显然，景观敏感度较高的区域或部位，即使轻微的干扰，对景观也将形成破坏，因而应重点保护（俞孔坚，1991）。

景观视觉环境阈值是指景观对外界干扰（尤其是人为干扰）的忍受能力、同化能力和遭到破坏后的自我恢复能力的量度。利用景观内部因素和景观的外部环境因素进行分析，地形因素基本上能综合反映其他各因素的分布规律，因此将主要根据地形来进行景观阈值的评价（俞孔坚，1988）。

景观生态环境质量评价是对环境系统状态与人类社会生存发展需要之间所存在的客观关系进行评定，即按一定的评价标准和运用一定的指标和评价方法，对一定区域范围内的环境质量进行定量的描述，以便查明研究区域景观视觉环境质量的历史和现状，确定影响景观视觉环境质量的主要因素，掌握研究区域环境变化的规律，预测未来的发展趋势，为研究区域的环境规划提供科学依据。它是景观视觉环境系统客观存在的一种本质属性，并能用定性和定量的方法加以描述的环境系统所处的状态，是环境系统的内在结构和外部状态对人类及生物界的生存和繁衍的适宜性。用于定量描述的手段有各种环境要素质量参数值、指标，质量指数和质量模型；用于定性描述的是各种反映其程度的形容词、名词、短语，例如好、差，符合标准、不符合标准等。

景色质量在这里也可以理解为风景的完整性，它是用来度量来自自然或自然出现的景观特征或来自被普通公众长期接受的人工景观特征的线条、形态、色彩和质感的变化程。它是通过景观特征属性变化的尺度、强度和模式来度量（汤小敏，2007）。

第四节　生态人类学

一、生态人类学概述

1. 生态人类学定义

人类学（Anthropology）是从生物和文化的角度对人类进行全面研究的学科群。此词由 anthropos 和 logos 组成，从字面上理解就是有关人类的知识学问，最早见于古希腊哲学家亚里士多德对具有高尚道德品质及行为的人的描述中。人类学的学科体系中，可分为体质人类学、考古学、语言人类学和文化人类学等，近年又出现了新的研究方向和交叉学科，如旅游人类学、生态人类学等。可见，人类学就是从人类社会的不同方面和角度来研究人类的社会、经济、文化活动的科学。

而生态人类学则致力于人类与环境之间复杂关系的研究，主要研究对象是人类的生态行为及其生态后果，剖析人类社会与地球生命体系这两大体系并行延续的各种充要前提，探索人类社会的最佳生存对策，以谋求人类社会可持续发展的生态安全。

人类的生存一直同邻近的土地、气候、植物以及动物种群发生着密切的关系，并对其产生影响，环境因素亦反过来作用于人类（Salzman and Attwood，1996）。生态人类学试图探讨人类群体如何适应塑造其生存环境并伴随此过程形成的相应风俗习惯以及社会、经济、政治生活（Salzman and Attwood，1996）。简言之，生态人类学希望对人类社会文化作为适应环境的产物作出唯物的说明（Seymour Smith，1986）。

2. 生态人类学的研究目的

文化制衡下的不同民族，为了牢固地寄生于地球生命体系，都需要在该种文化的规约下，建构起专注于本民族的民族生境。而民族生境既处在生物制衡之中，又处在文化制衡之中，是相关民族与所处生态系统的二元结合部。所以，各民族的生境与所处的自然生态系统之间表现出一定程度的偏离是不可避免的事实。但只要这种偏离不导致所处生态系统的蜕变，从而致使相关民族文化失去效果，那么相关民族与所处生态系统的寄生并存关系就可以获得稳态延续的能力，人为生态灾变也就不会出现，更不会积累造成大范围的生态危机。事实上，在当代的田野调查中，生态人类学工作者的确找到了无数成功是实例，发现只需稍微改变一下对于生物资源的利用方法，或者改变对生物资源管理的办法，就可以截断偏离扩大和叠加的渠道，将生态危机消除于未然。因此，找出能动控制各民族对所处生态系统偏离扩大与叠加的有效办法，就成为生态人类学研究的理想目标。

3. 生态人类学的研究内容

事实上，生态人类学在研究过程中一直坚持将以下三种立场作为自己的主要研究内容：

一是传承来自文化人类学的文化整体观和结构功能观，并将这一观点延伸到生物世界，运用于分析人类社会与生态环境的互动关系的过程中去；

第二，借用生态学建模分析的手段，用于观察分析自为体系之间的互动关系，特别是作用于反馈之非对称性及多重复合性，以便弄清人类社会与地球生命体系之间的各种复杂关联性；

第三，考虑到一切自为体系解体后，都会还原到随机单元形式，因而必须将自然科学公认的结论作为验证自己研究结论可信程度的终极准绳去利用，并在此基础上实现跨学科研究方法论的有效结合。

二、生态人类学与生态旅游

生物多样并存和文化多元并存的生态价值到底是什么？又应该如何保持生物多样性和文化多元性呢？这些一直是生态人类学试图回答的问题。

地球生命体系能够布满整个地球表面，正是得益于生物物种的多样并存。生物物种多样并存最大的生态价值就在于它能够极大地拓展地球生命体系的生存空间，把地球表面一切可以利用的无机物质和能量尽可能地充分利用起来。但是地球无机环境又总是充满了变数，物质与能量的分布不仅极不均衡，而且会在时间的长河中无规律地波动，波动的幅度同样缺乏规律性。这一切对于地球生命体系而言都意味着风险。所以，地球生命体系要保持稳态延续，就必须使自己具备抗风险的能力，而获得抗风险能力的重要手段就在于保持生物物种的多样性。

在一个生物物种多样并存的生态系统中，不同的生物物种在面对同一种风险时，各自的抗风险能力总会出现差异。风险不能避免，但风险中只要有部分生物物种能够劫后余生，那么整个生态系统的再回复就肯定不是问题。

和地球生命体系一样，人类社会同样需要文化的多元并存。文化多元并存的生态价值，也和生物物种的多样并存的价值相似。文化多元并存水平越高，越能高效地利用各种不同的生态类型，越能广泛地利用各种不同的生物资源，人类社会的存在对地球生命体系的压力就越小，人类社会与地球生命体系的和谐并存也就越有保障。

事实上，由于地球表面环境的极端复杂性，仅拥有有限的改造和利用环境的手段是远远不够的。不同民族文化拥有的生态智慧、技能和技术，将是人类取之不尽的宝库。对于这些生态智慧、技能和技术进行有效地发掘和利用，将极大地提高人类控制环境的能力。就这个意义而言，听任文化的多元格局受损，将是对人类社会自身犯下的罪过。

至于如何保持生物多样性和文化多元性，在现阶段来讲，生态旅游无疑是最佳答案。其对于生物多样性和文化多元性的保持可以从以下三方面来进行阐释。

（1）与自然和文化生态的关系

生态旅游强调旅游过程中对自然与文化生态的感悟与体验，特别是通过环境教育与解说，使旅游者增强对自然与文化生态的认识和理解。

以自然区域的资源为核心，将当地具有生态教育价值的特色生物、自然及人文风貌等通过良好的规划与服务，使游客得以深入体验。因此区域的独特自然和人文资源是规划及经营生态旅游的必要条件。

作为享受自然、认识自然、满足旅游者的旅游体验，生态旅游必须以回归大自然为基调，必须以良好的生态环境作为旅游吸引物，必须有特定的旅游观赏内容，如优美的自然景观，独特的人文景观等，以满足人们享受自然、认识自然的需求。生态旅游不仅能使旅游者返璞归真，享受大自然，在清新、开阔、洁净的环境中修养身心，而且能够了解、研究特定区域内的自然景观、野生动植物以及相关的文化历史特征，使旅游者从中获得高质量的旅游经历。

（2）与环境保护和生态保育的关系

生态旅游必须有利于促进当地环境的保护和生态的养育。生态旅游必须和生态环境的保护有机结合起来，强调在维护良好环境质量的前提下开展旅游，生态旅游不能把消费摆在首位，不能以牺牲环境为代价。因此，必须保持旅游区域内的环境质量，保持生态自然资源和文化遗产的多样性，实现生态系统的良性循环和有序发展，保持优异的自然环境。

生态旅游致力于旅游影响的最小化，即努力通过重复使用或者主要使用当地建筑材料，促进可更新能源的开发和使用，安全处理和再利用废弃物，谨慎对待涉及环境和文化敏感的旅游设施，控制旅游者的数量，规范旅游者的行为等来确保将旅游活动对生态的影响控制在限定的范围内。

生态旅游致力于环境意识的普及，不仅对旅游者进行必要的科学普及，同时也需要对管理人员和当地居民作适当的科普教育，其中训练有素、懂得多种语言、具备自然和文化历史知识、遵守道德原则、具有环境解释和有效沟通技能的导游是生态旅游活动实施的关键。

（3）与当地经济社会发展的关系

生态旅游致力于促进当地社会经济和文化的发展，特别致力于当地社区及居民生活水平的提高。

生态旅游活动的开展大部分都是在比较偏远的地方，地方经济普遍不发达，居民生活水平低下，因此成功的生态旅游应该有助于当地社会经济的发展。其基本途径是：当地居民的参与和利益反馈社区，带动当地的经济发展。即通过旅游开发，为当地基础设施建设筹集资金，为当地居民创造就业机会，有效发展经济，使当地居民在生态环境质量不降低的基础上，在经济上、财政上获得益处。要将旅游所得的部分收益转化成为当地社区的发展基金，操作方式包括鼓励社区居民的参与，及通过不同机制协助当地发展经济，使当地能获得来自生态保护及旅游发展的实质效益。

生态旅游致力于为自然保护直接提供资金，加强当地生态与人文资源的保护、研究和教育。通过公园门票收入，以及饭店、航空公司、旅游公司等旅游企业税收，志愿者贡献等方式寻求资金支持。

生态旅游也致力于尊重当地文化，特别是尊重地方文化传统和居民长久形成的习惯，将旅游开发对当地人群的文化影响降至最低。

生态旅游在社区发展中，尽管不同参与主体研究、分析和解决问题的角度和途径不同，存在指导方针和落实手段的关系。但是殊途同归，他们回答的问题却是一致的，并都在保护生物多样和文化多元性方面产生了积极的影响。

第五节　利益相关者理论

一、基本理论

利益相关者理论是20世纪60年代起源于英美等西方国家的一种管理理论，其早期思想可追溯到20世纪30年代。到20世纪60年代，美国斯坦福研究所将“利益相关者”（stakeholder）这一术语定义为：利益相关者“是那些失去其支持，企业就无法生存的个人或团体”。利益相关者理论的核心思想是：任何一个企业的发展都离不开各种利益相关者的投入或参与，企业追求的是利益相关者的整体利益，而不仅仅是某个主体的利益。

该理论的研究初期，企业一直是绝对的研究主体，直到20世纪90年代初期以后，才开始从企业扩展到政府、社区、城市、社会团体以及相关的经济和社会环境等。因此，从这些研究领域考虑，利益相关者主要包括企业的股东、债权人、雇员、消费者、供应商等交易伙伴，也包括政府部门、本地居民、当地社区、媒体、环境保护主义等压力集团，甚至还包括自然环境、人类后代、非人类物种等受到企业经营活动直接或间接影响的客体。这些利益相关者都对企业的生存和发展注入了一定的专用性投资，他们或是分担了一定的企业经营风险，或是为企业的经营活动付出了代价，企业的经营决策必须考虑他们的利益，并给予相应的报酬和补偿。同时，企业的发展前景也有赖于对利益相关者不断变化的利益要求的回应质量。因此，管理者必须从利益相关者的角度来看待企业，这样才能获得持续的发展。

利益相关者理论大大促进了企业管理理念和管理方式的转变，研究者在利用利益相关者视角关注组织战略发展的同时，开始分析与组织发展相关资源的分配与争夺冲突，比如弗雷德曼（Friedman，2002）提出，利益的分配与争夺是产生利益相关者理论的根本原因，因此利益相关者理论的未来研究应当关注组织与利益相关者之间的冲突及其解决，这是发展利益相关者理论的重要途径；威廉森（Williamson）1999年指出，利益相关者之间的合作与协调是组织可持续发展的关键环节；哈特（Hart）2004年认为，边缘利益相关者对组织战略的影响不容忽视，矛盾的激化将会严重影响到组织的发展战略，进而提出组织的健康发展必须关注边缘利益相关者对组织竞争的作用研究；斯科尔斯（Scholes）在1998年、蒂克夫斯克（Dccphousc）在2005年开始探讨利益相关者之间的合作、协调与利益均衡。

2000年以来，利用利益相关者理论作为一个有效战略分析工具，在环境管理、公共管理等领域的研究中得到极大的应用，研究的深度和广度不断扩大。莫兰（Moran）在2003年、门多萨（Mendoza）在2005年对多个利益相关者的关系、管理与协调及其对可持续性的影响进行了研究；德（De）在 2003 年、班尼特（Bennett）在 2004 年尝试将利益相关者分析集成进入决策支持系统；奥瑞兹恩（Oreszczyn）在2000年、弗莱彻（Fletcher）在2003年、汉弗莱（Humphrey）在2004年对环境规划问题，阿南达（Ananda）在2004年对利益相关者的激励问题，罗伯特（Roberts）在1998年、博特赖特（Boatright）在2002年分别对公司审计、业务承包及外国零售商利益相关者问题，洛佩斯（Lopez）在2003年、珀内莫科（Purnomoc）在2005年对国家公园和森林管理的利益相关者问题进行了研究；丹尼·德里兹（Dianne Dredge）在1999年对区域发展问题，伯尼斯等人（Buanes *et al.*，2004）对滨海地区发展问题、强生（Jonsson）在 2004 年对可持续发展的深化问题进行了研究。研究者对利益相关者在其他领域的应用研究，不仅深化了利益相关者的研究内涵，也为其在旅游领域的应用研究打下了基础。

二、利益相关者理论与生态旅游

国外对旅游活动中利益相关者问题研究来自20世纪70年代至80年代几个热门的研究主题——“社区旅游”、“旅游协作（合作）”和“可持续发展”等。20世纪80年代中后期，在一些旅游文献中开始出现“利益相关者”这一词汇，1987年马什（Marsh）和亨歇尔（Henshall）就旅游者—居民的期望及相互影响在旅游发展规划中的战略价值进行了探讨，之后 1988 年《旅游研究纪事》（*Annals of Tourism Research*）在第2期上刊登了米歇尔·海伍德（K. Michael Haywood）的《负责任和友好型的社区旅游规划》（Responsible and Responsive Tourism Planning in the Community）一文，这也是最早在全文中明确出现“利益相关者”的文献，作者讨论了旅游规划中社区参与问题和目的地旅游流。90年代中后期，利益相关者理论开始引起旅游学者深入的研究和思考。1999 年，“利益相关者”这一概念出现在世界旅游组织制定的《全球旅游伦理规范》这一旅游官方文献中。

从研究内容看，国外学者对旅游利益相关者问题的研究主要集中在以下四个方面：旅游利益相关者的界定及分类；旅游规划、管理与营销中的利益相关者问题；旅游环境伦理与可持续发展中的利益相关者问题；社区旅游及其协作中的利益相关者问题。

1. 旅游利益相关者界定

在基本概念的界定上，一些研究者援引管理学中利益相关者的定义对旅游利益相关者进行了列举式界定：维勒（Wheeler，2002）、萨乌特和莱森（Sautter & Leisen，1999）分别以当地政府旅游市场营销者、旅游经营商、旅游规划者为中心进行了列举，赖安（Ryan，2002）对旅游经营者在开发经营过程中的利益相关者也进行了分析。

图 2.1 是旅游业利益相关者主体图。

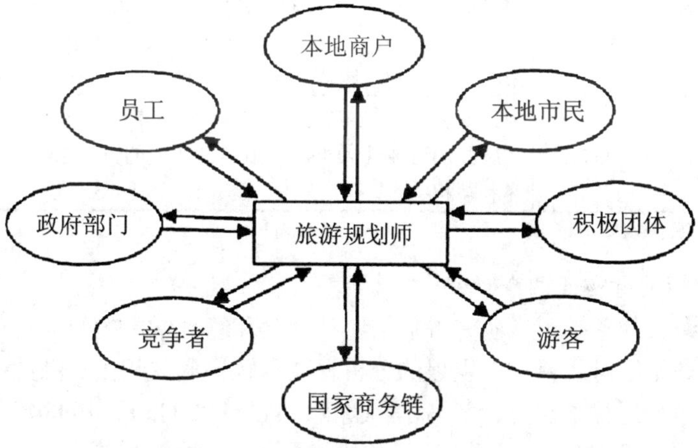

图 2.1　旅游业利益相关者主体图

来源：Sautter and Leisen (1999)。

调查分析方面，凯瑞（Carey，1997）、布哈里斯（Buhalis，2000）、赫德森（Hudson，2005）对旅游市场参与者之间的协作、联盟问题进行了研究；马克威克（Markwick，2000）、伯恩斯与霍华德（Burns & Howard，2003）等在实践中通过对具体旅游地的利益相关群体进行实证调查（如访谈），结果都发现不同的利益群体对规划和管理都有着不同的看法或建议，而且这些意见或建议都富有建设性意义，体现了这一方法对旅游规划和管理的重要作用和意义。

表 2.2 列出一些研究者对旅游利益相关者的界定。

表 2.2 研究者对旅游利益相关者的看法

研究者	对旅游利益相关者的界定
罗布森（Robson & Robson, 1996）	旅游经营商的利益相关者包括股东、员工、游客、居民、压力集团、国家和地方政府、宾馆、旅游交通、旅游景区、旅游代理商、媒体等，绘制了利益相关者基本图谱
萨乌特和莱森（Sautter & Leisen, 1999）	在 Freeman 的利益主体谱系图的基础上绘制了一幅旅游业利益主体图（如图 2.1），这也是目前国内学者引用得最多的图例
赖安（Ryan, 2002）	在萨乌特和莱森研究的基础上对潜在的利益相关者进行了补充修订，提出了旅游经营商 12 类利益相关者，包括地方和国家吸引物、交通供应商、媒体组织、国家旅游组织、地方政府旅游营销部门、中央政府、旅行代理商、最终消费者、饭店、地方旅游局、压力群体和员工
伯恩斯与霍华德（Burns & Howard, 2003）	指出澳大利亚昆士兰州 Fraser 岛旅游风景区存在 10 种利益相关者：游客、员工、居民、顾问委员会、动植物保护协会、保护组织、地方利益团体、旅游经营商、地方政府、昆士兰州公园
希恩和里奇（Sheehan & Ritchie, 2005）	根据各利益主体与旅游目的地管理机构（DMO）合作或对其形成威胁的可能性大小，运用实证研究的方法指明了 DMO 的 13 类利益相关者。

来源：作者根据相关材料整理。

2. 利益相关者实证调查研究

在实证调查的基础上，研究者们借鉴社会学和管理学中的组织理论、沟通理论以及协作理论等对解释这些现象的分析框架和解决利益相关者的冲突与协作问题的对策与途径进行了探讨。贾马尔和盖茨（Jamal & Getz）1995 年将协作的组织间关系理论应用于社区旅游规划中，提出了促进旅游地利益相关群体协作的六项建议。威廉姆斯（Williams）1998 年、布兰韦尔和沙曼（Branwell & Sharman）1999 年则对多个利益相关者协作制定政策的有效性评估框架进行了研究。里德（Reed）在 1997 年引入组织理论探讨了权力关系对社区旅游规划的影响。德·阿荣基奥和布兰韦尔（DeAraujo & Branwell）2002 年探讨了区域旅游协作中利益相关者的参与问题，提出了旅游发展中合作关系进程（Processes Involved in a Tourism Development Partnership）的分析框架。萨乌特和莱森（Sautter & Leisen）1999 年借用市场营销中基于过程的关系型取向战略和基于结果的交易型取向战略的理念，提出利益相关者取向矩阵（Stakeholder Orientation Matrix），认为利益相关者对旅游开发的价值取向一致与否将促进合作与冲突，并选择细分市场的角度提出了增加利益相关者取向一致性的对策和措施。马克威客（Markwick）2000 年则认为，运用门德鲁（Mendelow）的利益相关者权力—利益矩阵（Stakeholder Mapping）

来分析旅游中的利益相关者问题更为有效。

表 2.3 列出了旅游管理机构的主要利益相关者分类。

表 2.3　旅游管理机构主要利益相关者分类

<table>
<tr><td colspan="2" rowspan="2"></td><td colspan="2">利益相关者对组织形成威胁的可能性</td></tr>
<tr><td>高</td><td>低</td></tr>
<tr><td rowspan="2">利益相关者与组织合作的可能性</td><td>高</td><td>混合型
战略：联合
利益相关者：宾馆、国家及地方政府、管理委员会、会议中心、当地居民</td><td>支持型
战略：整合
利益相关者：景点、员工、餐馆、大学、投资者</td></tr>
<tr><td>低</td><td>反对型
战略：防御
利益相关者：无</td><td>边缘型
战略：监控
利益相关者：无</td></tr>
</table>

来源：Sheehan and Ritchie (2005)。

这类研究是旅游领域利益相关者研究的主流，人们达成的基本共识是：吸纳利益相关者的参与，满足各利益相关者的要求是一个旅游目的地或旅游企业获得成功的关键。学者们纷纷从旅游规划、旅游管理及旅游营销的角度论述了利益相关者参与的重要价值及其实现途径。

3. 利益相关者之间的冲突与协作

随着旅游发展中对社区力量关注的加强，从 20 世纪 70 年代开始，社区旅游方面的研究逐步深入。利益相关者理论对这一研究领域的介入更多地表现在社区旅游利益相关者之间的权力关系及其沟通、协作这一论点上。

贾马尔（Jamal）1995 年将协作理论结构引入到旅游目的地中，探讨旅游目的地发展中不同组织的协作，认为协作蕴含了不同组织之间的复杂关系和必要性态势，合作的概念仅有在一起工作的意义，因此协作远比合作的含义更宽泛，文章提出了基于社区旅游规划的协作三步进程：第一步为问题设置（确定关键的利益相关者与关键问题），第二步为方向设置（未来合作的确定与阐明、对未来目标的认同），第三步为执行（分享领域开发利益手段的制度化）。尽管该文讨论的是基于社区层次的协作，但这对未来利益相关者参与的许多相关研究和讨论都奠定了重要的基础。这一理念已经开始初步具有了和谐管理的基本思想。

此后，伊利斯（Elise，1996）在贾马尔（Jamal，1995）的研究基础之上，进一步研究基于利益相关者利益管理的旅游协作规划模型，提出利益相关者之间的相互理解、协作，并可以通过两两之间配对形成的利益相关者倾向矩阵识别他们之间的潜在关系构成，认为利益相关者对旅游开发的价值取向一致性可以增加合作的可能性，并认为利益相关者的价值取向不一致则意味着冲突的可能发生，规划者和管理者的任务在于找出和维持基于共同战略取向的利益相关者关系以促成协作。

为了促进协作的有效性，研究必须落实到利益相关者如何参与和分享上。里德（Reed）1997 年研究了权力关系与基于社区的旅游规划，他认为政府和开发商的消极对待，导致实际工作中难以找到某个独立的组织去召集其他不同的利益相关者，因此研究这些独立的权利关系对社区旅游的影响胜于去研究如何分散权力。

威廉姆斯（Williams）1998 年的研究发现，一些政府对旅游利益相关者的微弱支持，以及缺少进行谈判的资源等阻挠了旅游利益相关者参与共同决策的过程。而阿罗约（Araujo）2002 年也在研究中发现，在发展中国家虽然旅游规划中力图让更多的利益相关者参与，但由于经济、政治和行政上存在困难，规划仍可能主要采用传统的政府决策模式，因此最后的有效参与在很大程度上只限于各级政府和政府各部门，而非政府组织、私营部门、商业部门和当地居民的参与非常有限。相关研究还有：布兰米威尔（Bramewell）1999 年进一步探讨了当地利益相关者参与下的旅游政策制定的合作问题、利益相关者参与的机制与决策流程问题；里奇（Ritchie）1999 年研究了加拿大班夫国家公园的远景规划过程，设计了多个利益相关者参与的“基于利益的谈判”和“共同决策”的圆桌会议程序和方法以确保对决策影响到的所有人的利益进行考虑。

布兰米威尔（Bramwell，1999）、谢尔登（Sheldo，2001）以及伯恩斯（Burns，2004）应用利益相关者理论对旅游地发展进行了研究，约克塞尔（Yuksel，1999）、布姆斯与霍华德（Bums and Howard，2003）均运用半结构开放式访谈方法，尝试明确各利益相关者的具体看法。这可以及时地发现现有管理措施中存在的问题和局限性。

通过这方面的研究，学者们普遍认为，社区居民事实上并不是控制旅游开发行为的决定性力量，多数开发项目由开发商、政府或非政府组织等经营，但获得当地社区居民的合作，在旅游发展中积极促成社区居民、游客、政府、开发商等各种利益相关者之间的规范性参与和协作仍十分必要。许多学者在此共识上所提出的共同决策程序、协作进程等分析框架为旅游规划与管理的实际操作提供了重要理论依据。

4. 旅游环境伦理与可持续发展中的利益相关者研究

20 世纪 80 年代末旅游环境伦理和可持续发展研究兴起，它强调在保护和增进未来发展机会的同时，应满足旅游者和旅游地居民当前的各种需要，一部分人的旅游需要的满足不能以旅游地环境的恶化为代价，这正是利益相关者理论的题中应有之义。“旅游利益相关者”概念的出现从思想上有力地支持了旅游可持续发展问题的研究。斯托尼克（Stonich）运用政治生态学的方法探究了洪都拉斯海湾岛（The Bay Islands，Honduras）的旅游发展、水资源与环境健康之间的关系，发现岛屿的新鲜水、土地和海洋资源由于旅游发展而受到破坏，但由此带来的负面影响并不均衡地作用于各类利益相关者。环境质量的下降主要归因于掌握权力的国家级和国际性机构的决策，但承担由此引起的环境灾害后果的却是贫困的外来移民和当地土著居民。赖安（Ryan，2002）认为，旅游的可持续发展要求资源的公平分配与权力的分享，处理好利益相关者的关系是旅游可持续发展的关键，因此“可持续”概念的应用应置于更宽泛的利益相关者理论框架之下。霍尔顿（Holden）通过评估环境伦理背景下旅游利益相关者对自然界的行为，得出了一个主要结论：大多数旅游利益相关者将环境作为一种达到自身利益的工具，很少有人持有进一步转向非人类中心主义环境伦理观的愿望。赫德森（Hudson）等提出在开发山岳型旅游资源的过程中，开发者应对环境持有“负责任的营销观念”（responsible marketing），在与利益相关者进行充分沟通的基础上进行环境政策的制定、灌溉、垃圾与废物处理、燃料管理、能量循环等一系列的活动，以帮助旅游地获得持续的竞争优势。

综上所述，国际社会对旅游领域内的利益相关者研究较多，已经成为生态旅游的重要研究内容。大多数学者主要关注旅游开发过程中的公众参与、协作以及旅游与环境、社会的可持续发展等研究主题，研究主要通过引入管理学、社会学、环境科学等领域的理论方法，探讨利益相关者协作产生的原因。在研究中一般是利用访谈或其他社会调查方法收集数据以了解利益相关者对旅游规划与管理政策和措施的态度和看法，由此形成对旅游发展过程中的决策支持，比如协作的组织形式、协作程序与途径、影响因素与协作过程管理，以及构建协作效果评估框架等。研究过程既有对即将付诸实施的政策或措施的态度和看法的调查，也有对已付诸实施的政策或措施的态度和看法及实施效果的评价调查（Yuksel，1999），但总的来看，定性研究仍是主要的研究方法，涉及的定量研究较少。

思考题

1. 试述生态旅游与自然旅游、绿色旅游和可持续旅游的关系。
2. 试述生态旅游的基本内涵。
3. 试述生态旅游的特点。
4. 试述可持续发展理论与生态旅游的关系。
5. 试述景观生态学在生态旅游研究中的应用。
6. 试述利益相关者理论在生态旅游研究中的应用。

第三章　生态系统与生态旅游目的地

【学习导引】

生态系统是生物群落及其非生物环境（生境）共同组成的物质能量系统。而生态旅游资源则是生态系统中具有生态美的特征要素，包括那些对旅游者具有吸引力，通过适当开发可以产生经济、社会效益的自然客体以及人工建造的各种生态旅游设施、服务等。基于此形成的不同生态旅游目的地则是由于其生态系统中要素组合不同形成的各具特色的旅游资源集中地。本章从这三个概念入手，通过对于生态系统、生态旅游、生态旅游资源，以及生态旅游目的地的介绍使学生能对生态系统和生态旅游目的地有较为全面和正确的认识，并对于相关生态学知识、生态旅游知识有进一步的理解和把握。

【教学目标】

1. 掌握生态系统的概念和组成结构。
2. 理解生态系统功能和生态平衡的基本概念。
3. 掌握生态旅游以及生态旅游资源的概念并了解生态旅游资源的基本特点。
4. 认识和了解不同生态旅游目的地的环境特征和生态现象。
5. 认识和了解不同生态旅游目的地旅游的现状和面临的威胁。

【学习重点】

生态系统和生态旅游的概念；物质循环和能量循环的概念和动力机制；不同生态旅游目的地旅游的特点和挑战。

生态系统可概括为非生物成分（环境系统）和生物成分（生命系统）两大部分，包括非生物环境、生产者、消费者和分解者等四种基本成分。其基本功能是物质循环和能量流动，以食物链和食物网为基本载体，能量一方面通过流动进行转化，另一方面则不断耗散。在这一过程中，生态系统通过反馈系统能够自我调节，维持自身存在和发展，地球上最复杂的生态系统亦是如此。不同的生态系统都是由各个不同的生物地理群落与其环境构成的统一体，包括热带雨林、热带季雨林、亚热带常绿阔叶林、温带落叶阔叶林、寒温带针叶林、苔原、热带稀疏草原、温带草原和荒漠等，此外还有海洋生态系统和淡水生态系统等。基于这些不同生态系统形成了各具特色的生态旅游目的地。本章旨在通过系统的介绍和阐述，引导学生对于生态系统和不同的生态旅游目的地有较为全面而正确的了解，并在此基础上能对各种不同的生态旅游类型有一个整体的把握，为日后对于生态旅游的研究打下坚实的基础。

第一节　生态系统概述

一、生态系统概念

生态系统（Ecosystem）是生物群落与其环境之间由于不断地进行物质循环与能量流动而形成的统一整体。Tansley 1935 年指出，生物群落及其非生物环境（生境）共同组织的物质能量系统，称为生态系统。例如，森林中的乔木、灌木、草本等绿色植物，利用太阳光能，通过光合作用将二氧化碳、水和矿物质等转化成有机物质，食草动物依赖这些绿色植物而生存，进而食草动物又成为食肉动物的物质和能量的来源。通过这些营养关系和其他联系，森林中的各种生物和非生物条件连成一个整体。

同时，“生态系统”还是一个广泛的概念，它可以从类型上理解，也可以从区域上理解。任何一个生物群落与其周围环境的组合都可以称为生态系统。例如，一个池塘、一片森林、一块草地、一座城市，甚至一个包括农田、草地、森林和城市的区域都可以作为一个生态系统。

地球上最复杂的生态系统是陆地生态系统，它是由各个不同的生物地理群落与其环境构成的统一体，包括热带雨林、热带季雨林、亚热带常绿阔叶林、温带落叶阔叶林、寒温带针叶林、苔原、热带稀疏草原、温带草原和荒漠等，此外还有海洋生态系统和淡水生态系统等。

当然，根据不同的划分标准，生态系统也可以分为自然生态系统（如原始森林、草原等），半自然生态系统（如养鱼的湖泊、人工林、牧场和农田等）和人工生态系统（如城市、矿区、工厂等）三种类型。图 3.1 所示是地球表层生态系统类型示意。

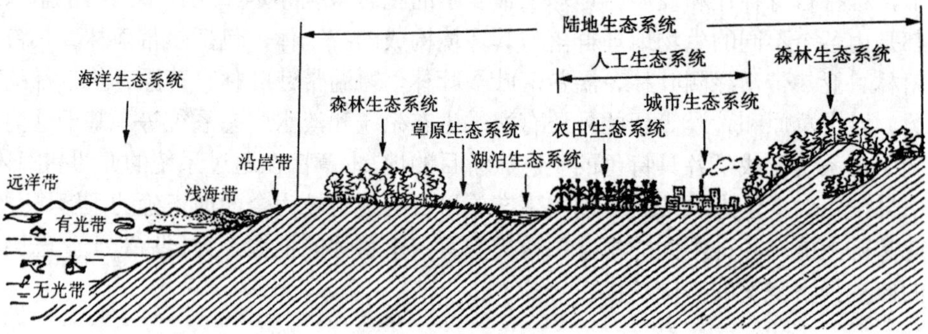

图 3.1　地球表层主要生态系统类型示意

引自祝廷成等（1983）。

二、生态系统结构

对于地球表面各种不同的生态系统来说，无论是陆地还是水域，一个发育完整的生态系统的基本成分都可概括为非生物成分（环境系统）和生物成分（生命系统）两大部分，包括非生物环境、生产者、消费者和分解者四种基本成分（参见表 3.1 和图 3.2）。

1. 非生物环境

非生物环境包括光能、热能、水、二氧化碳、氧气、氮气、矿物盐类、酸、碱以及其他元素或化合物，它们组成大气、水和土壤环境。

2. 生产者

生产者指绿色植物和某些能进行光合作用和化能作用的细菌，即自养生物。它们能利用太阳能进行光合作用，把从周围环境中摄取的无机物合成有机化合物并储存起来，以供自身需要或作为其他生物的营养。

3. 消费者

消费者指直接或间接地以生产者为食的各种动物。动物自己不能生产食物，只能以植物所制造的现成有机物质为营养。因此，动物是异养生物。动物可分为植食性动物和肉食性动物。前者为初级消费者，后者为次级消费者或更高级的消费者。

4. 分解者

分解者主要指细菌、真菌、某些原生动物以及其他一些小型有机体，它们靠分解有机化合物为生（腐生），从生态系统中的废物产品和死亡的有机体中取得能量。它们把动植物复杂的有机残体分解为较简单的化合物和元素，释放归还到环境中去，供植物再利用，故又称为还原者。

表 3.1　生态系统的基本组成

生态系统						
非生物成分(环境系统)				生物成分(生命系统)		
基质和媒质	气候	能量来源	代谢物质	生产者	消费者	还原者
岩石 土壤 水体 大气	光照 温度 湿度 大气压 风 ⋮	太阳能 化学能 潮汐能 风能 核能 ⋮	有机质 无机盐 矿质元素 H_2O、CO_2 O_2、N_2 ⋮	绿色植物 光合细菌 化能细菌	食草动物 食肉动物 杂食动物 腐食动物 寄生生物	细菌 放线菌 真菌 黏菌 原生生物

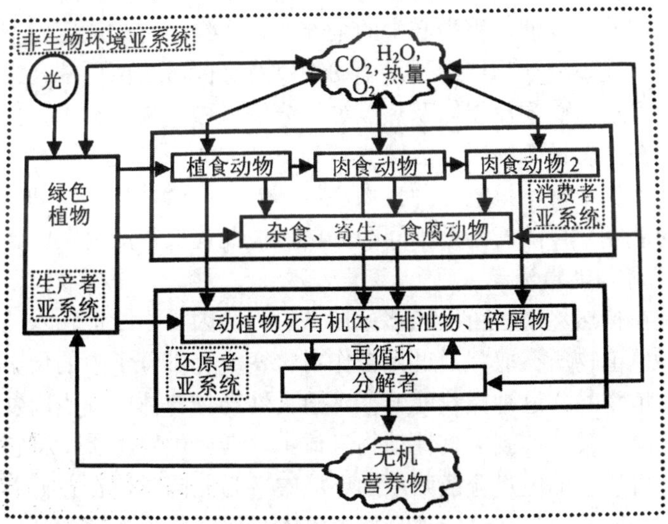

图 3.2　生态系统组成结构的一般模型

仿 Bates（1960）。

上述四种成分，根据它们所处的地位和作用又可分为基本成分和非基本成分。绿色植物固定光能进行初级生产，分解者把动植物复杂的有机残体分解为简单的化合物和元素，再加上非生命物质，它们属于基本成分，是任何一个生态系统必不可少的。植食者、肉食者、腐食者和寄生者都属于非基本成分，它们不会影响到生态系统的根本性质。

三、生态系统功能

1. 食物链

生态系统实际上是一个能量流与物质流系统。在生态系统中，能量的流动和物质的循环是一步一步地进行的，每一步称为一个营养级。绿色植物（生产者）占据第一营养级，植食性动物（初级消费者）占据第二营养级。蝗虫、兔子和田鼠虽然不同，但它们都是植食者，所以处于同一营养级。蛙吃蝗虫，占据第三营养级（二级消费者），吃蛙的蛇（三级消费者），占据第四营养级，吃蛇的鹰（四级消费者）是第五营养级。这种营养级的特殊结合叫作营养结构。

食物以一系列吃和被吃的步骤通过生态系统，叫作食物链。例如草→昆虫→青蛙→蛇→鹰是最简单的食物链。起始于生产者，植食性动物，再到较大型肉食性动物的食物链，称为牧食型食物链；起始于大的动物，例如跳蚤寄生在哺乳动物身上，跳蚤体内则有原生动物寄生，原生动物又是细菌的宿主，而细菌又可能寄生有病毒，这种链索关系称为寄生型食物链；还有一种叫作腐屑型食物链，腐屑是指死有机体及其分解过程中产生的全部有机颗粒，它构成腐屑型食物链的起点。腐屑被腐食性小型动物特别是土壤动物以及真菌、细菌所消耗分解，最终释放出二氧化碳、水、矿物盐类以及热能等。分解者微生物通常不包括在营养级之内，因为它们在生态系统中所处的地位十分复杂。

由于一种动物常常不只吃一种食物，或者同一种食物可能被不同种动物所吃，因此一个食物链经常伴随着各种不同的分枝，彼此连接形成复杂的食物网。

2. 物质循环与能量流动

生态系统在自然界中之所以能够存在下去，是因为不断地输入能量。太阳能的一部分被绿色植物所截取，通过光合作用转变成有机分子中的化学能。然后，当植食动物吃植物时，这种能量就转移到植食性动物身体中，当肉食性动物吃植食性动物时，能量又转移到肉食性动物身体中。最后由腐生生物将它们所分解的动植物残体有机质中的能量分散归还到环境中。与此同时，在各营养级由于呼吸作用都有一部分能量逸失，这一部分损失的能量以热的形式逸散到外界。通过生态系统的这一能量单向流动的现象，叫作能量流。能量只一次流过生态系统，它来自太阳，最后又返回到外部空间去。因此能量系统是一个开放的系统（图 3.3）。

生态系统中的能量流动是靠物质的传递来实现的，物质是作为一种储存化学能量的载体。因此，生态系统除了具有能量流动这一特性之外，还具有物质循环这一特性。

构成有机质的物质成分是多种多样的，其生命所需要的基本元素，首先是以无机形式（CO_2、H_2O、NO_3^-、PO_4^{3-}等）被植物从空气、水和土壤中吸收，然后以有机分子的形式，从一个营养级传递到下一个营养级；当动植物有机残体最后被分解者分解时，它们又以矿物养分的形式归还到空气、水和土壤中，再被植物吸收利用。所以，物质与能量不同，它在生态系统内是一次又一次地进行循环，其趋向是利用、再利用。例如，在一个森林生态系统内，大量的氮被包括在从土壤到植物、动物、再回到土壤的循环之中。因此同一个原子可能在同一植物或同一生态系统内反复循环多次。

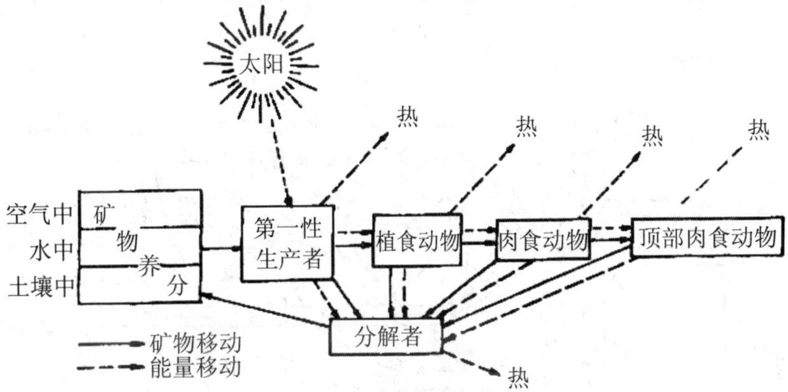

图 3.3　能量流动与能量循环

绿色植物通过光合作用截取太阳能和二氧化碳、水、矿物养分合成有机物质这一光合活动，是地球上一切有机体进行生命活动的基础。这些营光合作用的绿色植物是生态系统的初级生产者。它们在地表单位面积、单位时间内光合作用生产有机物质的数量，叫总初级生产量，以克/米^2·年或卡/米^2·年来表示。但植物由于生存要进行呼吸，呼吸作用要消耗一部分在光合作用时生成的有机物质，剩余的部分才用于积累、生长。植物呼吸之后余下的有机物质的数量，叫净初级生产量。其表达式如下：

$$NP = GP - R$$

其中：NP——净初级生产量；GP——总初级生产量；R——呼吸量。

植物所截取的太阳能制造的有机物质，可供给其上一级植食性动物利用。但植食性动物只能利用其中的一小部分，因为植物一部分作为枯枝落叶损失掉，茎秆等坚硬部分大都不能吃；植食性动物吃下去的植物，只有一部分能被消化吸收，大部分作为粪便排泄掉。例如，硅藻的硅质壁、陆生植物的纤维素，虽然都是有机物质，但大多数动物不能消化利用。蝗虫只能消化本身所吃草类的30%，剩下的作为粪便排除。被植食动物同化的有机物质，大部分转化成热能维持生命，少部分用于生长，形成新的组织。由于这些原因，第二营养级，即植食性动物的产量，必然大大小于第一营养级植物的产量。以此类推，第三营养级，即第一级肉食性动物的产量大大小于植食性动物的产量。第四营养级，即第二级肉食性动物的产量，也大大小于第一级肉食性动物的产量。就数量来说，每一营养级从前一营养级能够得到的能量大约是前一级的1/10（图3.4）。这1/10营养级间的生态效率，首先是林德曼（Lindeman）于 1941 年测得的，因而被称为林德曼效率或 1/10 定律。林德曼效率是一种很粗略的估计，与实际情况相比有时出入很大。但这一估计仍然有一定价值，它可以给我们提供生态系统能量流动效率大致的数量概念。

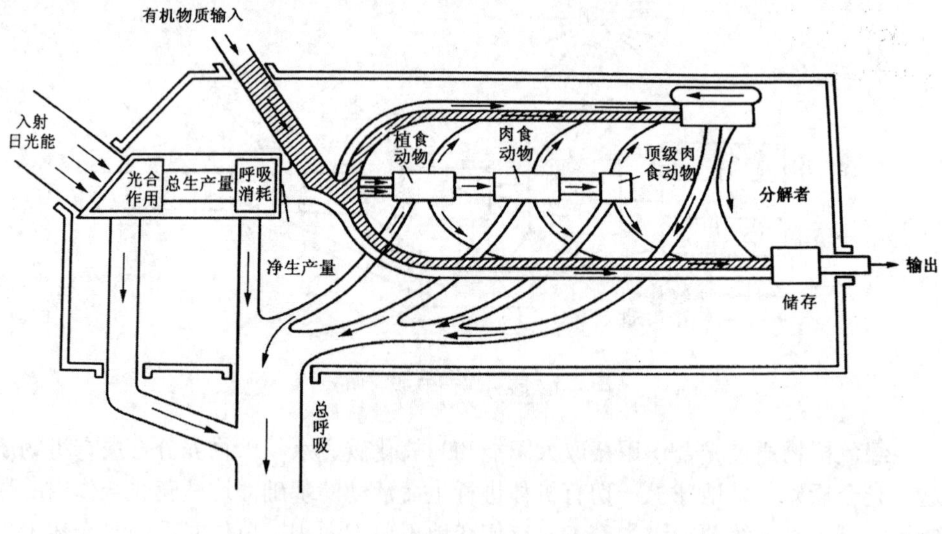

图 3.4　一个普适的生态系统能流模型

引自孙儒泳等（2002）。

顺营养级序列向上，生产量急剧地、阶段般地递减，形成金字塔形，称为生态锥体或生态金字塔。生态金字塔分为生产力（能量）金字塔、生物量金字塔和数量金字塔（图 3.5）。

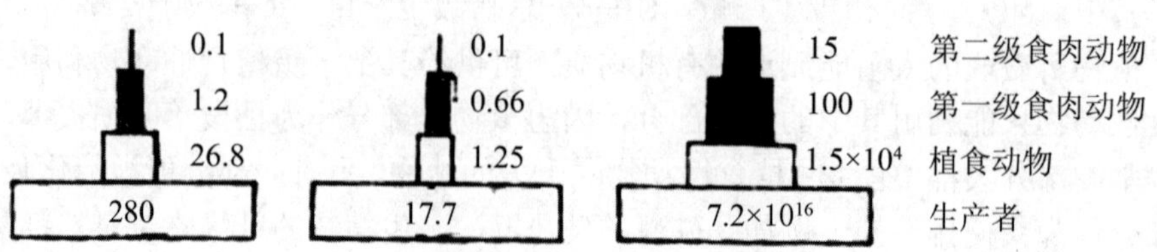

图 3.5　生态金字塔

四、生态平衡

生态系统是一种动态系统，在生态系统中能量在不断地流动，物质在不停地循环。任何时候系统中的任何元素都处在循环的某个阶段，任何时候我们所看到的只不过是代表生命激流的某一片段。

生态系统按照一定的规律向前发展，它具有一系列的发展阶段，从初期的、简单的、很不稳定的阶段，过渡到复杂的、稳定的阶段，并向稳定的、成熟的阶段发展，是生态系统的基本特征。

当一个生态系统发展到成熟的、稳定的阶段时，它的生产者、消费者和分解者之间，即物质和能量的输入与输出之间，接近了平衡状态；此时生物的种类组成和数量比例，没有明显的变动，这种状态叫作生态平衡。

反馈是维持生态系统平衡的基本机制。生态系统是一种控制系统或反馈系统，能够自我调节，维持自身存在和发展。一般来说，当一个生态系统被破坏时，它往往能通过调节机制来保持自己的存在。例如，在草原发生干旱时，植物的生长受到抑制，使草地鼠类营养不良，繁殖力下降，出生率减低。由于种群数量下降，则减轻了对草原的压力，雨季到来，草原又可迅速地恢复起来，使生态系统保持一定的平衡。

生态平衡是有条件的，调节也是有限度的。就是说，调节只在一定条件下或在一定范围内起作用。当条件改变或跃出此范围，系统就不再具有自动调节的能力，调节就不再起作用，系统则受到改变、伤害乃至破坏。在上述例子中，如果干旱过于严重，是大多数植物物种无法生存，草地鼠类大多数因饥饿而死亡时，那么该生态系统就不可能在短时期内得到恢复，草原退化成为荒漠，结果造成了生态失调。

过去人类由于不了解自然生态系统稳定的极限，缺乏科学预见，盲目采取措施，导致生态失调，遭到大自然报复的例子不胜枚举。比如，对自然资源不合理的开发利用，常常导致森林毁灭，水土流失，水源枯竭，草原荒废，河流干涸，土地沙漠化、盐渍化，某些野生动植物种类趋于灭绝等。埃及尼罗河阿斯旺水坝的建立，不仅引起地中海东部沙丁鱼产量的下降，而且还引起血吸虫的传播。我国西北的黄土高原，历史上曾覆盖着茂密的森林和草原，由于历代封建王朝盲目地滥伐森林、开垦草地，使该地区生态系统失去平衡，结果造成水土严重流失，大量泥沙奔泻而下，抬高了黄河中下游的河床，并使黄河多次改道，给沿岸地区人民带来了莫大的灾难。

据联合国资料，近年来全世界每年约有500万公顷土地，由于侵蚀、盐渍化、污染等人为原因，不能再生产粮食；全世界土地每年以5～7万平方公里的速度沙漠化。热带雨林每年的破坏率达2%，按此速度，再过50年，地球上的热带雨林便不复存在了。20世纪以来，在全世界3800多种哺乳动物中，已有110个种（或亚种）从地球上消失了；9000种鸟类中，已有139个种和39个亚种消失了；还有600个动物物种正濒临灭绝。凡此种种，教训是十分深刻的。因此，今后的开发建设，必须运用整体观和经济观，既要考虑经济效益，又要考虑生态效益。

五、生态系统水平地带性

在地球上，热量和水分是控制地球表层景观发生的最重要因素。随着纬度的增加，离赤道越远，太阳辐射量越小，所获得的热量也逐渐减少，因此在地球表面，越向北，或越向南，热量有规律地下降。同样，地球表面为大陆和海洋所占据，在大陆内部，随着离海岸越远，水分也逐渐减少，气候越来越干旱。因此在地球表面热量沿纬度，水分沿经度出现有规律的变化，两者的结合制约着地球表面任何一个地点景观的发生和类型。在地球表面，随着高度的增加，热量和水分同样也会出现有规律的变化。所以地球表层的景观具有地带性特征，其制约因素就是热量和水分。以中国为例，由于西部青藏高原的存在，在一定程度上破坏了高空西风环流以及受该环流影响的气候系统，使得水分变化颇具特色，以大兴安岭—吕梁山—六盘山—青藏高原东缘一线将我国分为东南和西北两个部分，东南部属季风区，水量充沛，发育各种类型的中生性森林；西北部季风影响微弱，水量稀少，为无林的旱生性草原和荒漠所占据。而在东南部的森林区中，自南向北，随着热量的逐渐减少，依次出现热带雨林带、热带季雨林带、亚热带常绿阔叶林带、暖温带落叶阔叶林带、温带针阔叶混交林带和寒温带针叶林带等不同的自然景观。

1. 经度地带性

由于地球海陆分布的不同，陆地表面的水分条件出现有规律的变化，造成地表景观大致按经度方向出现有规律的变化，通常被称为经度地带性。经度地带性在中纬度大陆东部表现得最为明显。经度地带性的规律为：从沿海往内陆，依次为森林、草原与荒漠。例如，中国东部地区由沿海向内陆依次分布着湿润的森林生物群、半干旱的草原生物群和干旱的荒漠生物群等（图 3.6）。

2. 纬度地带性

地球表面的热量随纬度的不同而不同，也造成地表景观发生规律性的变化，这被称为纬度地带性。在北半球，在湿润的气候下（欧亚大陆东部太平洋沿岸），从赤道到北极依次分布的群落为：热带雨林—常绿阔叶林—落叶阔叶林—针叶林—冻原。在中国，南部的海南岛分布有热带季雨林和雨林，到了南岭则为南亚热带常绿阔叶林所替代，到了江南丘陵地区则广布亚热带常绿阔叶林，至华北平原就出现为温带阔叶林，到了东北地区出现凉温带针阔叶混交林和寒温带针叶林等（图 3.7）。

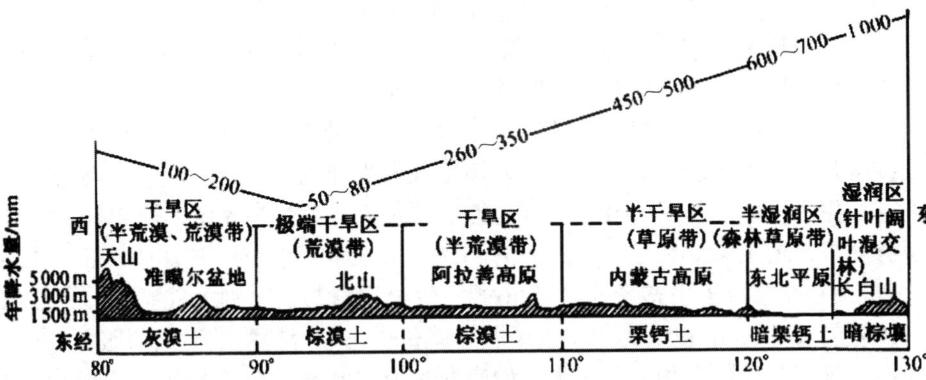

图 3.6　中国温带地区景观的经向地带性

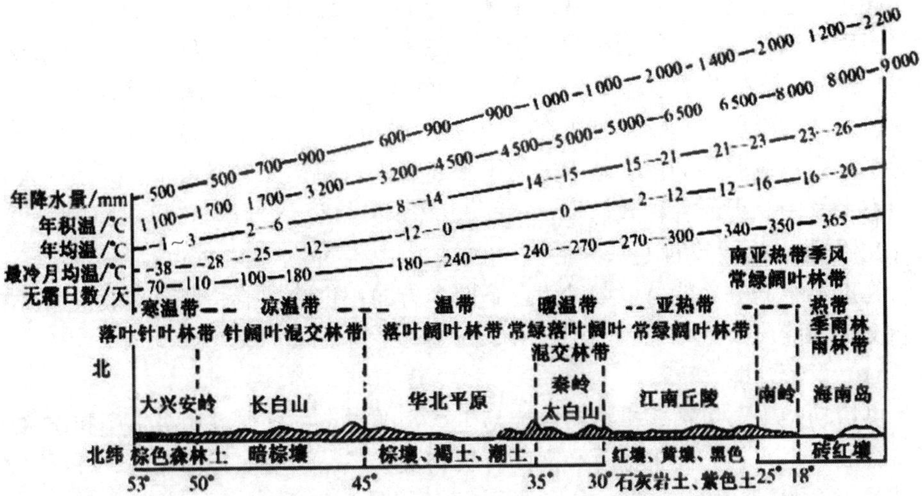

图 3.7　中国东部景观的纬度地带性

六、生态系统服务功能

自然生态系统除了为人类提供发展所需的一切物质和环境条件（生态实物产品）外，还以其丰富的生物多样性为人类提供更多类型的生态系统服务（多为非实物型生态服务）。尽管人类可以通过一定的技术手段来缓解日益严峻的环境压力，但是最终还是有赖各种生态系统服务来维系人类的生存和发展。所以，人类的生存与生态系统服务息息相关，密不可分。

1. 生态系统服务的定义

关于生态系统服务的定义有多种描述，虽然目前尚未形成比较统一的概念，但总的来说，生态系统服务界定的关键在于如何阐释“自然组分—生态过程—生态功能—生态服务—获得利益”之间的关系。而其中最具代表性的是 Daily（1997）和 Costanza（1997）等对生态系统服务下的定义。

Daily 1997 年指出，生态系统提供的能够满足和维持人类生存发展所需的条件和过程就是生态系统服务。可以看出，该定义着重强调三个方面，即人类的生存发展需要生态系统的支持，发挥服务功能的主体是自然生态系统，而生态系统发挥服务功能是通过条件和过程来完成的。1999 年 Daily 等在肯定了前面三个观点的同时，又补充强调了生态系统状况和过程的广泛性以及生物物种的生态系统性。

1997 年 Costanza 也认为生态系统服务就是生态系统提供的商品和服务，并指出生态系统产品（如食物）和服务（如废弃物处理）是指人类直接或间接从生态系统功能中获得的收益。该定义同样强调了生态系统对人类生存的重要性，产品和功能是生态系统服务功能体现的主体，与 Daily 定义的实质基本是一致的。

由联合国组织开展的国际项目千年生态系统评估（The Millennium Ecosystem Assessment）旨在推动生态系统的保护和可持续利用、促进生态系统对满足人类需求所作的贡献奠定科学基础。在其历时四年完成的《千年生态系统评估报告》中对于生态系统服务的概念基本采用了上述观点，即认为生态系统服务指“人类从生态系统中获得的各种效益”。

2. 生态系统服务的主要功能

生态系统服务功能可以归纳为以下四个方面：供给功能、调节功能、支持功能和文化功能。

（1）供给功能

供给功能主要包括有机物的合成与生产，即生态系统通过初级生产和次级生产，合成与生产了人类生存所必需的有机物及其产品，诸如各种食物、纤维、淡水产品及生物遗传资源等。据统计，每年各类生态系统为人类共计提供粮食 1.8×10^9 吨，肉类约 6.0×10^8 吨（WRI，1994），鱼类 1.0×10^9 吨，还为人类提供了木材、香蕉、纤维、医药资源以及其他工业原料和能源（欧阳志云，1989）。

（2）调节功能

调节功能主要体现在生物多样性的产生和维持、气候调节、植物花粉的传播和种子的扩散、环境净化与有毒有害物质的降解、有害生物的控制、自然灾害的减轻等方面。例如多种多样的生态系统为不同生物的生存提供了场所，避免了因某一环境因子变动而导致的物种灭绝，并保存了丰富的遗传基因信息；同时对于全球和局部气候都有调节作用，包括对温度、降水和气流的调节，从而缓解极端气候对于人类的不利；以及包括植物对大气的净化和对土壤的净化在内的生物净化作用等。

（3）支持功能

支持功能主要包括土壤肥力的更新和维持、营养物质的储存与交换等。生态系统对于土壤的保护主要是由植物完成：高大的树冠拦截雨水、削弱雨水对土壤的直接侵蚀力；地表植被阻截地表径流并存蓄水分，使水分下渗而减少径流冲刷；植物根系具有固土作用，同时其分泌的有机物胶结土壤，使其坚固而耐受冲刷等。反过来，土壤在生态系统中也承担了保护服务的功能，例如为植物的生长发育提供场所，使其在土壤的支撑下发芽、生长、开花、结果，完成生命周期等。

（4）文化功能

文化功能主要指的是生态系统具有的在精神、宗教以及其他非物质方面的作用。表现在自然生态系统是科学、文化、艺术灵感的源泉，为教育和科学研究提供巨大潜力，并陶冶情操、丰富思维、开阔视野，具有休闲、审美功能以及文化和精神方面的价值，是人类文化娱乐的源泉所在，并随着社会的发展而日益凸显。

3. 生态系统服务价值

生态系统的服务价值主要指生态系统服务的功能效用，通常以货币单位来度量。因为生态系统的服务是站在人类的角度，以满足人类需要的要求来衡量的，所以在计算服务价值的时候一般只考虑对人类有正效益的部分。

但由于生态系统服务往往通过间接的方式影响人类的经济生活，其经济价值不能通过商业市场反映出来，进而导致其价值的难以量化而被忽视。也正是由于这种忽视导致了人类在对于自然资源的开发利用过程中的短期行为，以至于造成了对生态环境的严重破坏，最终又导致了生态系统的服务功能受到损害，减少了生态系统对人类的服务，并直接威胁到人类的可持续发展。

所以我们应该对于不同生态区域的主要生态类型和重大生态问题进行评估，包括回顾演化历史、评估现状、预测未来变化并提出生态系统优化管理对策；将有关数据、信息和研究成果进行综合，为各级政府部门决策者提供科学依据；增强对生态环境的研究和监测能力；向广大公众宣传生态知识；改变落后的生态系统管理，提高生态系统提供产品和服务的能力，为促进社会可持续发展服务。

第二节　生态旅游资源

一、生态旅游资源定义

“生态旅游资源”一词是随着生态旅游活动而出现的概念，是吸引生态旅游者的客体，又是生态旅游得以形成和发展以及生态旅游活动得以实施的物质基础。

杨桂华 1999 年依据旅游资源的定义把生态旅游资源定义为：以生态美吸引游客前来进行生态旅游活动，为旅游业利用，在保护的前提下，能够产生可持续的生态旅游综合效益的客体。

张建萍 2007 年定义生态旅游资源为：以生态美（自然生态、人文生态）吸引游客前来进行生态旅游活动，为生态旅游业所利用，在保护的前提下，能实现环境的优化组合、物质能量的良性循环、经济和社会协调发展，能够产生可持续的生态旅游综合效益，具有较高观光、欣赏价值的生态旅游活动对象物，可供生态旅游者感知、享受、体验自然生态功能与价值的资源。

白光润 2002 年指出，生态旅游资源就是生态旅游产业的初始投入，是吸引生态旅游者"回归大自然"的客体，也是生态旅游得以形成和发展的物质基础。

汪华斌、周玲 2000 年提出生态旅游资源主要是以自然生态系统为主要内容，其开发利用的主要目的是为了加强自然环境的保护，促进社区经济可持续发展。生态旅游目的地主要包括自然保护区、森林公园、风景名胜区、自然动植物园、复合生态区以及人工模拟生态区等，而以上各目的地旅游资源以动物、植物以及特殊的自然景观、自然生态系统为主，它们都是游客游览观光的主要内容。

综上所述，生态旅游资源是自然和人文生态系统中具有生态美的特征要素，对旅游者具有吸引力，通过适当的开发可以产生经济社会效益的自然客体，以及人工建造的各种生态旅游设施、服务等。

二、生态旅游资源特点

1. 原生性

生态旅游资源的原生性是指基于独特的地理环境和历史条件，在相对独立的区域经过很长时间才能发展成的、保存完整，受外界干扰较少的旅游资源。原生性要突出原始性、独立性、完整性。生态旅游资源包括两种：一种是保持原始特色、生态系统完整的自然区域，如国家公园、自然保护区、原始森林公园等。另一种具有原始浓郁的地方文化特色、历史悠久的民俗风情等区域，如文化遗产地等。这两种资源都是经过长时间的自然演变或文化沉淀，因较少受外界干扰而保持了其自然生态或文化的完整性和独特性。

2. 脆弱性

脆弱性是指某事物由于受到外力（如拉力、冲击力等）容易破碎的性质或某事物本身具有不稳定因素而造成该事物的不稳定性、不坚强性及易消亡性。生态旅游资源的脆弱性可从以下两方面去理解：一是把生态旅游资源"脆弱性"定义为生态旅游资源本身所具有的容易受到外界（自然的或非自然的）破坏，从而失去自身的平稳性、坚强性，并最终导致生态旅游资源的消亡；二是生态旅游资源本身具有不适应过度的市场发展和需求，即易受到市场影响，有与市场过度需求相矛盾的一面，也就是“不适应性”。

生态旅游资源脆弱性主要体现在三个方面：一是资源易遭到破坏；二是生态环境失去平衡和稳定；三是生态旅游创收能力下降，经济效益降低。生态旅游资源脆弱性产生的原因有：自然因素和人为因素，且以人为因素为主。自然因素是由于自然力作用而使生态旅游资源遭到破坏。它引起的破坏力有大有小，小的破坏可在较短时间内得以恢复，大的破坏甚至在长时间内也不可能恢复。人为因素破坏是由于人类的某些行为，如过度开发等所引起的。这种破坏在绝大多数情况下，生态环境也是可以自动恢复的。但是，人类的有些行为可能造成某些资源的永久破坏，某些物种的消亡或生态旅游价值丧失。因此，人为因素破坏是生态旅游资源脆弱性引起的主要因素，且破坏也最持久和严重，应引起人们的高度关注。

3. 地域性

生态旅游作为可持续旅游框架下的实践方式，以自然风光及具地方特色的风土民情为主要吸引物，主要在那些自然生态系统脆弱、文化保护比较迫切的区域开展。每个地区生态旅游资源都具有独特性，是该地人文生态与自然环境长期相互适应和协调所形成的。如果时间和空间发生变化，其地域独特性也将不再完整。因此需要积极促进自然资源和当地文化完整性的保护，增强旅游者对自然和文化资源的保护意识。

4. 与大众旅游资源的辩证性

生态旅游资源与一般的大众旅游资源有所不同，在吸引功能、效益功能、客体属性、保护需要、参与主体、价值体系等方面均有显著差异（见表 3.2）。在两者的共性方面，生态旅游资源也具有经济性、资源垄断性、季节性、不可移动性、定向性，等等。除此之外，生态旅游资源也有教育性、公益性、可持续性等本质要求。因此，在生态旅游开发过程中，首先需要的就是对生态旅游资源的准确把握，只有这样，才能更好地开发和利用生态旅游资源。

表 3.2　生态旅游资源的与传统大众旅游资源的比较

功能	生态旅游资源	传统大众旅游资源
吸引功能	生态美	一切具有吸引力的资源
效益功能	引导游客健康旅游	满足游客需求
	重视环境教育功能	忽略环境教育功能

续表

功能	生态旅游资源	传统大众旅游资源
效益功能	可持续协调发展	经济发展为主要目标
客体属性	有环境教育意义	有吸引力、有经济价值
保护需要	旅游环境影响最小化	很少考虑旅游对环境影响
参与主体	当地社区参与	没有社区参与要求
价值体系	科学考察	游憩经济价值为主
	科普教育	
	保护价值	

引自杨桂华（2000），有改动。

三、生态旅游资源分类

生态旅游资源按其属性分类，可以分为自然生态旅游资源和人文生态旅游资源，自然生态旅游资源包括自然生态系统中具有景观价值的各种要素，如地貌、植被、水体、气候、动植物等，人文生态旅游资源则包括一切人与自然和谐的表现形式，是人类物质文明与精神文明中具有观赏价值的事物，内容广泛、类型多样，包括各种历史古迹、古今伟大建筑、民族风俗等。

按郭来喜于2000年提出的生成机理，可把生态旅游资源分成内生型和外生型两大类型。内生型（或称原生型）生态旅游资源，指纯天然生态系统，如原始森林、苔原、湿地等；外生型（或延生型）生态旅游资源，指人工干预而形成的生态系统，如人工森林、植物园、历史文化遗产等。

从资源作用于旅游者的表现形式来看，生态旅游资源可分为可视性生态旅游资源和感受性生态旅游资源；从生态旅游者的旅游动机和目的来看可分为度假型生态旅游资源、探险型生态旅游资源、保健型生态旅游资源、观光型生态旅游资源等。

从旅游产品开发角度来看，生态旅游资源可分类为：生态观光旅游资源、生态运动旅游资源、生态休闲旅游资源、生态度假旅游资源、生态科考旅游资源、生态文化旅游资源和生态探险旅游资源等。

2008年颁布的《全国生态旅游发展纲要》根据资源本底与生态系统，将生态旅游资源分为七种类型，即：山地型生态旅游资源、森林型生态旅游资源、草原型生态旅游资源、湿地型生态旅游资源、海洋型生态旅游资源、沙漠戈壁型生态旅游资源、人文生态型生态旅游资源等。

第三节　生态旅游目的地

一、热带雨林

1. 环境特征

热带雨林（rain forest）是在热带雨林气候下发育形成的地带性植被，是地球上种类最丰富的一种植被类型。

热带雨林发育的条件是赤道多雨气候，其主要特征是全年温度高而温差小，热带平地的年平均温度在20～28℃之间。在热带的不同地区，温度的平均日变幅可以从3～16℃。最高温度很少超过33～34℃。热带雨林需要整年有充沛的降雨，全年分布均匀，无明显的干旱。年降水量最少有2000毫米，多的可达4000～6000毫米甚至10000毫米。雨林地区的相对湿度常常很高，有的可达90%以上，特别是在夜间，相对湿度经常处于或接近于饱和。

2. 生态现象

由于热带雨林地区终年高温多雨，不存在季节的变化，所以热带雨林群落外貌没有明显的季节变化，终年常绿，呈深绿色。也没有休眠期，每个月都有一些种类处于花期，有的种类全年都开花。雨林乔木具有高大而整齐的树干，树木力图伸高是雨林的典型特征，一般高度可达30～40米，最高的达60米，由于树木高低不一，参差不齐，在树冠顶部往往形成不规则的锯齿形轮廓。树干形状多样，有的是柱状的，有的基部向下膨大，或“刻”成很深的沟，像蜡烛黏在一起。树冠通常不大，较高大的乔木，其树冠较高而扁，常常是宽度大于高度，如伞状。植物叶片具由滴水尖现象，这是雨林中的一种常见现象，是叶面迅速排水的一种适应现象。

热带雨林乔木特别是上层高大乔木，常发育着板状根。板状根是由离地面或恰在地面的粗大侧根发育而来，形态上常为扁平的三角形。它类似支柱一样高达树干之上9米，从树干基部起向外延伸，也可能达到9米。板状根是雨林高大乔木抵抗重力或风力的一种特殊适应，巨树借巨大板状根而稳定。下层乔木常常表现出老茎生花现象。茎花现象即直接在无叶的木质茎上开花和结果。

层间植物如藤本植物、附生植物、绞杀植物、寄生植物、腐生植物非常丰富。层间植物中寄生植物、腐生植物作用很小，而藤本植物和附生植物是特别重要的。附生的蕨类和有花植物是雨林群落独具的特征。

绞杀植物为半附生植物。它们像附生植物一样在枝杈上发芽，先生出一个小枝和一个长根，根沿着支撑林木的树干迅速往下生长并缠绕它，当根达到地表后，枝开始生长，同时根变粗，并阻碍支撑林木的直径生长，这就是“被绞杀”。绞杀植物的根联合起来形成一个树干（根网），产生一个宽阔的树冠，达到巨大的范围。非洲和亚洲的雨林里，绞杀植物以桑科的榕属（*Ficus*）种类为最多。

热带雨林中的动物，树栖攀援类型占绝对优势，并且大都集中在树冠层生活。例如，在南美洲圭亚那卡他博地区的一块森林中，共有哺乳动物 72 种，其中树栖类型 31 种，占 43%。地栖种类十分贫乏，特别是大型有蹄类，地栖食肉类以及地下穴居的啮齿类和食虫类，种类和数量都很少。而节肢动物、两栖类、爬行类却得到极大的发展，不仅种类、数量非常多，而且身体也比其他地区的大。例如，有些蝶类翅长可达 17～20 厘米，巽他群岛上的蜘蛛体长达 9 厘米。澳大利亚的蚯蚓体长有 2 米左右，马来半岛上的蜥蜴体长 4 米左右，南美洲的巨蛇（*Eunectes musinus*）体长可达 9 米。

3. 地理分布

与热带雨林气候的分布相对应，雨林主要分布在南美洲的亚马逊河流域、亚洲的马来群岛和非洲的刚果河流域。南美洲的雨林面积最大，亚洲次之，非洲最小。

亚洲的热带雨林，主要分布在菲律宾群岛，大小巽他群岛、马来半岛、中南半岛的边缘、恒河和布拉马普特拉河下游、斯里兰卡南部以及我国台湾岛南部、海南岛、雷州半岛以及云南南部、西藏东南部低山河谷区等地。云南西双版纳和海南五指山、尖峰岭是我国热带雨林分布比较集中和有代表性的自然保护区。植物群的特点是缺乏具有美丽大型花朵的植物和特别高大的棕榈科植物，而富有白藤属和木本真蕨八字桫椤属，桫椤属以及典型的亚洲热带科，如龙脑香属（*Dipterocarpus*）、金缕梅科枫香属的 *Liquidambar altingiana*、豆科的 *Coompassia excelsa* 等。它们都是典型的高大乔木，一般高达 40～50 米，最高可达 80 米。比较典型的动物有猩猩（*Pongo pygmaeus*）、叶猴（*Douc langur*）、眼镜猴（*Tarsius syrichta*）、懒猴（*Nycticebus coucang*）、树鼩（*Tupaiidae*）、鼯猴（*Cynocephalidae*）、狐蝠（*Pteropus dasymallus*）、穿山甲（*Manis pentadactyla*）、灵猫（*Viverridae*）、獴（*Herpestes*）、马来熊（*Helarctos malayanus*）、豪猪（*Hystrix hodgson*）、巨松鼠（*Ratufa bicolor*）、马来貘（*Tapirus indicus*）、印度犀（*Rhinoceros unicornis*）、亚洲象（*Elephas maximus*）、鼷鹿（*Tragulus javanicus*）、绿孔雀（*Pavo muticus*）、原鸡（*Gallus*）、鹦鹉（*Paittacide*）、飞龙（*Pterodactylus*）、巨蜥（*Salvator*）等。

中南美洲的热带雨林面积最广，约 300 多万平方公里。主要分布于亚马逊河流域。圭亚那、哥伦比亚西部、巴西东部、中美洲东海岸和西印度群岛的大部分地区也分布有热带雨林。植物群的特点是藤本植物，附生植物特别多，凤梨科、仙人掌科、天南星科、棕榈科植物十分丰富。在河水泛滥地区生长着特有的王莲（*Victoria regia*）。典型的热带经济植物有三叶橡胶、可可树（*Theobroma*）、椰子树（*Cocos nucifera*）等。动物群的特点是种类组成极其丰富，并以树栖类型为主。典型的动物有狨（*Callithrix*）、卷尾猴（*Cebus apella*）、吼猴（*Mycetes*）、蜘蛛猴（*Atelidae*）、树懒（*Bradypus*）、吸血蝠、树豪猪（*Sphiggurus*）、水豚（*Hydrochoerus hydrochoeris*）、巴西貘（*Tapirus terrestris*）、西貒（*Tayassuidae*）、美洲豹（*Panthera onca*）、蜜熊（*Potos flavus*）、蜂鸟（*Trochilidae*）、麝雉（*Opisthocomus hoazin*）、金刚鹦鹉、森蚺 I（*Eunectes murinus*）、鬣蜥（*Iguana tuberculata*）和树蛙（*Rhacophorus leucomystax*）等。

非洲的热带雨林面积约 60 万平方公里，主要分布在扎伊尔河流域，即刚果盆地。此外，向西到加蓬及喀麦隆一带，在赤道以北可达几内亚湾沿岸，最北达北纬 10° 左右，向东到维多利亚湖沿岸，向南可延伸到赞比亚等地。马达加斯加的东部也有热带雨林分布。非洲热带雨林植物种类非常丰富，并有大量的特有种。其中棕榈科植物最为有名，如棕榈（*Trachycarpus fortunei*）、油椰子（*Elaeis guineensis Jacq.*）、旅人蕉（*Ravenala madagascariensis*）等。此外，咖啡属种类也很多。典型的动物有狐猴（*Aye-Aye*）、指猴（*Chiromys madagascariensis*）、长尾猴（*Cercopithecus*）、大猩猩（*Gorilla* ）、黑猩猩（*Pan troglodytes*）、长尾穿山甲（*Manidae*）、巨松鼠（*Ratufa bicolor*）、灵猫（*Viverridae*）、棕榈猫（*Hermaphroditus*）、獴（*Herpestes*）、紫羚羊（*Taurotragus eurycerus*）、倭河马（*Choeropsis liberiensis*）、太阳鸟（*Aethopyga*）、变色龙（*Chamaeleo vulgaris*）、鳄鱼（*Crocodilus niloticus*）以及爪蛙（*Xenopus*）等。

大洋洲的热带雨林面积很小，主要分布于伊里安岛、太平洋群岛和澳大利亚大陆东北部。植物的种类成分和马来半岛相似，但也有些澳大利亚的特有成分。动物群很特殊，缺乏其他洲热带雨林所共有的哺乳类，而富有单孔类、有袋类、翼手类和啮齿类。比较典型的动物有树袋熊（*Phascolarctos cinereus*）、袋貂（*Phalanger*）、树袋鼠（*Dendrolagus*）、针鼹（*Tachyglossidae*）、食火鸡（*Casuarius*）、营塚鸟（*Megapodius*）和极乐鸟（*Paradisaea*）等。

4. 热带雨林旅游

对大多数热爱大自然的游客而言，热带雨林可能是地球上的最有吸引力的旅游目的地了。游客经常视热带雨林为郁郁葱葱、花团锦簇、充满活力、巨大而又具有神秘浪漫气息之地。由于大多数游客一般是来自没有雨林分布国家的城市居民，对他们而言，游览热带雨林将是带有浓郁异国情调和难得体验的经历。同时热带雨林又经常与一些其他有吸引力的体验和景象联系在一起，例如热带海滩、岛屿和度假村，这些都使得热带雨林在众多自然景观中占有重要的一席之地。

热带雨林是奇异、稀有和濒危物种的家园，如非洲的山地大猩猩和苏门答腊岛猩猩。随着过去 20 年中环境保护者与经济利益集团的博弈，热带雨林，尤其是亚马逊河流域的热带雨林，已成为这场斗争的象征。对许多生态旅游游客而言，参观热带雨林，已成为他们表达环境保护的一种方式。

但我们又很难定义或者整齐划一地对热带雨林旅游进行归类，因为很难确认严格意义上的"热带雨林旅游者"并对其具体数量进行统计。我们是根据参观的兴趣，活动，还是景点选择进行定义呢？我们是统计游客数量还是经济产出呢？相比国内游客，我们总是认为国际游客更为重要的观点是否正确呢？我们如何应对来自不同国家的游客呢？事实上，我们甚至都无法确切地定义热带雨林旅游。

虽然对某些国家而言，由于政治上的不稳定和战争等原因严重限制了他们发展热带雨林旅游，但就世界范围来说，热带雨林旅游还是在积极快速发展（Shackley, 1995; Weaver, 1998），而其中增长最明显的就是高端旅游。这在危地马拉、洪都拉斯、伯利兹、墨西哥和巴西南部等地是最为明显的（Thomlinson and Getz, 1996; Wallace and Pierce, 1996; Lumsdon and Swift, 1998; Weaver, 1998; Honey, 2002; Minca and Linda, 2000），尤其是在在拉丁美洲，以哥斯达黎加为最。

针对发达国家游客，尤其是来自北美和欧洲的游客团体，发展高端的热带雨林旅游主要是因为这些游客很适应典型的生态旅游模式：他们一般受过良好的教育，热衷于学以致用，并关心生态保护。虽然他们的旅游和体验过程是否真正的生态旅游还有待商榷（Thomlinson and Getz, 1996; Wallace and Pierce, 1996; Lumsdon and Swift, 1998），但至少这些游客自己将自己定义为"生态旅游者"，或者是比那些只知道享受阳光、沙滩的游客更为负责。

这种生态旅游的平均成本为 100～200 美元每人每天，而且仅仅是陆上部分（Shackley, 1995; Thomlinson and Getz, 1996）。若加上机票成本，就更加价格不菲了。这就将游客范围限定在那些年纪稍长，收入较高，经验丰富，积极性很高的的人群。它也趋于排除国内游客（虽然哥斯达黎加和澳大利亚也有较高的国内游客率）。但近年来年轻的背包客市场有所增长。他们倾向于更加独立，便宜的住宿、膳食、交通和短期昂贵的热带雨林之旅（但这些节俭的背包客在诸如大堡礁潜水体验上却通常很舍得花钱）。

但大部分高端的热带雨林旅游仍是通过传统的团队旅游的形式来进行操作的。通常是 7～14 天，包括餐饮、住宿和游览。旅行过程往往有某一鲜明主题，并涉及很多地区甚至国家。此外，一些带有自助性质的住宿方式也有一定的发展。他们往往具有鲜明的主题或风格，例如，他们可能会升级为专门的生态旅馆、森林营地或精品旅社（Moscardo, 1996; Wallace and Pierce, 1996），甚至有的将自己标榜为科学研究中心（Weaver, 1998; Honey, 2002）。与饮食和住宿一样，他们往往会提供特有途径参观当地热带雨林的服务，导游服务，动物喂食，以及一些解释性谈话服务。现在，有许多人与当地土著群体建立了稳定的联系，聘用土著民做导游和翻译解释人员。有时这些设施和服务甚至都是直接由当地土著社区所有和提供的（Wallace and Pierce, 1996; Weaver, 1998）。

有时对于这些大众游客来说，热带雨林本身并不是吸引他们到此的唯一原因。他们可能是对某些与热带雨林相关的其他地貌景观有兴趣，或者说热带雨林只是他们兴趣点的一个背景而已。例如中美洲的热带雨林旅游一般是和其他项目捆绑销售的，包括玛雅遗址、海滩、探险和土著文化之旅等（Thomlinson and Getz, 1996; Lumsdon and Swift, 1998; Weaver, 1998）。大多数热带海滩度假村旅游也与热带雨林或多或少有些联系，例如增加旅行天数去附近森林游览等方式。虽然客户主要是对海滩和度假活动感兴趣，但热带雨林也为游客提供了更多的选择和几分异国情调。同时他们巧妙地将热带雨林及其景点与住宿地（有数百个之多）结合起来。这样一来，热带雨林就成了游客们进行海滩、水上活动和冒险体验的一个背景（即游客在雨林里住宿，在雨林外进行其他活动）。

例如昆士兰附近的凯恩斯热带雨林旅游模式。凯恩斯雨林位于昆士兰州东北部的热带雨林区，至少有上亿年的历史，是地球上最古老的雨林区。它从距离凯恩斯 75 公里的墨斯曼（Mossman），一直绵延至凯恩斯（Cairns）。在这里不仅可以观察到澳洲三分之一的蛙类、有袋动物和爬行动物种类，以及近三分之二的蝙蝠和蝴蝶种类，还可以参观原住民部落中心，在森林中漫步，在林中小溪里划木舟或皮艇探险漂流等。

同时，游客还可以攀登建于热带雨林中心高达 23 米的高塔，行走于 Aerial 空中栈道，置身在绿色海洋的中间地带，再观看展示中心的互动演示、生态剧院、爬行动物展示等。

在雨林上空，还有世界上最长的穿越雨林的缆车。乘坐缆车，一路从巴伦峡谷国家公园的树冠层上面慢慢滑过，脚下就是一个动植物博物馆，甚至可以看到濒临灭绝的食火鸡、原始的麝香袋鼠。

而这里的戴恩树生态水疗度假村共有 15 座树屋组成，每座树屋的选址都精挑细选，树屋的造型既糅合了热带雨林的气息，又兼具精品型酒店的独具匠心和幽雅舒适。每一座树屋都配套设施齐全，并装饰有各式土著艺术品。在惬意的休闲时光中，游客可以在别墅内小酌、休憩；也可以步出门外，充分感受古老雨林的气息，尽情观赏各种不同的热带雨林生物。

这里配备了世界级的语音导览系统，例如戴恩树雨林探索中心有八种语音导览可供世界各地的游客选择，新近甚至还推出了普通话、粤语和专为小朋友定制的语音导览服务。这些都进一步丰富了游客的深度体验。

5. 面临的挑战

越来越多的热带雨林成为生态旅游和大众旅游相结合的地方，也引起了很多问题。旅游运营商和公园管理者是要生态还是大众市场呢？他们能两者兼顾吗？如果一位没有雨林专业知识但又热切期望热带雨林旅游的游客站在公园门口时，我们该如何应对呢？放开限制来迎合人们对于热带雨林的渴求可行吗？我们如何管理热带雨林，以最大限度地迎合游客的体验并将影响减到最低呢？这些都是热带雨林旅游面临的挑战和急需解决的问题。但从目前而言，热带雨林旅游的大幅度增加将在以下两方面对环境产生主要影响。

第一个影响是随着交通的发展势必将造成雨林的退化。世界上幸存的热带雨林通常是在偏远、人烟稀少的地区。那里依然保持着较差的进入性和基础设施，而且没有被用于农业或采伐业。旅游业的发展要求在这些未受破坏的地区进行道路及其他相应设施的建设。除非是经过精心而周全的策划和管理，否则旅游业同样会导致这些地方出现土壤侵蚀、土壤板结、草原化、疾病和污染等问题。但是，如果能采取积极的措施，尽量减少负面影响，则可能会使热带雨林生态旅游成为促进环保意识的一个卖点。例如，昆士兰州的高空缆车和哥斯达黎加引进的直升机，都使得具有永久破坏性的通道建设显得多余了（Chapman, 1996; Honey, 2002）。但即便如此，还是对于热带雨林环境造成了一定的影响。

第二个消极影响就是那些雨林游客先入为主的雨林景象观念，它可能使得热带雨林地区的开发者为了迎合旅游者的这种认识而对雨林进行重塑，从而对原有热带雨林造成破坏。就像昆士兰海岸边林德曼岛的例子，当地政府为了强化其热带岛屿度假胜地的形象，大量引进了充满异国情调的热带雨林品种（Harris and Walshaw, 1995）。但引进这些新品种却打破了当地原有雨林系统的生态平衡。又如，在西澳大利亚布鲁姆的凯布尔海滩度假村也改头换面，将建筑和园林绿化都规划成了巴厘岛的风格。事实上，开发人员不知道他们其实是拥有不同于一般雨林的“干燥型热带雨林”这一丰富资源。

二、红树林

1. 环境特征

红树林（mangrove）是生长在热带海滩上的一类常绿木本植物群落。群落的优势种主要由红树科的植物组成，红树林之名即源于此。

红树林与气候因素的关系密切，特别是受到气温和水温的影响更大，温度的高低，对红树林的组成种类、结构和生长状况都有密切的关系。红树林适宜于风浪平静和淤泥深厚的海滩。因此多见于海湾内或河口地区。背风的地形有利于海泥和冲积物的积累，也有利于红树林植物的固定和发展。在砂质上的海岸，则不见红树林的发育。红树林下的土壤为滨海盐土，土壤含盐量较高。土壤质地、含盐量的浓度以及潮水淹浸时间的长短，影响着红树林群落在海滩上的带状分布。

2. 生态现象

红树林适生在风平浪静、淤泥深厚的海滩，林下土壤为滨海盐土，土壤含盐量较高，达 0.46%～2.78%，因此红树植物均为盐生植物。红树林的生境特殊，也使其在生态上也很特殊性，其中最明显的是以"胎生"方式进行繁殖。"胎生"现象在红树科植物中最为普遍。红树（*Rhizophoraceae*）、木榄（*Bruguiera gymnoihiza*）、秋茄树（*Kandelia candel*（*Linn.*）*Druce*）等的种子在还没有离开母树的果实中就已开始萌发，长出绿色棒状的胚轴，长约 10～30 厘米，下端粗大，顶端渐尖，到一定时候便和果实一起下落或脱离果实坠入淤泥中，数小时内即可扎根生长成为独立的植株。如胚轴下落时被海流带走，则因胚轴组织疏松，含有空气，可长期漂浮海上而不失其生命力，一旦到达海滩可再扎根生长。

红树林最为引人注目的特征之一是发育着密集的支柱根，是植物抵抗海浪作用的一种生态适应。支柱根多自树干基部生出，逐渐下伸，最后插入土中形成一个弓状的可抗风浪的稳固支架，纵横交错，高度过人，使人难以通行。在土壤通气状况不良的条件下，许多红树植物都发育着各种突出于地面的呼吸根，有指状、蛇状、匍匐状，等等。当潮水退尽时，这些千奇百怪的支柱根、呼吸根都会展现在游人的面前。

红树林是一种良好的海滩防护林，同时具有一定的经济价值，例如，很多红树植物的根和树皮中含有丰富的鞣质，有些种类也可材用、药用或食用。此外，红树林还是很多鱼虾的栖息地。

红树林的动物群极其特殊，它由海洋动物、淡水动物以及陆生动物混合组成。比如，藤壶（*Balanus*）和牡蛎（*Concha Ostreae*）贴在树根上；各种蟹类在树干上或淤泥上爬行或钻洞；许多蚁类在树干上筑巢，到落潮时便下降到淤泥上寻食。有一种特殊的小鱼，叫作弹涂鱼，它经常离开水面，爬在树根或树干上捕食昆虫。红树林动物种类虽然不多，但每个种的个体数量是相当多的。生活在这里的动物，都是能够忍耐因潮汐涨落而引起环境条件发生剧烈变化的种类，它们对于湿度、温度及盐分的剧烈变化，均有很巧妙的适应。

3. 地理分布

红树林在北半球分布的北界是我国福建省的福汀（27°20' N），南半球分布的最南点是新西兰东部的查塔姆岛（Chatam Island, 44°00' S），但集中分布在南、北回归线之间。

我国的红树林主要分布于海南、广东和福建沿海。海南岛的红树林是我国种类组成最多、生长最繁茂的红树林。海南岛东部、东北部和北部沿海的海湾及河口地区，红树林生长茂盛，一般高 2～10 米，最高可达 15 米。组成我国红树林的植物共有 24 种，分隶于 12 科 15 属。常见的有红树科的红树（Rhizophoraceae）、秋茄树（*Kandelia candel*（*Linn.*）*Druce*）、木榄（*Bruguiera gymnoihiza*）、海莲（*Bruguiera sexangula* （*Lour*）*Poir*），马鞭草科的白骨壤（*Ricennia*），紫金牛科的桐花树（*Aegiceras corniculatum*），海桑科的海桑（*Sonneratia caseolaris*）等。目前在海南东寨港、清澜港，广东福田—三口等自然保护区都已开展生态旅游，吸引不少海内外的旅游者。

图 3.8 海南岛文昌县清澜港红树林的生态序列

4. 红树林旅游

红树林海岸因为具有热带、亚热带海滨独特的自然景观和人文景观，具有很高的观赏和科考价值，是一种宝贵的湿地生态旅游资源。发展红树林生态旅游是有效保护和利用红树林资源的最好形式，这不仅可以为人们提供良好的旅游休闲场所，同时还有利于保护红树林生态系统。所以许多有条件的国家和地区，如美国的佛罗里达、泰国的普吉岛、孟加拉国的申达本、香港米埔、海南东港等很早就开展了红树林生态旅游。

红树林旅游是以具有观赏性和可进入性的红树林自然保护区或湿地作为旅游目的地，对其景观、物种、生态环境、历史文化等进行了解和观察的旅游活动。而其所具有的观光、科普、康体、休闲、度假等功能不仅能够满足人们渴望绿色、寻求和谐的生态环境的精神需求，而且能够很好地满足人们现代休闲度假旅游的物质需求。

以我国首批 5 个海洋类型自然保护区之一的广西北海山口红树林保护区为例。这一保护区于 2000 年 1 月被联合国教科文组织人与生物圈（MAB）保护区网络接纳为成员，2002 年 1 月被列入国际重要湿地名录。其宜人的自然条件、优美的海岸景观和奇特的红树林资源为当地旅游业的发展提供了良好的基础。该保护区坚持“养护为主，适度开发，持续发展”的保护方针，不断加强红树林旅游区的管理和旅游环境的整治，并注重科普中心和林区物种展示平台的建设，已配备有各种宣传和教育设施，并建设有苗圃、实验室、标本展览室（有 335 个动植物标本），开辟了图片展览、宣传广告专栏，制作完善保护区 VCD 光盘，印制保护区简介小册子，设置完成保护区界碑、界址等标志物，还建成 180 平方米的科普教育中心。寓教于乐，在旅游过程中使游客获得相关知识。

为方便游客近距离欣赏红树林景观，还修建了陆岸上的观景台，在海上铺设从陆岸伸向红树林深处的林间栈桥，红树林深处的潮沟中铺设了一条可随海潮的涨落而升降的 200 多米长的浮桥。另外，还修建了供游客望海观林、照相留影、歇脚憩息的平台和凉亭等。一般游客还可以坐上游船穿行于红树林间，欣赏美丽的海上森林。

5. 面临的挑战

我国的红树林旅游，还处于初级阶段，大部分没有经过严格的科学论证，缺少建设、管理与经营规划，档次低、服务不到位、缺少生态监测是普遍现象。

目前我国红树林旅游面临的挑战主要集中在以下几方面。

首先是知名度低。红树林旅游作为在我国新兴的一种旅游形式，还不广为人知，甚至是居住于红树林海岸的居民也极少真正了解红树林。对红树林旅游比较感兴趣的大多是科研人员和旅游从业人员。而作为旅游活动的中介机构——旅行社也很少经营这种线路，这些都是对红树林旅游宣传不到位的重要体现。

其次是保护与开发之间的矛盾日趋突出和严重。随着沿海地区经济的迅速发展，沿海养殖业也日益兴起和扩大，投资海水养殖业吸引了人们的踊跃参与，围海或毁林搞养殖的现象越来越严重，这是目前乃至今后相当长时间内毁坏红树林的最主要因素。同时，游船污染也是一个不可忽略的问题，游船的噪声以及废气污染，对红树林保护区的水质以及鸟类都造成了很大的影响；机动游船的船体擦伤潮沟两边的桐花树和白骨壤狭长的缓冲林带，进而影响到生长在缓冲林带之后的红海榄的生长，会造成红树林面积以及树林内鸟类的减少，等等。

另外，在我国很多红树林旅游景区还普遍存在经费投入不足、技术力量薄弱、基础设施不完善、旅游项目单一等限制红树林生态旅游发展的重要问题。红树林生态旅游开发对资金具有客观上的“底线”要求，只有满足“底线”投入，才能按生态原则建设符合环保的硬件设施，对已破坏的红树林景观进行生态恢复。但现实却是这种“底线”与目前保护区或国家投入却有天壤之别。由于资金的限制，又导致一些先进的设施设备难以进入景区，从而造成红树林保护区的基础设施建设不是很完善，红树林旅游发展缓慢。

随着近年来人们关注度的不断提高，越来越多的人开始知道并了解这一独特的生态旅游资源，同时，又由于红树林旅游的种种独特性和吸引力，以及各种投入力度和规模的加大，必将在不久的将来得到长足的发展。

三、热带稀树草原

1. 环境特征

热带稀树草原又称萨瓦娜（Savanna）群落。广义的萨瓦娜指在热带夏雨型气候条件下，从热带森林到热带荒漠之间广大地区的植被总称。

稀树草原分布地区的年降水量差别悬殊，介于 250～2000 毫米间，而且集中于夏季，干季显著。一般把干季持续 3～5 个月的地方称为湿性萨瓦娜，把干季持续 5～7.5 个月的地方称为干性萨瓦娜。干季长达 8～10 个月地域的稀树草原已与荒漠相邻。树木和草类争夺水分的现象随干旱加重而变得突出：禾草浅根系利用表层土壤水，乔木深根可利用深层水，土质过黏而导致地表排水性差又易干裂，或隔水层过浅等都对乔木生长不利（Walter，1999）。也有一种观点强调，经常性的火灾是一般乔木难以生存主要原因。

稀树草原群落的分布随具体生境条件不同而变化。在高平原的铁铝土上广布疏林；在长浅凹地（排水道），雨季洪水泛滥，则代以草地；在冲积低平原的无树草地中，散生许多小丛林，它们借助隆起的白蚁冢（非洲）或切叶蚁冢（南美）或残丘争得适宜的生态位，形成特殊的萨瓦娜园林景观。

2. 生态现象

各类稀树草原都发育有较发达的草本植物层，环境较湿润处草高达 1～3 米，较干燥处则不足 80 厘米，均由 C4 型植物组成。C4 型植物不耐荫蔽与低温，但能很好地适应和利用本地区高温度、高蒸发力和强光照的气候条件，生产能力较高。禾草呈丛生状，叶狭窄而直立，干季枝叶枯黄，内藏顶芽，于湿季生长。草丛间常有红色裸地。双子叶植物多为小型叶，坚硬或完全退化。这里乔灌木通常根系庞大，树皮很厚，地上部分受火烧或旱灾后崩生力很强，树干多分枝，常具刺，有的树冠扁平如伞状。种子有厚皮保护，这些也都与耐旱适应有关，同时也提高了耐火能力。

由于草本植物繁茂，所以大型食草动物很多，如羚羊（*Antilopinae*）、斑马（*Hippotigris*）等，它们多具有集群性和快速奔跑的能力。此外，地下穴居种类也不在少数，如犰狳（*Dasypodidae*）、金毛鼹（*Chrysochloridae*）等。

草原气候的干湿交替，使得生物群的季节变化非常明显。雨季，植物生长茂盛，许多食草动物从高山迁到草原，随着食草动物而来的是各种食肉动物，鸟类也来到草原营巢繁殖，昆虫及洞穴中蛰伏的动物开始活动，此时，各种生命达到最大的繁荣。旱季，草类枯萎，乔木落叶，鸟类和许多哺乳类向水草丰富的地方迁移，昆虫和其他不迁移的动物，大多数进入蛰伏状态，整个草原变得寂静而无生气。

稀树草原的生产率比热带雨林低，平均约为 700 克/米² · 年。人类火烧、农垦、狩猎，对稀树草原的自然景观带来很大的影响，使生物群受到严重干扰，大群野生动物逐渐减少。

3. 地理分布

非洲的稀树草原面积最大，占大陆面积的 40%。在非洲东部和撒哈拉大沙漠以南的地区特别发达。主要类型是伞状金合欢（*Acacia spirocarpa*）为主的萨瓦娜群落，其中生长着著名的植物有非洲木棉（猴面包树，*Adansonia digitata*）。它是稀树草原的一种特有的高大乔木，高可达 25 米，具粗大树干（直径最大的可达 9 米），内贮大量水分，故能在干燥气候下生存，树龄可达 4000～5000 年 。草本植物以禾本科植物为主，双子叶植物仅处于从属地位。非洲中南部有大面积萨瓦娜疏林分布。比较典型的动物有：大羚羊（*Taurotragus*）、角马（*Connochaetes*）、斑马（*Equus burchelli*）、长颈鹿（*Giraffa camelopardalis*）、犀牛（*Dicerorhinus*）、非洲象（*Loxodonta africanna*）、斑鬣狗（*Crocuta*）、地松鼠（*Marmotini*）、土豚（*Orycteropus afer*）、金毛鼹（*Chrysochloridae*）、狒狒（*Papio hamadryas*）、鸵鸟（*Struthio camelus*）、珠鸡（*Numididae*）、蝰蛇（*Vipera ruselli siamensis*）等。

美洲的稀树草原主要分布在南美洲巴西中部和委内瑞拉，圭亚那等地。在南美巴西高原上分布着萨瓦娜疏林（称坎普群落），乔木高仅 4～8 米，树干扭曲，可能因干旱使顶芽死去之故，树皮厚而开裂，叶虽较大但质地坚硬，故干季仍能保持很久，只短期无叶。南美北部的委内瑞拉和圭亚那等地的广阔河谷冲积平原上，因砖红壤风化壳埋藏较浅，树木的根系一般难以穿透，故常以草地为主或杂有少量乔木，称为里雅诺群落。巴西高原东北部，气候显著干旱，多月不雨；降水不规律，此处形成的卡汀咖群落包括热带旱生具刺落叶疏林和刺灌丛等类型。典型动物有：大食蚁兽（*M.tridactyla*）、犰狳（*Dasypodidae*）、豚鼠（*Cavia cobaya*）、硬毛鼠（*Capromys*）、美洲狮（*Puma concolor*）、负子蟾（*Pipa pipa Linnaeus*）等。

亚洲的稀树草原分布于印度半岛 22° N 以南，缅甸中部、斯里兰卡北部和中南半岛部分地区等地。典型动物有：印度黑羚（*A. cervicapra*）、鼹鼠（*Talpidae*）、鸦类、蛇类等。在我国热带和亚热带南部，由于受到季风气候的影响，干显季明显。稀树草原通常出现在砖红壤或红棕壤以及砖红壤性红壤的地区，其中大多数是由于森林受到人为破坏后产生的，一般为次生性的植物。但局部也有些是由于季节性干旱影响引起的。广东省、海南岛西部以及云南南部元江干热河谷均有该植被类型分布。

4. 热带稀树草原旅游

毫无疑问，目前最发达的草原生态旅游活动集中在非洲的热带草原，但是这些活动在此区域内的分布又是不均匀的，而且赤道以北的热带草原很少在大范围内开展生态旅游活动。例如尼日利亚的 Yankari Game 保护区，是非洲西部热带草原的一个重要生态旅游景区，但在 20 世纪 80 年代中后期每年游客只有大约 3 万人次。造成这种状况的原因主要是这些保护区虽有高知名度，但是便利性不够，旅游业整体很不发达，与非洲东部和南部相比，游客对于野生生物的需求难以得到满足。另外，30 年的解放战争和内战的遗留问题，使得一些地区，例如安哥拉和莫桑比克几乎不存在发展旅游的条件。

大部分草原生态旅游活动都集中在从南非北部延伸到肯尼亚南部的“野生动物走廊”。在这条走廊中，生态旅游活动量最大的是在南部和北部，也就是南非、博茨瓦纳和津巴布韦南部以及肯尼亚、坦桑尼亚北部，在坦桑尼亚南部、赞比亚和马拉维也有少量的草原生态旅游活动。

大部分生态旅游活动的核心在非洲北部和南部。在北部和南部的核心区域，人们发现在被称为“皇冠上的宝石”的草原保护区内，以野生动物园为基础的生态旅游得到了良好的发展。南部核心园区包括克鲁格、万基和乔贝国家公园，北方则是马赛马拉、安波塞利、东西察沃、塞伦盖提。

从住宿的角度比较，相比强调城市或 3S（阳光、沙滩、海水）的度假村，很明显，豪华的野生动物园小屋离公园更近（Weaver, 1998）。此外，大部分游客都是通过乘坐舒适的旅行车沿着公园内为数不多的道路进行野生动物观赏的。例如 1997 年有超过 95 万的游客去过南非的克鲁格国家公园，其中只有 4654 人参加了野外的小径漫步（Ferreira and Harmse, 1999），其余都是乘车参观。上述那些知名度较高的保护区越来越多地受到私人动物保护区的冲击，这些私人的保护区提供一些包括狩猎活动在内的生态旅游项目（这些在国家公园是禁止的）。除了这两个核心区，生态旅游活动则明显减少。例如，马拉维的五座国家公园在 1989 年只累计接待 17136 人次（波顿，1995），而赞比亚最热门的公园南卢安瓜，1995 年才接待刚刚超过 15000 名游客。除了南非、肯尼亚和津巴布韦，坦桑尼亚最具有成为一个主要生态旅游目的地的潜力。这是因为，普遍认为坦桑尼亚的野生动物资源比肯亚的更多也更原始。此外，坦桑尼亚不仅从邻居肯亚那里吸引了越来越多的欧洲和北美生态旅游者，而且通过改善基础设施和服务巩固和提升了它作为一个目的地的地位和能力。同时以下几个因素强化了这些公园作为主要的生态旅游目的地的地位。

（1）大量而集中的野生动物，如狮子、猎豹、大象、河马、斑马和长颈鹿。

（2）热带草原景观造成的高能见度、密集的野生动物，以及在某些地方比如水源的集中趋势；此外，许多动物都已经习惯了被人从近距离的旅行车内观赏。

（3）主要的生态旅游市场和强大的公众形象的形成，源于一些热带草原杂志，如《国家地理》杂志以及一些电影，如《生而自由》等。

（4）较好的保护资源基础和实施适当的管理措施以应对生态旅游者的到来。

（5）各大中心城市良好的可进入性、住宿，以及其他设施与服务，如内罗毕和乔纳斯伯格。

（6）相对稳定的政治和社会因素为这些国家创造了草原生态旅游的主要机会。

总之，这些为游客提供常规旅行车参观的野生动物园，具有相对较高的服务水平。而且为诸如肯尼亚和津巴布韦吸引了占其入境旅游80%的生态旅游游客。

非洲之外的热带草原地区生态旅游比较少。但是也有一个明显的例外，澳大利亚的卡卡杜国家公园，面积2万平方公里。在20世纪90年代初的时候，每年通过热带草原和湿地为主的景观吸引约23万游客，游客中的绝大多数都可以归类为生态旅游者。杜杜卡的高层次的管理和服务使得澳大利亚成为了唯一一个拥有标志性热带草原的发达国家。

5. 面临的挑战

在那些以热带草原为主的国家，人口的持续高度增长成了生态系统稳定的长期威胁，进而影响了生态旅游本身。这种压力在撒哈拉以南的非洲尤为严重，并可能使那些未受保护的热带草原转换成农田和牧场，甚至会威胁这些保护区（非法和合法的）。除非来自热带草原的生态旅游（以及其他形式的旅游）收入大到足以抵消破坏性的土地用途，进而迫使其向更科学的利用形式转变，从而避免悲惨的命运。现在一些具有较高知名度公园的游客人数记录已经表明这样的收入水平是可以达到的。但是，这些公园有可能即将面临生态旅游带来的各种环境威胁。在这些非洲热带草原知名保护区中，游客仅仅集中在少数的几个公园，而且是这些公园当中的某些地方。而在那些没有得到适当管理的地方，生态旅游业可能也将会对环境产生负面的影响，进而恶化游客可能获得的生态旅游体验。例如在克鲁格和安波塞利，就屡次发生过包括越野车旅行造成的景观退化，交通拥堵，影响野生动物群，“滋扰”猎豹、狮子等食肉动物，以及其他由于旅行车的过度增长带来的麻烦等。虽然在某些情况下，这些自然保护区所面临的压力是由于管理不当，使得野生动物种群的数量超过了正常的承载能力而造成的。比如，津巴布韦万盖国家公园无法应付不断增长的3万只大象及其造成的生态系统失衡。但幸运的是，面对种种问题，草原的植物群和动物群却表现出相当的韧性。例如在马赛马拉和安波塞利的研究表明，由旅行车辆带来的步道损坏在旅行车辆被叫停之后恢复迅速，尤其是在雨季的时候。

四、温带草原

1. 环境特征

草原（steppe）是温带夏绿旱生性多年生草本群落类型。我国草原区的水热条件大体保持温带半干旱到温带半湿润的指标。年均温为-3～9℃，≥10℃积温为1600～3200℃，最冷月平均气温为-7～-29℃。年降水量为150～500毫米，大多为350毫米以下，气候干燥，雨量少而变率大，并多集中在温暖夏季，冬季寒长，无霜期约在120～200天。

2. 生态现象

温带草原介于荒漠和落叶阔叶林带之间，景观特色为草本植物群落，外貌呈暗绿色，高度不大，优势植物有针茅（*Stipa capillata Linn.*）、拂子茅（*Calamagrostis epigeios*）、冰草（*Agropyron cristatum*）、羊草（*Leymus chinensis*（*Trin.*）*Tzvel*）、早熟禾（*Poa*）等。此外还有豆科、莎草科、菊科和藜科等植物。

温带草原景观可以分三类，草甸草原是草原群落中最湿润的类型，基本上与森林草原相联系。主要种类组成除中旱生和广旱生的多年生草本植物外，还混生大量的中生或旱中生的杂类草，因此也被称为杂类草草原，每年夏天这些杂类草鲜花盛开，万紫千红，十分华丽。在中国，草甸草原主要分布在东北平原和内蒙古的东北部，即大兴安岭的西麓，位于草原向森林过渡地区，此外也见于草原地带的阴坡和低洼地。

典型草原是草原中的典型类型，主要种类丛生禾草，在群落中占有很大优势。典型草原景观比较单一，即使在盛夏也没有五彩缤纷的鲜花，但是其生长高度较大，特别是在降水较多的年份，草本高度可达1.3～1.5米以上，南北朝民歌《敕勒歌》中所描写的“天苍苍，野茫茫，风吹草低见牛羊”景色就是典型草原。典型草原在我国分布广泛，内蒙古高原和鄂尔多斯高原大部，东北平原西南部及黄土高原中西部，均为大面积的典型草原群落所占据。但最著名的是锡林郭勒草原，它既是我国唯一的国家级草原自然保护区和联合国生物圈保护区网络成员，也是我国目前开展草原生态旅游的主要目的地。

荒漠草原是草原中最旱生的类型，主要是由旱生强度较高的丛生禾草组成，经常混生大量强旱生小半灌木，并在群落中形成稳定的优势。但这一草原类型植被覆盖度低，地面多有裸露。其景观只是较荒漠为佳一些。我国的荒漠草原分布在草原区的西侧，逐渐过渡到荒漠区。行政范围为内蒙古中部及宁夏一带。紫花针茅是高寒草原的主要类型，特耐寒旱，种类组成简单，夏天呈黄绿色，8月以后花穗飘扬，在阳光照射和微风吹拂下，映出缕缕银光，景色十分别致。

温带草原地带的动物群与草原环境相适应，动物种类比较少，但每个种的个体数相当多，尤以穴居的啮齿类和大型群居的有蹄类最为繁盛；与此相适应，猛禽和小型食肉兽也较多。爬行类和两栖类较少。鸟类也是草原上常见的动物，如百灵鸟、大鸨、草原雕（*Aquila rapax*）、鹫、鹰（*Accipiter*）等。草原中的水域附近，是鸟类的乐园，夏季各种燕鸭类，鹭（*Ardeidae*）、鹤（*Grus*）、鹬（*Scolopacidae*）、鸻（*Charadriidae*）等都迁来繁殖，数量十分可观。

草原景观开阔，缺乏天然隐蔽所，所以一些大型有蹄类动物，大多具有迅速奔跑的能力，常常集群生活，并且有敏感善跑的特点。常见的有黄羊（*Procapra gutturosa*）、北山羊（*Capra ibex*）、叉角羚羊（*Antilocapra americana*）、高鼻羚羊（*Saiga tatarica*）、野马（*Equus ferus*）和野驴（*Equus hemionus*）等。这类动物的后面往往跟着很多的食肉动物，如狼（*Canis lupus*）、狐（*Vulpes* ）等。

草原上几乎所有的啮齿类都是穴居，它们都具有惊人的挖洞本领。例如，草原田鼠，穴洞成群，洞道四通八达，一个洞群洞口多达40～50个。草原上的两栖类、爬行类以及一些昆虫和鸟类，也常利用鼠类的弃洞或与鼠类同穴。

温带草原的季相变化对草原动物影响极大。夏秋两季，食物丰富，动物最为活跃，多忙于繁殖和育肥；冬季，气候寒冷，雪覆大地，动物不易找到食物。大多数草原鸟类向南迁移，高鼻羚羊等有蹄类也迁往雪被较少，食物比较充足的地区。旱獭、跳鼠、黄鼠等啮齿类，在冬季到来之前，大量积累皮下脂肪，准备冬眠。田鼠、鼠兔、仓鼠、鼢鼠等也都储存饲料，以备过冬。草原的鼠类，在长期的自然选择中，获得了适应气候年变化而大量繁殖的特性，但这种数量大爆发，往往给草原带来很大的危害。

3. 地理分布

温带草原发育在温带气候条件下，在世界上有两大区域，即欧亚草原区和北美草原区。欧亚大草原起自欧洲匈牙利和多瑙河下游，向东经过黑海沿岸进入俄罗斯境内，沿着荒漠以北的地域，向东进入蒙古，一直延伸到我国的黄土高原、内蒙古高原和松辽平原，全长约8000公里。在青藏高原高海拔寒冷半干旱气候区，分布有大面积的高寒草原，但主要位于高原腹地，由西南向东北展布在藏南、羌塘、青南高原、青海湖盆地及祁连山一带。

欧亚温带草原动物群，比较典型的有黄羊（*Prodorcas gutturosa*）、高鼻羚羊（*Saiga tatorica*）、野马（*Equus przewalskii*）、达乌尔黄鼠（*Cilellus dauricus*）、旱獭（*Marmota*）、鼢鼠（*Myospalax aspalax*）、蒙古兔（*Lepus tolai*）、狼（*Canis lupus*）、艾虎（*Mustela putorius*）、狐（*Vulpes* ）、白灵（*Melanocorypha mongolica*）、云雀（*Alauda*）、大鸨（*Otistarda*）、草原雕（*Aguila rapax*）、鹞（*Circus*）、红脚隼（*Falco vespertinus*）、草原蝰（*Vipera ursini*）和麻蜥（*Eremias argus*）等。

北美洲温带草原称普列利草原，分布范围北起加拿大境内的北纬 60°附近，南到美国境内约北纬 30°左右，东西介于西经 89°～107°之间。比较典型的动物有美洲牦牛（*Bos bison*）、叉角羚羊（*Antilocapra americana*）、穴兔（*Oryctolagus cuniculus*）、草原犬鼠（*Cynomys*）、郊狼（*Canis latrans*）、美洲獾（*Taxidea taxus*）、灰狐（*Urocyon cinereoargenteus*）、洞穴猫头鹰、响尾蛇（*Crotalus*）等。

4. 温带草原旅游

通过上面的描述我们可以做这样的假设：在温带草原生态系统中开展生态旅游过程中，就旅游资源优越性而言，低草地区应该优于高草区旅游，因为高草区生态旅游的潜力已经由于生物群系的消失而被大大地削弱了。但也正是这样的稀有刺激产生了一系列的高草草原的保护和恢复措施。如美国中西部地区的机构借助一些富有戏剧性的图片，如长到 3 米或者更高的原生植物，来吸引游客欣赏所剩不多的高草区，并使人们认识到这些地区的脆弱性和价值，而且这些甚至已经成为了一种趋势。因此，高草草原这颗“残缺的宝石”现在反而成为了包括教育和科研工作者在内的生态旅游者的主要兴趣点。

位于加拿大马尼托巴（Manitaba）省堪纳里安的“活着的草原博物馆”就是这样的一个例子。正是因为这片位于温尼伯市区范围内的 12 公顷完整的高草草原，使得博物馆已经成为了一个主要的城市生态旅游景点。无独有偶，伊利诺伊州的迷得翁国家高草草原也正在高调进行保护恢复：6000 多公顷的土地正从原来的过度军事化逐渐恢复到自然高草草原状态。但不同于温伯尼，迷得翁项目是在被改变的景观上恢复生态旅游的一个例子。据统计，1998 年共有 36 个旅游团队 850 名游客前来参观，生态旅游将融入并成为这个保护区的主要活动（伊利诺伊州自然保护区委员会，1999）。

北美洲在矮草地区已经成立了一定数量的保护区，而且还有继续增长的趋势。美国的国家草原公园成立于 1960 年，总面积 1.5 万公顷，包括公用和私人的草原，允许放牧、采矿、狩猎和生态旅游，这些地区因为容易观察到有蹄类动物，如长耳鹿和麋鹿等而著名（美国农业部林务局，1999）。所以，即便矮草为主的国家公园相对其他类型的国家公园偏远，但仍大受欢迎。例如北达科他州的西奥多罗福斯和南达科他州的国家公园，在 1998 年就分别接待了数百万旅游者。

在非洲南部，在南非、博茨瓦纳和纳米比亚，尤其是在埃托沙潘（纳米比亚）和博茨瓦纳的奥卡万戈湿地地区等地，不管是在公共的还是私人的草原保护地区，生态旅游都比较发达。外蒙古的潜力也同样巨大，因为这个国家拥有世界上最丰富的天然草原遗存，而且养活了全世界最大的迁徙类哺乳动物：超过 200 万只黄羊。而 89000 公顷的 Khustain Nuruu 自然保护区内最后的野马种群：普氏原羚马也使得这一地区成为最具潜力的草原旅游目的地。为了利用这一潜力，蒙古成立了生物多样性和生态系统研究所，以鼓励在这里大力发展生态旅游。

5. 面临的挑战

因为大部分的草原地区都非常适合种植或放牧，保护区的管理人员会发现人们经常实施采用多种开发方法来管理保护区的策略。然而，放牧、采矿和狩猎等的同期活动在某些情况下可能是不符合生态旅游原则的。其威胁主要包括在通常用于放牧的土地上耕作，以及因为不适当的耕作或放牧而导致的边缘地区的沙漠化，欠发达国家更可能面临这些问题。世界各地的高草和中草草原环境都面临的一个主要的威胁就是“孤岛效应”，在一些小范围的栖息地因为太小而不能培育起一个可行的草原生态旅游部门，而且特别容易受到外来植物群和动物群的入侵。从更广泛的意义上说，温带草原群落比任何别的生物群落受到的保护比例都要小（0.98%），反映出这些地区被破坏的程度可能会更大，范围会更广泛（Green and Paine，1997），人们应该引起足够重视，并尽早采取措施应对和处理。

五、温带荒漠

1. 环境特征

荒漠生态系统是一种以干旱为主要特征的生态系统，其气候、自然景观以及人类的生产生活方式都显著区别于其他生态系统。在荒漠地区旅行，首先体验到的是其气候：荒漠深居内陆地区，远离海洋，加上位置闭塞，四周高山阻挡了湿润海洋的气流伸入，造成这里终年处于极端干燥的气候条件下。这里辐射强烈，日照充足，一年晴朗的日数可占70%以上。降水稀少，年降水量通常不超过250～300毫米，最少的只有数十毫米，而蒸发量却较降水大15～20倍，这些都是由于高温、风速大和云量低所造成。新疆吐鲁番被誉为我国的热极，年平均气温为14℃，6～7月的平均气温在31～33℃，其中7月份的最高气温在40℃以上的天数有17天，极端最高气温达48.1℃，此时地表最高温度多在70℃以上，在流沙地上，可达82.3°C。荒漠地区的年较差和日较差较大，例如吐鲁番5~9月每月平均气温日较差都在15～20℃，最大的可达28℃。“早穿皮袄午穿纱，围着火炉吃西瓜”就是荒漠典型气候的写照。此外，在荒漠地区有时还可以观察到沙暴和海市蜃楼等奇景。

2. 生态现象

荒漠植被的生物组成类型十分多样。在不同温度条件下，植物群落由可以忍受长期干旱的强旱生植物，以及能躲避干旱的短生、类短生植物组成。陈昌笃1987年将中国荒漠划分为三类：极旱荒漠，年降水量低于50毫米，植被覆盖度不到10%，常出现裸露地段，强旱生植物也极稀少；普通荒漠，年降水量50～100毫米，植被覆盖度20%～30%，强旱生荒漠植物木质化或半木质化种类占优势，没有或很少有草原种类出现；半荒漠，年降水量100～200毫米，植被覆盖度50%～

40%，除强旱生荒漠植物外，尚有大量旱生草原草本植物参加，亦称为草原化荒漠。

影响荒漠植物的生态条件首推土壤水分状况、有效降水数量和季节分配。深根植物在此相当普遍，它们的地下器官所占重量比值很大，草本植物地下部分占总重量的80%～95%，木本植物地下部分也占到65%（叶重只占1%～5%），有的根在沙地深入到8～14米。同时植物蒸腾耗水很节省，强旱生植物蒸腾耗水仅为土地蒸发量的1/13～1/18，此外它们能忍耐脱水40%～80%。短生植物则与之相反，它们利用短暂的降水季节，快速完成发育，通常只需60～100天。

中国的荒漠植被可划分出以下几种类型：

（1）半乔木荒漠植被。它们主要是近乎无叶的强旱生小乔木梭梭属植物，如梭梭柴（*Haloxylon ammodendron*、白梭梭 *H. persicum*）等，间有银沙槐（*Ammodendron argenteum*）生长。梭梭柴因生态幅度宽，地理分布广，可见于大沙漠边缘的沙丘上，山麓洪积扇和平原低地，乃至砾质戈壁上。环境较好的地方，此类型树高可至4～5米，总盖度30%～40%，植物种类也是本区荒漠中最丰富的。

（2）灌木荒漠植被。它们主要由强旱生灌木和小灌木为建群种构成。因生境条件严酷，群落结构极简单，种类组成极贫乏，常不到10种。常见的有以膜果麻黄（*Ephedra przewalskii*）、木霸王（*Zygophyllum xantoxylum*）等占优势典型灌木荒漠、由数种沙拐枣（如 *Calligonum mongolicum*）构成的沙生灌木荒漠和以沙冬青（*Ammopiptanthus mongolicum*）群落为代表草原化灌木荒漠三种类型。

（3）半灌木、小半灌木荒漠植被。它们分布很广，类型多样，主要有以琵琶柴（红砂，*Reaumuria soongorica*）、无叶假木贼（*Anabasis aphylla*）、合头草（*Sympegma regelii*）、珍珠柴（*Salsola passerina*）等为主盐柴类荒漠，以盐节木（*Halocnemum strobilaceum*）、盐穗木（*Halostachys belangeriana*）、盐爪爪（*Kalidium spp.*）、碱蓬（*suaeda spp.*）、怪柳（*Tamarix spp.*）等为主的多汁盐柴类荒漠，以强旱生小半灌木篙属植物。如地白篙（*Artemisia terraealbae*）、沙篙（*A.arenaria*）、灌木亚菊（*Ajania fruticulosa*）等为主的篙类荒漠等类型。另外，在春雨稳定的地方则发育短生植物荒漠，由地下芽植物和一年生植物组成，如鳞茎早熟禾（*Poa bulbosa*）、卷尾芥（*Malcolmia turkestanica*）等；在没有维管植物生长的大片荒漠裸地上分布着叶状体荒漠，如石漠上的地衣，沙漠表面的藻结皮等。

荒漠地带的动物群，种类贫乏，数量较少。其中啮齿类和有蹄类数量较多，鸟类，两栖类种类和数量均较少，而爬行类种类却很多。比较典型的荒漠动物有跳鼠（*Dipodidae*）、沙鼠（*Gerbillinae*）、骆驼（*Camelidae*）、野驴（*Equus hemionus*）、瞪羚（*Gazella*）、虎鼬（*Vormela peregusna*）、羊猞猁（*Felis lynx*），沙狐（*Vulpes corsac*）、鸵鸟、沙鸡、地鸦（*Podoces*）、波斑鸨（*Macqueeni*）、沙蜥（*Phrynocephalus przewalskii*）、麻蜥（*Eremias*）和草原飞蜥（*Agamidae*）等。

荒漠动物对高温和缺水等荒漠生态具有多种多样的适应。主要可以从下面几方面观察：

（1）对于高温的适应。许多动物在每天最炎热的时刻钻进洞穴，或者栖息在阴凉的小树丛下，或者把身体埋进沙里，以躲避高温；有的动物具有一种暂时降低体温的本领，例如一种飞蛾，当体温升高到40℃时便从嘴里挤出一滴水，通过水分蒸发来降低体温；又如沙漠蝇，其胸腔上的气孔能够调节体温，平时体温正常时这些气孔是闭合的，当体温升高到 39℃时，气孔就自动打开，使体温趋于正常。

（2）对于缺水的适应。荒漠动物对缺水的适应，不同种类采取不同的方式，比如许多哺乳类没有汗腺、粪便干结、尿量极少，以此来减少水分的耗失；一些爬行类不是以尿液，而是以尿酸盐的形式排泄尿，使水分损失到最小程度；两栖类中的几种蛙，头部有多层细胞组成的皮肤覆盖，可以防止水分流失；一些大型有蹄类，耐饥、耐渴的能力很强并且能够长途跋涉，到很远的地方去寻找水源。大多数的荒漠动物，不需要饮水，只从食物中得到少量的水分就能维持生命。例如生活在沙哈拉沙漠中的某些鼠类，仅吃含水分不过 10%的种子，就能生存下去；美国西部荒漠中的更格芦鼠，所吃种子含水量为 5%～10%，它们不再饮水就能生活得很好，并能正常繁殖。

（3）对于缺乏天然隐蔽条件的适应。主要表现在穴居和迅速奔跑。大多数荒漠动物，如啮齿类、爬行类和某些昆虫等，具有很强的挖掘能力，营地下穴居生活，以躲避高温或摆脱敌害的追击。土豚（*Orycteropus afer*）和犰狳（*Dasypodidae*）在几分钟内可将身体埋入地下；蛤蚧（*Gekko gecko L.*）为了逃避响尾蛇的追击，也能迅速地钻入沙内。荒漠中的有蹄类，都善于快速奔跑，以摆脱敌害的追击。高鼻羚羊（*Saiga tatarica*）和瞪羚（*Gazella*）通常每小时跑 60 公里。多数荒漠动物身体具有与沙土一样的保护色，如沙兔、跳鼠（*Dipodidae*）、沙狐（*Vulpes corsac*）、鸵鸟（*Struthio camelus*）、沙鸡（*Pteroclididae*）等，其体表颜色与环境背景配合的极为协调，这也是对开阔景观的一种适应。

荒漠动物由于长期生长在松散的沙土上，所以脚趾产生一些相应的构造。例如，跳鼠（*Dipodidae*）的后脚趾外侧生有坚硬的节状小毛刷；大多数荒漠动物，脚趾的背面生有密厚的垫状长毛，在松软的沙土上活动，不至于陷进去；骆驼蹄大而扁平，蹠部有很厚的肉垫；毛腿沙鸡趾上被羽，蹠底呈垫状并被以细鳞，这都是对在松软沙土上行走的适应。

荒漠动物许多生物学现象的季相变化不如草原动物的明显。典型的荒漠鸟类大都是留鸟，季节迁移性种类较少；冬眠现象与草原动物相比亦比较弱，这种现象基本上与冬季少雪或无雪有关。相反，夏眠现象比较普遍，许多昆虫、黄鼠、龟等都进行夏眠。夏眠是荒漠动物对干旱炎热气候和食物缺乏的一种良好适应。荒漠动物的昼夜相表现十分明显，大多数荒漠动物都营夜行性生活。因为荒漠昼夜温差较大，清晨、傍晚与夜间温度较低，相对湿度较大，所以动物多在这时从洞中出来觅食。由于夜出生活，许多荒漠动物的眼睛和耳朵长得很大，以便在黑暗中定向和听察细微的声响。

3. 地理分布

亚洲温带荒漠地处亚洲内陆，包括中亚（土兰低地）荒漠，藏北高寒荒漠，新疆、河西走廊和内蒙古西部荒漠，以及蒙古境内荒漠，以塔里木盆地为干旱核心。它的东半部属极端干旱类型，外围随着雨量逐渐增加而向草原带过渡。中亚受西来气旋影响，冬春有雨，春季短生植物较多。新疆准噶尔盆地也稍具此特点。其他地区冬春苦旱，降水集中于夏季，短生植物较少。

南美洲阿根廷巴塔哥尼亚荒漠出现在大陆东岸，气候大陆性不强烈，降水少、风力大。这里以垫状旱生灌木、低矮的仙人掌类植物、硬叶禾草组成稀疏荒漠群落为主。

4. 荒漠旅游

作为潜在的生态旅游场所，沙漠的优点是不管人类再如何开发、破坏，其外部特征基本上不会发生变化。这并不是什么开发时有远见和什么高明的措施、手段，而是因为沙漠就其本质而言，已经是不适合农业或者作为人类永久定居点的不毛之地了。尽管如此，一些著名的沙漠地区，比如美国西南部，还是已经被灌溉、采矿、军事用途和城市化等改变了本来面目。沙漠的第二个固有优势就是，因为广阔观察范围的存在和开阔环境缺乏对大型动物的遮挡而使得游客更容易观察到沙漠中的野生动物。

但从消极的一面来看，“沙漠”这个词来源于拉丁语“*desertum*”，指被放弃的东西。所以在西方人的思维里，沙漠因为高温和极度干燥，通常被认为是缺乏生气的和危险的；此外，由于沙漠中极低的环境承载力，游客在大多数沙漠里看到的大型动物的数量有限，而且动物群比较单一，以一些危险的爬行动物以及蛛形纲动物如蜘蛛、蝎子、狼蛛、响尾蛇等为主。

就景点而言，当前的沙漠生态旅游活动主要和以下七个因素有关：

（1）特殊地质特征与干旱气候条件有关，例如大峡谷（澳大利亚、美国）在澳大利亚中部的乌卢鲁（艾尔斯岩）。

（2）野花和其他种类的花卉，例如澳大利亚西部的沙漠地带和其他地区，大雨过后沙漠植物短时间的集中盛开。

（3）古老、巨型或者异乎寻常的植被，比如纳米比亚沙漠里2000年的千岁兰植物和美国西南部巨大的树形仙人掌等。

（4）商队或其他沙漠徒步旅行，例如 1990 年代初由私人探险旅游公司提供的在利用图阿雷格部族骆驼穿越阿尔及利亚的撒哈拉沙漠的活动。

（5）土著居民。鉴于传统的土著文化往往和他们的环境有不可分割的联系，他们可能构成一种“生态旅游”的吸引力。比如上述图阿雷格人长途跋涉活动，澳大利亚干旱土地附属土著人（例如在乌卢鲁），喀拉哈里沙漠的布须曼人的活动等。

（6）绿洲。越来越多的生态旅游景点都隶属于坐落在一片绿洲环境中的豪华度假村。最好的实例是阿拉伯联合酋长国的艾玛哈度假村，它包括一个面积 16 平方公里的阿拉伯羚羊和砂瞪羚自然保护区。

（7）保护区。沙漠生态旅游在很大程度上和正式保护区是相关联的。

在沙漠地带进行的旅游活动主要有以下三种类型：

（1）保护区旅游。这些自然景点或多或少地保留着自然状态、适当的服务、完备的设施（如解说系统、轨道、道路、基础设施），有时还和公众瞩目的国家公园、世界遗产或类似的机构联系在一起。在众多沙漠环境旅游目的地中，美国西南部沙漠开发的例子最具代表性：联邦政府建立的保护区保护了大峡谷、死亡谷和约书亚树等区域，而这些区域每个景点每年都能吸引超过 100 万游客。虽然并不是每个游客都是生态旅游者，但研究表明，那些“准”生态观光客可能占绝大多数。进而形成一个良性循环，使得这些环境保护区的沙漠生态系统得以有序、平稳的保护和发展，同时也为进一步发展沙漠旅游提供了资源的保证和优势。

（2）自驾和徒步旅游。这一流行模式大多为使用私人交通工具“风景自驾游”以及包括短期居住和进行选择性的短暂徒步。这种访客集中模式在那些世界著名的保护区，尤其是沙漠公园很受欢迎。鉴于荒漠地带旅游最主要的优点是不管人类再如何开发、破坏，其外部特征基本上不会发生变化。所以，这些小规模的自驾游不会对沙漠自然生态造成大范围和程度的破坏。

（3）展示旅游。这是在美国和澳大利亚等地兴起了一种顶级沙漠旅游的新模式。这一新型的沙漠旅游模式是在相对较小的范围里，选定一些沙漠植物进行教育和科学方面的展示，进而展示它们周围的自然环境。例如美国亚利桑那州凤凰城东的博伊斯汤普森植物园以及澳大利亚爱丽丝泉沙漠公园，后者于 1997 年开业，在 1999 年就吸引了数十万游客。其中心区域是一块面积为 50 公顷的精心设计过的核心地区，用于展示和解说澳大利亚沙漠的各种植物群和人工繁殖的爬行动物、鸟类和哺乳动物。

5. 面临的挑战

在美国和澳大利亚的顶级目的地，沙漠生态旅游的最主要威胁来自一些公共保护区里的人流密集区，这会导致自然资源基础的破坏和游客体验恶化。另一个来自外部的主要威胁是越野车的滥用，这将导致无保护措施的沙漠栖息地退化，并破坏生态旅游体验。

但对于较低级的沙漠旅游目的地，主要的内部威胁就是由于资源短缺而导致的管理不当。外部威胁则是一些沙漠地区大型的狩猎活动日益增加，致使当地的动物资源受到破坏。这些动物资源的减少直接导致生物多样性减少，进而破坏了整个生态系统的平衡。

另一个威胁来自战争。海湾战争后，战争对环境的破坏性影响在沙漠地带的科威特和伊拉克得到了验证：虽然这些国家有良好的沙漠旅游资源，但是很少有人愿意冒着生命危险去涉足那些领域。

六、寒温带针叶林

1. 环境特征

寒温带针叶林（cold temperate coniferous forest）是寒温带的地带性植被类型。出现于落叶阔叶树不适宜生长的地区，气候学家将这类地区的气候称为针叶林气候。一般特征是：夏季温暖短促，冬季漫长严寒，气温年较差大；降水量少，集中夏季，蒸发弱，相对湿度高。最暖月平均温度在10℃以上，但不超过20℃；最冷月平均温度为-10～-20℃，在西伯利亚可达-52℃。在积雪不多的情况下，冬季的低温会形成永冻土。降水量为300～600毫米，大部分在春季降落。冬季降雪，但水量不多。寒温性针叶林下的地带性土壤为灰化土。

2. 生态现象

寒温带针叶林主要由云杉属（*Picea*）、冷杉属（*Abies*）、松属（*Pinus*）、落叶松属（*Larix*）等种类组成。常常是由单一树种构成的纯林，但又由于树种的不同而各具特色，例如，云杉属和冷杉属的树冠是圆锥形或尖塔形的，松属的树冠是近圆形的，落叶松属的树冠与云杉、冷杉相似，但它在冬季是落叶的。

北方针叶林可以根据它们的郁闭状况划分为暗针叶林和明亮针叶林。暗针叶林林内阴暗、潮湿，苔藓层发育良好，云杉林、冷杉林是暗针叶林的代表类型；明亮针叶林具有稀疏的林冠，林冠下能透过较强的光照，松林和落叶松林都属于明亮针叶林。

针叶林带的动物群主要集中在地面层和树冠层，种类贫乏，并以耐寒性和广适应性种类占绝对优势。特有的动物有灰鼠（*Sciurus vulgaris*）、驼鹿（*Alces alces*）、紫貂（*Martes zibellina*）、狼獾（*Gulo*）、星鸦（*Nucifraga caryocatactes*）、榛鸡（*Tetrastes bonasia amurensis*）、三趾啄木鸟（*Picoides tridactylus*）、交嘴（*Loxia curvirostra*）、戴菊莺（*Regulus regulus*）等。两栖、爬行类很少，只有极北蝰（*Vipera berus*）、

胎生蜥（*Lacerta vivipara*）和极北小鲵（*Hynobius Keyserlingii*）等。

针叶林带动物群的许多生物学现象季节变化也比较明显。定居生活的动物，在冬季大都贮藏食物或进行冬眠；许多鸟类和哺乳类进行季节性迁移。针叶林带的地面积雪，有利于许多动物掘雪取食或在雪下活动，但深厚的积雪又给另外一些动物造成活动上的困难。

在落叶阔叶林与针叶林之间，有一个过渡区域，形成针阔混交林。动物丰富，比较典型的有松鼠（*Sciurus vulgaris*）、花鼠（*Eutamias sibiricus*）、紫貂（*Martes zibellina*）、猞猁（*Felis lynx*）、东北虎（*Panthera tigris altaica*）、金钱豹（*Panthera pardus*）、梅花鹿（*Cervus nippon Temminck*）、马鹿（*Cervus elaphus*）、麝（*Moschus moschiferus Linnaeus*）、黑熊（*Ursus thibetanus*）、野猪（*Sus scrofa*）、獾（*Meles*）、貉（*Nyctereutes procyonoides*）、蜜狗（*Martes flavigula chrysospila*（Swinhoe））、黄鼬（*Mustela sibirica*）、榛鸡（*Tetrastes bonasia amurensis*）、斑啄木鸟（*Dendrocoposmajor*）、大山雀（*Parus major*）、旋木雀（*Certhia familiaris*）、普通鳾（*Sitta europaea*）、大杜鹃（*Cuculus canorus*）、黄腰柳莺（*Phylloscopus proregulus*）、巨嘴柳莺（*Paradoxornis davidianus*）、黑枕黄鹂（*Oriolus chinensis*）、三宝鸟（*Eurystomus orientalis*）、鸳鸯（*Aix galericulata*）等。

3. 地理分布

北方针叶林以宽阔的带状横亘于温带以北的北美大陆和欧亚大陆。北方针叶林带的北界即整个森林带的北界。

欧亚大陆的针叶林，从大西洋东岸一直延伸到太平洋西岸，连续成非常宽广的地带。北美洲的针叶林，在北极圈以南从阿拉斯加的育空河和加拿大的马更些河以南，经过大奴湖，沿苏必利尔湖北岸而达大西洋沿岸。两地的动物群，表现出极大的相似性，比较典型的动物有灰鼠（*Sciurus vulgaris*）、花鼠（*Eutamias sibiricas*）、小飞鼠（*Pteromys alboniger*）、马鹿（*C. elaphus*）、紫貂、狼獾（*Gulo*）、猞猁（*Felis lynx*）、棕熊（*Ursus arctos*）、松鸡（*Tetrao*）、榛鸡（*Tetrastes bonasia amurensis*）、黑琴鸡（*Lyrurus tetrix*）、黑啄木鸟（*Dryocopus martius*）、三趾啄木鸟（*Picoides tridactylus*）、交嘴（*Loxia curvirostra*）、星鸦（*Nucifraga caryocatactes*）、松鸦（*Garrulus glandarius*）、太平鸟（*Bombycilla garrulus*）、戴菊莺（*Regulus regulus*）、普通鳾（*Sitta europaea*）、旋木雀（*Certhia familiaris*）、极北蝰（*Vipera berus*）、胎生蜥（*Lacerta vivipara*）和极北小鲵（*Hynobius Keyserlingii*）等。

4. 寒温带针叶林旅游

森林旅游是在林区内依托森林生态旅游资源发生的以旅游为主要目的野外旅游活动，这种活动无论是直接利用森林还是间接利用森林，都属于生态旅游的范畴。旅游者通过观赏森林生态系统奇特的物种形态、群落结构，呼吸清新的空气、饮用洁净的泉水，从而了解森林生态系统内部的物质、能量和信息流程与循环，认识森林、保护物种、涵养水源、净化空气、美化和改良区域环境等多种功能。同时，旅游者也可以尽情享受优美的森林生态环境，静听鸟鸣水流，体验山林野趣，修身养性，恢复身心健康。森林旅游具有放松、猎奇、求知、求新、健身、陶冶情操和激发艺术灵感的多种功能，具有较强的自然性、真实性、科普性和参与性。

寒温带森林可能因为又冷又湿，似乎吸引不了什么游客。但在过去的几十年里，它们却吸引了特殊的森林探险爱好者。对这些爱好者来说，寒温带针叶林才是真正“原始的地方”，是他们要“开拓”的最后的疆土。正是因为这里阴冷潮湿，所以才能使精耕细作或大密度的人类敬而远之。此外，它们被看作与地球的史前有紧密联系，它们甚至被视为“活化石”。1999 年英国广播公司电视系列片《与恐龙同行》中将这些针叶林作为其背景也充分证明了其与远古的紧密联系。

但从目前而言，相比其他旅游目的地，寒温带针叶林生态旅游无论从数量、范围和开发程度上来讲都处于一种有待进一步发展的阶段，但这并不妨碍它成为森林旅游爱好者的天堂。并且这种探索寒温带针叶林的旅游活动保持着平稳的增长速度，正逐渐被越来越多的旅游者所熟悉和接受。

七、湿地

1. 环境特征

湿地（wetland）是介于陆地和水生环境之间的过渡区域，并兼有两种系统的某些特征，由于水陆相互作用形成了独特的生态系统类型，广泛分布于世界各地，是自然界最富生物多样性的生态景观之一。根据 1971 年在伊朗拉姆萨尔签署的《国际重要湿地特别是水禽栖息地公约》规定，湿地是“沼泽地、湿原、泥炭地或水域，该水域无论是天然的或是人工的，永久的或是暂时的，其水体是静止或流动的，是淡水、半咸水或咸水水体者，包括低潮时水深不超过 6 米的海域”。

湿地由于其特殊的水文及地理特征，具有调节水循环、净化环境的基本生态功能。作为栖息地，养育着丰富的生物，具有较高的生物多样性。一些科学家把湿地称为“自然之肾”。其原因在于，湿地在水分和化学物质循环中所表现出的功能及在下游作为自然和人类废弃源的接收器功能；湿地还可以容纳地下水和地面水，具有排洪、蓄洪功能。从某种意义上说，湿地在景观中为动植物区系提供了独立的生境。

2. 生态现象

湿地生态系统包括湖泊、河流、沼泽、滩涂和近岸水域，水体是湿地景观的特征之一。水体的流动和静止往往具有各自的美学效应，体现出水的活泼多变和沉静温柔的特征；水体又具有形态的多样性，江河等线形的水体蜿蜒曲折，或奔腾，激浪翻滚，喷珠溅玉，或潺潺，源远流长；湖泊等面形水体由于周围景色的变化，常常产生空间层次、空间主体化，以及收缩、放开等美感效果。大者给人以空间开阔、辽阔悠远的美感，小者则给人以宁静、安谧的慰藉。沼泽和滩涂由于水陆交错，因此景观更富有特点，多样的动植物生长和生活使其充满了勃勃的生机，趣味盎然。

（1）湖泊与河流湿地

湖泊是地球陆地表面封闭洼地中积水形成的面积较为宽广的水域，湖泊水域形态千变万化，湖影、湖色、湖声、湖光对旅游者都具有很大的吸引力。不同类型的湖泊往往也有各自的景观特色。构造湖是由于地壳的断裂、沉陷所形成的构造盆地和谷地积水而成，世界上大部分的湖泊都是构造湖，例如我国的青海湖、鄱阳湖、滇池和洱海等。构造湖一般地处山地中，湖水深度大，溶解氧含量高，营养物质较少，因此湖水幽深清净，加上云山倒影，风景十分优美；火山口湖由古火山口积水而成，如长白山天池、广东湛江湖光岩、云南腾冲大龙潭山火山口湖等；堰塞湖由火山喷发的熔岩、冰川携带的冰碛物以及地震或山崩的碎屑物质堵塞河谷而成，如黑龙江的五大连池、镜泊湖，四川叠溪海子，新疆喀纳斯湖等。这些湖泊面积一般不大，但地处高山峡谷或火山地区，有火山风景和山景所衬托，因此景色也颇为别致。此外还有岩溶湖、风成湖、冰成湖、海成湖、人工湖等。

我国的湖泊主要集中在长江中下游和青藏高原，这两个地方拥有我国最大的湖泊群。前者主要分布在江苏、安徽、湖北、湖南、江西和上海等地，如洞庭湖、鄱阳湖、太湖和江汉湖区；后者主要分布在西藏和青海，有相当数量的半咸水和咸水湖，如面积达 300 万公顷的羌塘湖泊群、青海湖、班公湖、鄂陵湖和扎陵湖等，此外云贵高原也有较多的湖泊，如滇池、洱海、抚仙湖、程海、泸沽湖、纳帕海和草海等。

湖泊湿地是指陆地到开敞湖面的过渡区域，在宏观上（至少季节性地）具有陆地景观，并以湿地植物为标志，它是湖泊与其周围环境间物质与能量交换的重要通道，湖泊湿地包括湖滩地与河滩地。如我国最大的淡水湖——鄱阳湖区就是长江中下游最典型的湖泊湿地。

湖泊湿地主要分布在河流三角洲前缘，在地貌结构上介于陆上三角洲向湖区常年淹水区的延伸过渡带，由天然堤与堤外洼地所组成的三角形前缘湖泊湿地，兼有水、陆生态特点。每当湖水退却时，天然堤逐渐显露水面，形成背向河岸缓缓倾斜的草滩。其不同高程连续出水时间长达 140～310 天，光热条件优越。富含有机质的草甸土，因年复一年的植被与鸟粪的积累，土质肥沃，使淹水时处于休眠状态的湿生草本植物随着退水相继萌发，而水生植物则退缩到地势较低的积水洼地。同时，湖泊湿地为鱼类和其他水生动物提供了丰富的饵料和优越的栖息条件，具有较高的渔业生产能力。由天然堤顶至积水洼地，高程一般为18～12米。因不同高程处土壤和光热条件不同，形成了湿地生物的多样性。

湖泊湿地几乎集中了所有的地表水，如溪流、江河、池塘、湖泊、水库等，是地球上淡水的主要存储库，居民用水、工农业用水的直接水源，也是地下水的重要补给源。湿地还是地上、地下排水通道，是具有明显代谢特征的有机整体。湖泊生态系统由浮游生物—鱼类—鸟类—哺乳类等构成了一个食物链。如果水体接受过多的营养物质，就会造成浮游生物疯长，鱼类等由于水体缺乏氧气而大量死亡，这时水体就富营养化，水色浑浊，气味腥臭，湖泊的旅游价值逐渐消失。

鸟类在湖泊生态系统中往往占据了重要的位置，特别是水禽的栖息和繁殖都是在水体中，如天鹅、鸥类、雁鸭等，黄河青铜峡、青海湖鸟岛、西藏班公湖、江西鄱阳湖等都以鸟类数量众多、种类珍稀而名闻中外，因此湖泊也是开展观鸟旅游的主要场所。近年来由于人类大规模的活动，如围湖垦殖、生物资源过度开发和不合理利用以及大型水利工程等都会破坏湖泊湿地的生态环境。围湖垦殖对湿地的影响主要表现在草滩面积减少、植被群落结构变化和生物量减少、鱼类产卵场和育肥场破坏、渔业资源衰减，湖泊库容减少、水位抬高、调蓄功能降低、栖息地面积减少、越冬环境变差等。这些都影响和改变了湖泊湿地生态系统的结构和功能。

（2）沼泽

沼泽是生长着湿生—沼生植物群落的多年积水或土壤过湿的地段，其下往往还有泥炭的堆积。沼泽的基本特征是地表常年过湿或有薄层积水，在沼泽地表除了具有多种形式的积水外，还有小河、小湖等沼泽水体，以及饱含于泥炭层的水分。一般其剖面结构自上而下为草根层、腐殖质层（泥炭层）、浅育层和母质层（一般为新土或亚利土）。草根层、腐殖质层或泥炭层矿质颗粒很小，孔隙较大，具有较强的蓄水性和透水能力，是沼泽湿地水文调节过程最活跃的界面区域。如中国三江平原沼泽和沼泽化土壤的草根层和泥炭层，孔隙度为72%～93%，该层饱和持水量达83%～103%，最大持水量为400%～600%，它能保持大于其土壤本身重量3～9倍或更高的蓄水量，吸水系数为0.5。

沼泽生态系统的生物群落包括沼泽植物、沼泽动物、细菌和真菌4个类群，其组成极为复杂。沼泽半水半陆的生态环境决定了其植物群落和动物群落具有明显的水陆相兼性和过渡性。沼泽植物群落包括乔木、灌木、小灌木、多年生禾本科、莎草科草本植物和其他多年生草本植物，以及苔藓和地衣等。沼泽植物是该生态系统中能量的固定者和有机物质的初级生产者，也为人们提供了可利用的资源。不同地区、不同类型的沼泽生态系统中的植物成分有所差别，三江平原地区的草本植物纤维的总储量可达 8.84×10^6 吨。沼泽中有价值的纤维植物芦苇，资源比较丰富。有的沼泽中生长着药用植物和优良牧草。此外，茂密的沼泽植物死亡后，以泥炭的形式储存了大量的太阳能。

黑龙江有我国面积最大的沼泽区，面积达 200 万公顷，位于黑龙江省东北部，由黑龙江、松花江和乌苏里江冲积形成的低平原。过去人为干扰很少，野生动物众多，素有“棒打獐子瓢勺鱼，野鸡飞到饭锅里”之说。此外，四川若尔盖是我国面积居第二的沼泽区。当年中国工农红军经过的茫茫无际、人畜难行的“草地”，其实就是若尔盖沼泽地。它位于青藏高原的东北边缘，包括黄河上游的黑河和白河流域，现属四川阿坝藏族羌族自治州的若尔盖和红原两县。

沼泽是在多水的条件下形成的，不同于湖泊和一般的陆地，也不是人们想象的那样荒凉，而是一个充满了生机的生态系统，并有许多特殊的景观。沼泽中有许多密丛型根茎草本植物，如苔草、嵩草等，它们往往有很强的分蘖能力，分蘖节逐年上升，并从分蘖节的地方再生出新的枝条，以适应空气不足和避免由于土层淤积埋没植物体而死亡，这样年积月累，死亡的根茎残体和活的根系盘根错节，交织在一起，形成草丘。一般每平方米的草丘数量有 3～5 个，高度在 20～30 厘米左右。在泥炭藓沼泽中，旅游者还可看见能吃虫子的植物——食虫植物，如狸藻、茅膏菜等。由于土壤（泥炭层）中缺乏植物能吸收的无机养分，生活在这类沼泽中的一些植物不得不靠一些特殊的“器官”来捕捉昆虫，通过肉食来摄取氮、磷、钾。沼泽植物形成草丘是对沼泽环境的适应，游人行走其间，常常是高一脚、低一脚，十分不习惯。沼泽景色通常都是绿色的，比较单一，但是在我国黑龙江省的三江平原沼泽区，这里的沼泽大部分由草甸演替而来，由于地势低平，地表湿润，广泛发育了中生的草甸植物群落，盛夏季节，百花争妍，五彩缤纷，当地群众称其为“五花草塘”。在北方及一些高寒山区的藓类和草本沼泽上，夏季晴朗的傍晚以后或清晨，往往可以看到白茫茫的雾笼罩在沼泽地的上空，但与周围的草地、森林却又截然分界，十分奇特。

水草丛生的沼泽环境，为鸟类提供了丰富的食物来源和营巢、避敌的良好条件。每当春天来临，冰雪消融，候鸟成群结队从遥远的南方飞到北方水草丰盛的沼泽地繁育后代。丹顶鹤（*Grus japonensis*）、黑颈鹤（*Nigricollis*）、白头鹤（*Grus monacha*）、白枕鹤（*Grus vipio*）、白鹳（*Ciconia boyciana*）、苍鹭（*Ardea cinerea*）、白鹭（*Egretta garzetta*）和草鹭（*Ardea purpurea*）等涉禽是沼泽地的典型鸟类，丹顶鹤夏季在黑龙江扎龙自然保护区的沼泽地中繁殖，黑颈鹤夏天在青藏高原和四川若尔盖高原沼泽区中繁殖度夏，冬天前往云南和贵州等地的沼泽地越冬。沼泽地的鸟类有的营巢于沼泽地，利用芦苇、菖蒲、灯心草、苔草等水草，在草滩、草丛间筑巢，有的栖息于树林或较干燥的地方，飞翔于沼泽地带觅食。在阳光融融的白昼，各种鸟类翱翔于天空，有的嬉戏在水中，就连朝阳初露的清晨和落日余晖的黄昏，也有鸟类出来活动，所以春夏时节的沼泽区是一个充满生机的鸟的乐园。近年来，我国的许多湿地类型的自然保护区，也纷纷开展了以观鸟为主的生态旅游项目，受到了国内外旅游者的欢迎。

滩涂属海滨沼泽，受间隙性潮水淹没，沿海的河口和海湾附近皆有较大的滩涂分布，而且随着河流上游带来的泥沙堆积，滩涂还会不断向外扩展。辽宁辽河口、鸭绿江河口、山东黄河口、上海长江口等都发育有面积较大的滩涂湿地，十分开阔。滩涂湿地同样也是鸟类生活的乐园，例如江苏盐城滩涂是珍稀野生动物丹顶鹤的越冬栖息地，辽宁双台河口是黑嘴鸥（*Larus saundersi*）在世界上的唯一繁殖地，山东荣成沿海滩涂每年也有众多的天鹅去越冬。

3. 湿地旅游

湿地旅游是在坚持可持续发展的前提下对湿地资源进行合理利用的一种旅游活动，它以特色湿地旅游资源为对象，以实现社会效益、经济效益和环境效益的统一为目标，是生态旅游发展的新形式。而且湿地资源分布广泛、类型丰富，在不同类型的湿地旅游资源基础上可以形成主要以观鸟游、摄影游、观光度假、科考探险等旅游活动为主，兼具其他旅游形式的湿地旅游。具体而言，湿地主要的旅游发展模式可以概括为以下几种类型。

（1）观光娱乐游

湿地鸟类资源丰富，种类繁多。由于四季变化明显，在鸟类组成上变化较大。每年春、秋季节均有大量的水禽在湿地栖息、集群，场景极为壮观，具有极强的视觉美感。由此形成的湿地观鸟游是湿地观光娱乐的主要旅游形式。

（2）科普教育游

湿地旅游目的地又是天然的自然历史博物馆，其生态系统的复杂性使游客产生猎奇心理，吸引游客到湿地旅游。所以在很多湿地生态旅游目的地将旅游与环保教育相结合，在开展旅游活动的同时向人们进行有关湿地和湿地保护的教育和宣传，使游客在探索过程中获得相应的地貌、生物知识，获得有关湿地居民生活文化的知识，丰富游客对自然和社会的认识。同时，对湿地生态系统的了解能使游客进一步深刻理解人类对大自然的依存关系，增加人们的自然科学知识，提高人们保护湿地生物多样性和生态环境的生态意识和环境意识，从而受到有关保护自然、保护环境的生动教育。

（3）休闲度假游

例如红树林海岸等湿地以其神奇、幽静、秀丽的景观美学价值，成为游客休闲、体验、度假的适宜场所。人们可以在此从事划船、钓鱼、观鸟、野炊、品尝特色海鲜和热带水果等活动，并在优美的环境中得到放松和精神上的享受，满足他们回归自然、远离尘嚣的心理需要。所以在湿地旅游目的地及其周边地区广泛开展的休闲度假游也成为湿地旅游的一个主要形式。

（4）科学考察探险游

湿地生态系统、多样的动植物群落、濒危物种和遗传基因等在科研中都有重要地位，为教育和科学研究提供了对象、材料和试验基地。一些湿地中保留着过去和现在的生物、地理方面演化进程的信息，保留的古生物化石、古生物遗骸、古地址遗迹，对于研究古生物、古地理及环境演化方面有重要意义和独特的价值。从而吸引了大批科研工作者，成为专业型旅游市场，扩大了湿地旅游的辐射范围。

湿地旅游资源在开发和保护过程中应针对自身特色发展相应旅游模式，在对湿地生态系统不造成破坏和过重负担的前提下，因地制宜地采取多种形式并重，积极开拓更广泛的市场空间。在我国湿地旅游开发中，最为著名和有借鉴意义的湿地旅游目的地应属杭州西溪湿地公园。

杭州西溪湿地位于浙江省杭州市区西部，曾与西湖、西泠并称杭州“三西”，是集城市湿地、农耕湿地、文化湿地于一体的重要湿地。这里建成的湿地公园是保持该区域独特的自然生态系统近于自然景观状态，维持系统内部不同动植物物种的生态平衡和种群协调发展，并在不破坏湿地生态系统的基础上建设不同类型的辅助设施，将生态保护、生态旅游和生态教育的功能有机结合，突出主题性、自然性和生态性三大特点，集湿地生态保护、生态观光休闲、生态科普教育、湿地研究等多功能的生态型主题公园。其开发过程中坚持生态优先原则、最小干预原则、修旧如旧原则、注重文化原则和以民为本原则等，形成了系统、完整且可持续的开发模式。

①生态优先原则：还原湿地植被，体现西溪四种特色野、冷、幽、静。做到水清、岸绿、鸟语、花香，保持原生态群落。

②最小干预原则：把柿基鱼塘、桑基鱼塘作为几千年农耕劳作形成的西溪湿地特定地貌，将当地农民千百年生产生活和文化积累作为西溪区别于其他湿地的主要特征，全面保护鱼鳞状鱼塘。进入湿地的游客需要从大船换乘小船，并进入指定观景台观看景色。

③修旧如旧原则：湿地保护工程中，原来散布在湿地的517户原住民，将只保留100多户，并如原样修复。这批保留的民居最早的年代可追溯到清朝。对部分遗址，在科学论证的基础上进行保护服务性设施和文化展示产品相结合。同时，尽量保持原住民传统的生产劳动方式，将其转化为当地居民参与湿地保护、湿地旅游开发的主要形式，并分享其带来的环境和经济收益。

④注重文化原则：历史上，有许多名人游过西溪，甚至出生在西溪，通过发掘这些西溪名人，汇入西溪的景点，也是西溪湿地的一个特色。而近年来由于《非

诚勿扰》在西溪湿地取景拍摄，使得这里成为很多年轻人追寻的一个新的浪漫之地，这也将西溪湿地的文化更加多远和富有现代气息。

⑤以民为本原则：由于西溪湿地是城市公共资源，所以西溪湿地向公众开放，将湿地生态教化、科普的作用发挥到最大。

4. 面临的挑战

具体而言，我国湿地旅游面临的挑战集中于以下几个方面。

（1）湿地面积不断减小。随着人口的增加，工业化、城市化的快速推进，势必要占用大量的土地资源，一些地方肆意破坏湿地、征占用湿地的现象屡禁不止，在某种程度上加剧了湿地的丧失。在面积下降的同时，由于工业污染、农业污染、湿地斑块的破碎化、干旱缺水、过度养殖和放牧等原因，导致湿地的功能也在不断下降。

（2）湿地资源保护力度不够。当前，一些人仍然将湿地作为荒滩、荒地予以对待，一些地方片面追求经济效益或者局部利益，重开发轻保护，随意将湿地排干填埋后用于工程建设。一些企业为降低生产成本，在生产过程中随意向周边或过境水体排放污废水，倾倒、堆放或掩埋生产废弃物或垃圾，造成湿地水生态环境质量不断恶化，生态湿地资源质量明显下降，生物物种急剧减少，生态平衡被严重破坏。

（3）一些大众旅游行为加剧湿地生态环境恶化。传统粗放的运营模式加大湿地环境压力，单纯追求经济效益、游客环保意识淡薄使得湿地可持续开发难以深入等；同时存在很多社区居民与野生动物争夺生存空间现象，征用的湿地滩涂成为普通农耕用地、水产养殖地，仅留下所管辖湿地在保护区内呈孤岛状，大量珍贵物种资源在无形中流失，生态环境遭受破坏。

（4）生态自我循环功能不断弱化。由于污染的加剧、废物和垃圾的大量排放、乱砍滥伐导致植被受到破坏，生态湿地的面积日益缩小，越来越多的湿地正变得日益脆弱，自我循环功能在不断弱化；而湿地功能的弱化，反过来影响植被的质量，影响生物的生存和繁衍。一方面是人类对湿地的直接破坏造成湿地面积的下降，另一方面是人类大量的污染给湿地生态循环带来超负荷的运转，间接的破坏生态的平衡，导致湿地变得越来越脆弱，湿地的自我调节功能不断弱化，自我循环功能退化，形成恶性循环。

（5）很多湿地生态旅游主题不明确。湿地旅游的主题不明确，对自身优势挖掘不够，一直处在较低的开发层次上，主要表现为旅游项目单一，缺少统筹规划形式简单，内容缺乏新颖性，没有形成较高知名度的湿地旅游区。

（6）资金投入不足。资金投入不足抑制了湿地生态旅游的发展。湿地生态旅游开发主要依靠地方政府拨款，远远不能满足湿地生态旅游的开发强度与规模。

八、海洋

1. 环境特征

在总面积为5.1亿平方公里的地球表面，海洋面积达3.6亿平方公里，占地球表面积的70%以上。海洋是地球生命的摇篮，没有海洋，生命就不可能形成。从绝对数量来看，地球上的生物绝大部分都集中在海洋生态系统中。在陆地上，生物只局限于地表上下数米的范围内。但在海洋中，生物几乎占据了每一个角落，它们的活动范围有时达到11公里以上。海洋也是地球上淡水供应的源泉，每年约有33万立方公里的海水被蒸发，然后又凝结成雨或雪降落下来，一部分降落在大陆上的淡水就可以被储存起来。海洋不仅在水循环，而且在传输热量、缓和气候变化方面也起了关键的作用。通过海水的流动，可以将地球表面的热量从热带输送到寒带，保持了地球能量的平衡。

2. 生态现象

海洋生物与海洋环境相适应，根据海洋环境的理化特性和生物学特点，通常将海洋分为三个生态带：沿海带，大洋带和深海带。各生物带都有其相应的生物群。

（1）沿海带

在海洋生态系统中，生物大部分集中在近海的一条相对狭长的地带，主要由大陆架、滨海地带和河口湾组成。这里有适合绝大多数海生动物、植物生活的环境，如滩涂湿地、红树林、珊瑚礁等，因此近海为人类提供了80%以上的海产品。沿岸带水深不超过200米，食物丰富，有各种藻类和海草丛生。由于接近陆地地带，光线充足，光线可从海面一直达到底部，海水温度与盐度变化较大，水的运动显著，有波浪和潮汐的影响，具有基底，生物的生活小区类型多样，使沿海带成为海洋中最丰富的生物区生活环境相对复杂多样，动物种类较多。大部分的海底动物多营固着生活方式或底埋和穴居生活，有的则可以作短距离游泳和爬行生活，常见有各种海绵（*Porifera*）、珊瑚（*Anthozoa*）、海葵（*Actiniaria*）、牡蛎（*Concha Ostreae*）、藤壶（*Balanus*）、海胆（*Echinoidea*）、海参（*Holothuroidea*）、海百合（*Crinoidea*）、海鞘（*Ascidia*）、虾类和蟹类等，许多动物都有坚硬的外壳、保护色以及其他保护结构。

浮游植物主要是硅藻（*Bacillariophyta*），水底植物主要有石莼（*Ulva lactuca*）、海带（*Laminaria japonica Aresch*）、紫菜（*Porphyra*）和石花菜（*Gelidium amansii*）等。其中石莼多分布于浅海光照充足的岩石上；海带着生在稍深的海底岩石上；而紫菜和石花菜多数生长在较深的海底。浮游动物以涡鞭毛虫类最为普遍，主要分布于亚热带、热带及赤道水域中，其次有桡足类，水母等；自游动物种类不少，主要是各种虾类和鱼类；底栖动物十分丰富，有软体动物、棘皮动物、腔肠动物、环节动物以及某些鱼类。

根据基质特点，可区分为硬底质底栖动物和软底质底栖动物。硬底质底栖动物以营固着生活方式的动物为主，如许多海绵动物，腔肠动物中的海葵（*Actiniaria*）、珊瑚（*Anthozoa*），软体动物中的牡蛎（*Concha Ostreae*）和贻贝（*Mytilus edulis*），节肢动物中的藤壶（*Balanus*），棘皮动物中的海胆（*Echinoidea*）、海百合（*Crinoidea*）和脊索动物中的海鞘（*Ascidia*）等。此外，还有许多营钻蚀生活方式的动物，如某些软体动物、甲壳类、蠕虫、海胆（*Echinoidea*）等。

软体质底栖动物，主要是一些营底埋和穴居生活的种类，如软体动物中的蛤蛎（*Mactra*）、蛏（*Solen*）、甲壳类的蟹类、虾类；棘皮动物中的海胆（*Echinoidea*）、海参（*Holothuria*）、蛇尾（*Ophiuroidea*）以及腔肠动物中的海葵（*Actiniaria*）等。软底质上还有些可以作短距离游泳和爬行生活的动物，如某些鱼类、蛇尾（*Ophiuroidea*）、海星（*Asteroidea*）、虾、蟹以及蛤、蛏等。

（2）大洋带

大洋带又称阔外海带，包括沿岸带范围以外的大洋全部上层水域，其下限以阳光透入的最大深度为界，一般为200米，个别海区达400米。大洋带的生态条件比沿岸带单一，这里光线比较充足，水温较高，盐分高而变化小，营养物质不太丰富，并且缺乏基底和隐蔽条件。

大洋带的植物完全是藻类，以硅藻为最多。它们的分布范围通常是在水面以下几十米的深度内，很少超过100米。大洋带的动物较多，主要是浮游植物和自游动物。浮游动物主要是原生动物中的有孔虫、目的抱球虫和放射虫（*Radiolarian*）、甲壳类中的磷虾（*Euphausiidae*）；自游动物主要是软体动物中的乌贼（*Sepia*）、脊椎动物中的箭鱼（*Xiphias gladius Linne*）、金枪鱼（*Thunnus*）、飞鱼（*Exocoetidae*）、鲨（*Selachii*）、鲑（*Salmonidae*）、鲱（*Clupeidae*）和海龟（*Chelonia mydas Linnaeus*）、海蛇（*Hydrophiidae*）以及鲸类等，其中不少种类经济价值很高。

（3）深海带

包括水深200米以下的大洋下层，它的范围从200米到10 000米以下的深海底。这里光线极其微弱，下部几乎终年黑暗；水温低而稳定，全年保持在0～2℃左右；水层压力大，食物缺乏。因此这里不能生长植物，动物种类和数量也很贫乏，并且都是些特殊类型的动物，如形态古怪、口大眼突出、肌肉少、骨骼脆等，它们长期生活在这里，对深海环境产生许多适应特征。有的动物具有发光器官，能发出深灰色、淡绿色、淡红色的冷光；由于缺乏植物，动物都是肉食性的，有的吃活的动物，有的吃死的尸体，它们多数具有很大的口和伸张性的胃。黑暗的深海环境使一些动物失去了视觉器官，变成瞎子。相反，一些动物眼睛又极为发达，有的长在两个突出的长柄上，好像双筒望远镜。

在深海底部，常常生活着许多古老的动物，例如柄海百合、白垩纪海胆等。它们在过去的地质时代，曾广布于各大洋，由于深海底部生活条件比较稳定，所以它们的同类一直保存到今天。组成深海区的主要动物群，无脊椎动物以海绵动物和棘皮动物为主，其次有软体动物、甲壳类、腔肠动物和蠕虫等；脊椎动物主要是一些特殊的鱼类，如大吞鱼（*Macropharyns longicaudus*）、鼠尾鳕（*Macrouridae*）、鼬鱼（*Brotulidae*）、灯笼鱼（*Bathypteroid longicaud*）、*Gigantactis macronrma* 、鮟鱇（*Li-nophryne macrodom*）、阔口鱼（*Malacostus indicus*）等。

（4）珊瑚礁与海岛

珊瑚礁是海洋生态系统中一种特殊的类型，它是以石珊瑚为主的造礁生物形成的海岸。珊瑚最适宜生长在海水年平均温度在20℃以上，故现代珊瑚礁分布在南北纬 30°之间的热带海区。对盐度的要求是 27‰～48‰，最适宜的是 34‰～36‰，盐度太低不利于珊瑚的生长。此外，还要求海水清澈透明，光线充足以及适应的水的流动。因而大多生活在水深不足 45 米处，在低潮位至水深 20 米的浅海区，珊瑚繁殖最为旺盛。珊瑚礁环境里的动物很丰富，大都为固着类型，如各种海鞘（*Ascidia*）、海葵（*Actiniaria*）以及软体动物中的牡蛎（*Concha Ostreae*）、砗磲（*Tridacna*）等。也有各式各样爬行类型的动物，如蠕虫、腹足类、海胆（*Echinoidea*）、海星（*Asteroidea*）、蛇尾（*Ophiuroidea*）、虾、蟹等。自游动物主要是身体侧扁的具有华丽体色的各种热带鱼类。

最常见的珊瑚礁有岸礁、堡礁和环礁。岸礁发育在近岸浅水地带，环礁大小不一，平面上多呈椭圆形，中间为礁湖，深度不大，而堡礁与海岸之间则由潟湖或带状浅海与陆地隔开。西南太平洋的许多岛屿都为堡礁所环绕，最著名的是澳大利亚东岸昆士兰大堡礁沿海岸绵延达 1600 公里，成为世界最著名的海洋旅游目的地，适宜开展海底潜水观光旅游，游人在大开眼界的同时也可以了解海底动物的生活与习性，增加海洋生物知识。

海洋中分布着众多的海岛，四周都被海水所包围，长期的地理隔离使得海岛上的生物与大陆都较大的差异。在远离大陆的海洋岛上，一般都缺少哺乳类、两栖类和淡水鱼类。我国南海诸岛上的动物主要是海鸟和少数海产爬行类，如褐鲣鸟（*Sula leucogaster*）、红脚鲣鸟（*Sula sula*）、乌燕鸥（*Sterna fuscata*）、白斑军舰鸟（*Fregata ariel*）、棱皮龟（*Dermochelys coriacea*）、玳瑁（*Eretmochelys imbricata*）和海龟（*Clelonia mydas*）等；岛屿面积大小也与动物种类有关，百慕大群岛面积 965 平方公里，巢居鸟类只有 15 种，而苏门答腊岛面积达 43 万平方公里，动物种类多达 430 种；许多岛屿还存在着特有现象，特有的程度取决于与大陆的隔离时间越长，与大陆的距离、岛屿的面积以及岛屿的生境特点等。新西兰岛大约在中生代后期就与大陆脱离，因此特有种类较为丰富，几维鸟（*Apteryx australis*）就是地球上尚保存的现代最原始的鸟类；在太平洋东部的加拉帕戈斯群岛上，有36%的植物为当地特有种，更令人叫绝的是岛上甚至还有在大陆已经绝迹的巨龟，“加拉帕戈斯”在西班牙语中即意为龟岛。1835 年达尔文曾到岛上考察，对论证自然选择学说起了很大的作用，今天地处热带的加拉帕戈斯群岛也是世界上著名的旅游地，每年都吸引着大量来自欧美的游客。

3. 海洋生态旅游

世界自然保护联盟（IUCN）在 1991 年对海洋环境给出了如下定义：“任何潮间带或潮下带的区域，连同其水面的相关植物，动物，历史和文化特点等都属于海洋环境”，该定义反映了海洋领域的巨大复杂性和多样性。而在此环境下进行的海洋旅游指的是在一定的社会经济条件下，以海洋为依托，以满足人们精神和物质需求为目的而进行的海洋游览、娱乐和度假等活动。各种沙滩健身娱乐活动、海上体育活动、潜水体验活动、海岛度假、海滨观光以及多种多样的海洋旅游活动为高消费旅游者提供了丰富多彩的休闲度假旅游产品，海洋旅游已经成为国际旅游者的首选旅游项目。

按海洋旅游的活动方式可以分为海洋观光旅游活动、疗养度假和海洋体育旅游等。海洋观光旅游包括参观岛礁、海蚀地貌、红树林、珊瑚礁、天象与气候景观以及日出日落等海上胜景，参观水底世界等；疗养度假旅游主要有以养生为目的的滨海养生、海岛度假、沙滩休闲、海水游泳、海钓游艇、邮轮度假等形式；而体育娱乐旅游则集中于潜水、沙滩运动、帆船、冲浪以及海洋科考探险活动等。以下是几种较为热门的海洋旅游活动：

（1）海洋观光

海洋观光旅游是最主要的海洋旅游形式。海洋观光给予人的刺激最为直观、简单和深刻，所以最容易被游客接受。其主要的旅游产品是以满足观赏游览自然风光、城市风光、名胜古迹为目的的旅游产品，如海洋水族馆参观、红树林参观、海底观光、海洋主题公园游玩等。

（2）海洋度假

海洋度假旅游也是海洋旅游中的一个重要组成部分。度假休闲是现代人较为追求的短期生活方式，而海洋度假休闲旅游主要是利用高品质的海洋生态环境，开展休闲度假、健身娱乐等旅游活动。世界范围内的海洋观光休闲旅游活动主要集中于三大海域：加勒比海沿岸（美国有将近三分之一的出国旅游者的去处），地中海沿岸及岛屿（欧洲游客的首选度假地），东南亚即南太平洋地区，如巴厘岛、普吉岛、关岛、塞班岛、冲绳岛、夏威夷群岛等。由于度假旅游主要吸引海内外停留时间长、消费水平高的旅游者，能充分发挥旅游设施的综合作用，经济效益高，因此，已成为滨海各国和地区重点重点开发的旅游产品类型。

（3）海洋体育旅游

海洋体育旅游是指旅游者以参加涉海体育活动为主要目的的旅游活动。海洋体育旅游项目非常多，如海上跳伞、摩托艇冲浪、帆船、帆板、游泳、潜水、海上垂钓、沙滩排球、皮筏艇等。

海洋体育旅游因既可以锻炼身体，又可饱览水下世界风光的潜水旅游而备受年轻人的喜爱。泰国的普吉岛，马来西亚的槟榔屿，美国的夏威夷群岛，肯尼亚的马林迪瓦它穆，塞舌尔群岛的马埃岛，我国的三亚等地也都是品质极佳的潜水旅游目的地。而澳大利亚的大堡礁被辟为受特别保护的海洋公园，不准捕钓、不准采集珊瑚，这里没有污染，能见度达水下 15 米，是潜水旅游者的首选之地。

4. 海洋生态旅游面临的挑战

海洋生态旅游主要面临海洋的总体环境质量恶化对开展生态旅游造成的压力，以及海洋生态旅游在开展过程中的观念、体制、管理模式以及一些经营理念方面存在的对生态旅游发展不利的因素。

（1）海洋水体质量下降。随着经济建设和海洋活动的增加，例如随着江河、溪流、排污管道、沿岸废弃物倾倒进入海洋环境中的废弃物、海洋油气开发过程中的油污染，以及一些船舶溢油、井喷和运输设施溢油漏油事故使大量污染物计入海洋环境，直接导致海洋水体质量的下降，进而直接影响了海洋生态旅游活动的开展。

（2）海岸自然性降低。海岸自然性降低指的是海岸带在人类活动的干预下发生的非自然化过程，例如海岸区围海造田、拦河筑坝、建设港口等。这些工程在短时间内使得局部海岸带发生剧烈变动，引起海岸形态、结构、水文特征等生态环境的变化，进而影响区域的海洋生态系统。尤其是一些没有经过可行性科学论证和环境影响评估工作的工程项目将导致海洋生态环境的破坏，例如厦门杏林湾、马銮湾的围垦，不仅减少了厦门湾的纳潮量、降低了海水交换能力，造成巷道淤浅、纳污能力降低，使海域污染加重，而且破坏了这些海湾的生态系统，导致近海鱼类荡然无存。

（3）自然气候灾害对于海上生态旅游活动的影响。这一影响主要体现在自然灾害在各海区和海岸带的频发，影响海洋生态旅游的正常进行；另外，如海平面上升，以及海岸侵蚀和海水倒灌等，也对其构成一定威胁。

（4）海洋旅游的管理者和决策者尚未形成正确的生态旅游观念。对于以可持续发展的理念指导海洋生态旅游发展缺乏深入的认识，追求短期经济效益却没有意识到已经付出了高昂的环境成本和社会成本，并对海洋生态环境造成了巨大的破坏。

（5）海洋生态旅游管理不完善。主要表现为旅游资源过度开发，导致资源破坏，影响可持续发展。例如夏威夷无节制的旅游发展，一方面致使当地政府为本地居民提供学校、意愿、道路等基础设施的负担加重，另一方面造成的生活费用增加，交通拥挤、犯罪高发等问题，同时旅游景点的建设带来大量的新移民和城市文化的趋势，使得当地的自然风光发生了根本性的变化。

九、山地

1. 环境特征

地球陆地的表面，有许多蜿蜒起伏、巍峨奇特的群山，这些群山层峦叠嶂，群居一起，形成一个山地大家族。山地表面形态奇特多样，有的彼此平行，绵延数千公里；有的相互重叠，犬牙交错，山里套山，山外有山，连绵不断。山由山顶、山坡和山麓三个部分组成，平均高度都在海拔 500 米以上。它们以较小的峰顶面积区别于高原，又以较大的高度区别于丘陵。山脉是山地的一部分，指呈线装延伸的山地，是山地中主要山体的集合，多呈条带状分布，向两个方向延伸。几个相邻的山脉还能组成山系。包括若干条山岭和山谷组成的山体，因像脉状而被称为山脉。构成山脉主体的山岭称为主脉，从主脉延伸出去的山岭称为支脉。

在山地，随着海拔的升高，气温逐渐下降。大约每上升 100 米，气温就会下降 0.5～0.9℃。由于气温的垂直递减，大体上在距离 180 米的高度范围内，气温下降相差 1℃左右。大约相当于在平地上向两极方向增高 1 个纬度，或 110 公里的距离。海拔高度上升所引起的气候变化常常对植物和动物的生活和分布起着限制的作用，林线和雪线就是山地生物气候上最为明显的垂直界线。

林线是山地森林分布所能达到的最高高度，林线以上即使是耐寒的树种也难以生存，原因在于林线以上不具备耐寒树种生长的最低温度条件。林线以上，森林景观被高山灌丛和高山草甸所代替，景色开阔。我国西南横断山区林线的一般高度多分布在海拔 3000～4000 米，最高上限可达海拔 4100 米，即为耐寒的冷杉、云杉等暗针叶林分布的上限。

雪线则是高海拔山地出现的高寒气候的产物，是当年降落在山地上的积雪刚好在当年融化完了的高度，也可以所是积雪平衡线。海拔高度的上升，虽然导致降水量增加，蒸发量减少，湿度加大，但是低温不仅使喜欢湿润的树木难以生长，而且更使灌木和草本植物无法存活，因此雪线以下流石滩又代替了高山灌丛和高山草甸。这里的景色一片荒凉，砾石堆中只有那些多毛的草本稀稀拉拉地生长着，石块上附着着细微的苔藓和地衣。雪线以上则是积雪皑皑。

2. 生态现象

植被是山地景观的重要组成成分。山地森林植被往往出现垂直地带性的变化，反映了山地气候的垂直变化特征。例如四川峨眉山海拔 1000 米以下为常绿阔叶林带，海拔 1000～2000 米为山地常绿落叶阔叶林带，海拔 2000～2200 米为山地针阔叶混交林带，海拔 2200～3060 米则为亚高山针叶林带；吉林长白山海拔 1100 米以下为山地针阔叶混交林带，海拔 1100～1800 米为亚高山针叶林带，海拔 1800～2100 米为由岳桦构成的亚高山矮林带，海拔 2100 米以上森林消失，为苔原所替代。自然植被这种随着环境条件的变化而呈现有规律的替代既造成植被景观的丰富多彩，从中也令旅游者了解环境对植物生长的影响。

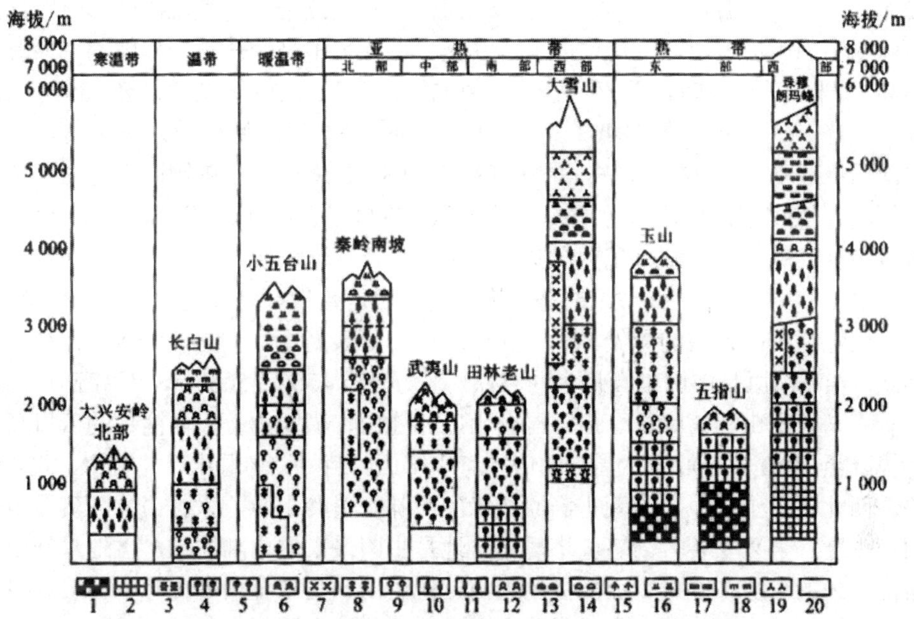

图 3.9　中国湿润区各纬度地带的山地景观垂直带谱

1. 季雨林、雨林；2. 季雨林；3. 肉质多刺灌丛；4. 季风常绿阔叶林；5. 常绿阔叶林；6. 常绿阔叶苔藓矮林；7. 硬叶常绿阔叶林；8. 温性针叶林；9. 落叶阔叶林；10. 寒温性常绿针叶林；11. 寒温性落叶针叶林；12. 矮曲林；13. 亚高山常绿革叶灌丛；14. 亚高山落叶阔叶灌丛；15. 常绿针叶灌丛；16. 亚高山草甸；17. 高山嵩草草甸；18. 高山冻原；19. 亚冰雪稀疏植被；20. 高山冰雪带

海拔高度的差异，使得同一种植物在山麓和山顶地带具有不同的物候。我国江西庐山海拔 1500 米左右，山上牯岭和山下九江气候相差较大。海拔每上升大约 100 米，气温下降 0.6℃，故海拔约 1000 米的牯岭气温比九江低 6℃。庐山山上冬季漫长，从每年的 11 月 7 日到翌年的 4 月 10 日，长达 155 天，而山下的九江 12 月 2 日才进入冬季，3 月 10 日就结束了，比山上少两个月。山上冬天去得晚，春天也来得迟。低温、少光照使山上的花期较山下为晚，故唐代大诗人白居易登上庐山，感到山上山下气候殊异，牯岭“山高地深，节气绝晚，于时孟夏，如正二

月天，梨桃始华，涧草犹短，人物风候与平地聚落不同，初到恍然别造一世界者。”面对着春意正浓、姹紫嫣红的庐山，写下了著名的《咏大林寺桃花》诗：“人间四月芳菲尽，山寺桃花始盛开；长恨春归无觅处，不知转入此中来。”这是对庐山山地气候的生动写照。庐山广为分布的杜鹃花，在山麓地带为春分前开花，牯岭则清明后开花，大月山则要到立夏时方绽放出美丽的花朵。

3. 我国的山地分布

我国是多山国家，山地、丘陵和高原的面积占全国土地总面积的 69%。就海拔而言，世界上海拔 8000 米以上的高峰共 14 座，位于喜马拉雅山脉和喀喇昆仑山脉的中国国境线上和国境内的就达 9 座。世界第 1 高峰——珠穆朗玛峰（海拔 8848.13 米），第 2 高峰——乔戈里峰（8611 米），第 3 高峰干城章嘉峰（8586 米），第 5 高峰——马卡鲁峰（8463 米），第 7 高峰——卓奥友峰（8204 米）等均位于中国国境线上，第 14 高峰——希夏邦马峰（8012 米）位于中国西藏境内。至于海拔超过 5000 米的高峰，在喜马拉雅山脉、喀喇昆仑山脉、冈底斯山脉、念青唐古拉山脉、唐古拉山脉、昆仑山脉、天山山脉、祁连山脉、横断山脉、大雪山、岷山等山地中数以千百计，无论是山峰的高度还是数量都是其他国家无法比拟的。

山地是中国地貌的骨架。中国大地貌单元如大高原、大盆地的四周都被山脉环绕。青藏高原是中国最高最大的高原，平均海拔 4500～5000 米，环绕高原的山脉有喜马拉雅山、喀喇昆仑山、昆仑山、祁连山、横断山等。西南部的云贵高原海拔降至 1000～2000 米，周围的山脉有哀牢山、苗岭、乌蒙山、大娄山、武陵山等。西北部黄土高原和内蒙古高原边缘的山脉有秦岭山脉、太行山脉、贺兰山、阴山山脉、大兴安岭等。新疆塔里木盆地是中国最大的内陆盆地，盆地最低处罗布泊洼地的海拔 780 米。而周围的天山、昆仑山、阿尔金山等山脉，一般海拔在 4000～5000 米。新疆准噶尔盆地、青海柴达木盆地和四川盆地的四周都为高大山脉所封闭。

以冰川为主体的生态旅游资源，包括冰川与周围环境的各种组合，本质上属于山地生态旅游资源，但因其比较特殊，所以单列出为冰川生态旅游资源。适于开展观光、登山、滑雪、科考、探险等旅游活动。

在中国西部山地还广布着各类冰川，冰川资源丰富，总面积约 5.8 万平方公里，仅次于加拿大、美国、俄罗斯。中国山岳冰川按成因分为大陆性冰川和海洋性冰川两大类。总储量约 51300 亿立方米。前者占冰川总面积的 80%，后者主要分布在念青唐古拉山东段。按山脉统计，昆仑山、喜马拉雅山、天山和念青唐古拉山的冰川面积都超过 7000 平方公里，四条山脉的冰川面积共计 40300 平方公里，约占全国冰川总面积的 70%，其余 30%的冰川面积分布与喀喇昆仑山、羌塘高原、帕米尔、唐古拉山、祁连山、冈底斯山、横段山及阿尔泰山。

在中国东部和东北部的大平原和岛屿上也可见到大片的中、低山脉和丘陵，如松辽平原东部的张广才岭和长白山脉，黄淮海平原东部的山东丘陵和长江中下游的低山丘陵。台湾岛的玉山海拔 3997 米，海南岛的五指山海拔 1867 米。

中国的自然风景旅游资源也以山地最多和最壮观。山地生态旅游资源景观类型多样，具有高度的观赏和旅游价值，山体、丘陵、陡坡、悬崖、峡谷、沟壑等地质构造形成的形式多样地貌组合，以及复杂的地形变化所形成的山地小气候及由此衍生的山地天象景观，成为山地旅游景观多样性的基础。由于山地交通不便，人类经济活动影响较少，自然环境较好地保持着原生状态，自然生态旅游资源原生性强；安徽黄山，山东泰山，四川九寨沟、黄龙寺以及湖南武陵源等以其闻名于世的山地景观而被列为联合国世界遗产地。

表 3.3 列出了山地生态旅游资源的分类。

表 3.3　山地生态旅游资源的分类

分类标准	类别	特征或典型代表
高度	极高山	>5000 米
	高山	3500～5000 米
	中山	1000～3500 米
	低山	500～1000 米
	丘陵	<500 米
岩性	花岗岩山地	安徽黄山、安徽九华山、陕西华山
	石灰岩山地	广西桂林、山东“七十二崮”
	红色砂岩的丹霞山地	广东丹霞山、福建武夷山、安徽齐云山
	砂页岩不均匀侵蚀而构成的奇峰	湖南武陵源、贵州梵净山
	火山喷发流纹岩再经风化作用造就的奇峰	浙江雁荡山、浙江天目山
	由火山喷溢的玄武岩构成的火山景观	吉林长白山、黑龙江五大连池
	古老变质岩形成的名山	五台山、嵩山
功能	观赏游览型	黄安徽山、四川峨眉山、江西龙虎山
	登山探险型	珠穆朗玛峰、乔戈里峰、贡嘎山
	活动体验型	云南骄子雪山、浙江天目山
	避暑度假型	江西庐山、河南鸡公山
	康体疗养型	黑龙江小兴安岭、黑龙江五大连池

由吴殿廷《山岳景观旅游开发规划实务》整理而得。

4. 山地生态旅游

山地旅游资源是指以山地环境为主体的生态旅游资源集合体，包括了地貌、气候、植被、河流、野生生物及其组合，也包括了山地人文环境资源。针对不同的旅游资源特点形成了各具特色的山地生态旅游，例如科考、登山、探险、攀岩、观光、漂流、滑雪等旅游活动。

山地生态旅游强调“山地旅游”与“生态旅游”相结合，选择旅游资源原生性较好的区域，对旅游资源进行保护性开发，以对旅游区生态和文化友好的绿色旅游方式将生态理念贯穿于大众的山地旅游之中，提倡科考型、体能训练型、医疗保健型、参与型、探险型等专项型山地生态旅游及综合型山地生态旅游。以及在环境敏感区增加明确的环境教育内容，使游人在参与、参观、理解、珍视和享受自然和文化的同时，不对生态系统、当地历史文化和生活方式产生不良影响。同时，以山地生态旅游资源的吸引力为原始动力，基于生态环境保护的旅游服务设施、旅游交通以及旅游活动的多元化组合为现实吸引力，通过参与山地观光、休闲度假、野外拓展、科考探险等旅游项目实现游客的意境体验，满足现代都市游客“崇尚自然，返璞归真”需求。

当然，某一山地旅游目的地的旅游活动并不是单一的，而是多种旅游活动和模式的结合。例如很多欧洲国家的山地旅游在文化旅游、观光旅游和民俗旅游等多种旅游形式的带动下，取得了巨大的成功。

作为欧洲最具传统历史文化特色的国家，法国、瑞士和德国的山地旅游已成为其旅游产品的主要支撑之一。法国东南部阿尔卑斯山区、西班牙阿斯图里亚斯地区等，都已成为了国际著名的山地旅游景区。其中阿尔卑斯山地区以其独特的山地旅游资源和完备的设施、服务优势，已经成为国际上最为知名的山地旅游运动度假胜地。

阿尔卑斯山景色迷人，植被丰富，自然、人文资源众多，是世界闻名的旅游胜地。例如雪线以上，勃朗峰、卢卡诺峰、勃都朗吉峰、杜夫尔峰等吸引了世界各地的登山者和旅游者；同时这里也已成为休假和疗养的绝佳选择：夏天，这里是避暑胜地；冬季，这里是冬季运动之乡。这里有欧洲地势最高的希尔顿饭店，人们可以观坐在那里的旋转餐厅赏阿尔卑斯山的山景；这里还有欧洲最高的火车站，可以乘火车到少女峰看冰川奇景；这里还有电缆车直达山巅，让游人领略雪趣；如果登山的游人遇险，这里甚至还有直升机可以提供救助，及时送往山里专门治疗骨折、摔伤的医院。

对于山地旅游的分类可根据划分标准的不同进行不同的划分。划分标准之一即是根据山地旅游内容和侧重点的不同，可将山地生态旅游划分为山地体验旅游、山地疗养度假旅游、山地运动旅游、山地文化旅游、山地特色旅游等。

（1）山地体验旅游

美国经济学家约瑟夫·派恩在《体验经济》一书中指出，体验经济时代已经到来。顾客需求的不仅仅是产品或服务，他们还追求感情与情境的需求。而山地旅游产品就较为重视游客的参与性，参与体验成为山地旅游产品的重心，为现代都市人提供山地环境体验、山野劳作体验、山地文化体验等各类体验产品。其中开发较早和较为成功的就是位于北美落基山脉，建于1885年的加拿大班夫国家山地公园。园内有湖泊、瀑布、温泉、古建筑、滑雪场、娱乐场等，提供泛舟、骑马、登山、雪车等活动。

（2）山地疗养度假旅游

山地区别于其他旅游地特点之一在于其优良的原生性生态环境，山地拥有清新的空气、宜人的气候、优美的景观、洁净的水体等各种类型的疗养度假资源，立足于这些资源可以开展具有健身、度假、疗养、保健等多种功能型疗养度假旅游。目前世界上最为著名和成功的案例之一就是日本富士山山地旅游休闲景区。日本境内多山地，山地约占全国面积的76%，是著名的"地震火山之邦"，而富士山是日本的象征，也是日本山地旅游业较发达的景区之一。其山地旅游项目包括高山滑雪、登山运动，但最主要的还包括温泉浴、种植园采摘、山地旅游观光、休闲农业等，其中保健型温泉洗浴是其最为著名和主推的旅游项目。

（3）山地运动旅游

随着旅游业的发展，人们越来越多地向往在野外环境参加各类运动。山地正是开展运动旅游的绝佳场所之一。例如在山地环境下可以开展攀登、探险、野外生存、户外拓展等各类活动。例如位于喜马拉雅山中段南麓有"山国"之称的尼泊尔，其境内的200多座6000～8000米的山峰，吸引了大量的登山爱好者，使其成为世界登山爱好者的圣地。

（4）山地文化旅游

悠久的历史使很多山地地区积累了深厚的文化底蕴。以我国为例，山地文化旅游产品主要包括：①宗教文化产品，"深山藏古刹"，我国众多名山大川与佛教、道教融为一体，构成了丰富的宗教旅游文化，是山地文化旅游产品重点之一；②农耕文化产品，山地中散布的原始村落，保存了传统的农耕劳作习俗，也是开展文化旅游的重要资源；③民族旅游产品，我国很多少数民族聚居于山地，独特的民族文化和生活习俗是山地文化旅游的重要内容。而世界著名的瑞士高山冰雪民族文化山地旅游景区则将其土著文化与自然景观和旅游项目结合起来，使其成为了著名的滑雪胜地和世界登山运动的发源地，其主题线路就是滑雪和温泉浴，还有景观列车、山地自行车、徒步穿越、中世纪小镇、温泉冰川地址博物馆等旅游休闲项目。

（5）山地特色旅游

山地具备许多不同于其他环境下的特色资源，例如利用良好的森林环境加以改造可开展森林保健旅游；利用合适的地形条件辅以人工喂养方式可开展狩猎旅游活动；利用特殊的海拔和气候条件可开展冰雪项目；利用山地特定的文化底蕴可开发独特的文化旅游产品，等等。

5. 我国山地旅游的不足和挑战

虽然山地环境具有的多样性使其旅游价值很高，但由于山地环境的复杂性，使山地环境比较脆弱，所以不适合大规模和高强度的开发。而我国的山地旅游虽然已经经过了二十多年的发展，取得了很大的发展，但由于对旅游产品设计重视程度不够，对旅游产品的文化内涵挖掘不够以及经营理念落后等原因，山地生态旅游产品开发过程中仍旧存在很多问题，主要表现在以下方面：

（1）项目单一，有待进一步开发。大多数山地旅游目的地旅游项目单一、开发水平较低。目前大多数山地旅游区仍以开展山地观光旅游为主，对观光类旅游产品依赖较重。而知识科考型、参与体验型及康乐休闲型的多元旅游产品开发还处于起步阶段，尚未发展国际流行的山地休闲度假旅游模式，尤其缺乏现代元素。

（2）发展山地旅游的软硬件落后。许多景区景点内部的旅游服务设施有待改进，周边路段缺少清晰规范的旅游标识，公厕卫生条件差，垃圾随处堆放或清除不及时等问题，损害了景区景点形象，破坏了优美的环境，导致游客体验度降低，影响了山地旅游的进一步发展；很多景区为了提级或拓宽路面，在建设过程中对山地植被和土壤等自然景观造成了破坏；同时还存在缺乏山地生态旅游人才，导致管理与服务水平相对落后等问题。

（3）缺乏科学规划。旅游产品开发与设施建设活动缺乏统一规划与科学指导，存在一定的盲目性与重复性，也造成了资源浪费。例如在部分景区人满为患的同时，另一些景区却因为缺乏统一规划与整体开发，导致其余山地生态旅游资源大量闲置，未能体现应有的水平。

（4）管理体制有待改进。旅游管理体制相对滞后，经营机制不灵活等问题也在一定程度上制约了山区旅游的发展。由于一些历史原因，旅游行政管理部门没有独立执法权，削弱了监督执法力度；管理方式和信息获取手段相对落后，降低了管理效率。此外，诸多景区景点存在多头管理的现象，缺乏统一管理、分工协作的体制和机制，出现问题时易造成部门间管理冲突或是无人问津的局面。

因此，我国的山地生态旅游产品面临着如何在科学发展观和可持续发展理念指导下的创新、深度开发，深入研究山地生态旅游产品的可持续发展问题，就成为今后和相当时期内的一项重要和极其迫切的任务。

此外，我们必须认识到，保护比开发重要，开发不仅仅是为了创造效益，同时也是为了更好的保护。然而，在实际旅游活动过程中由于过度开发造成山地旅游资源破坏的现象不胜枚举。因此，如何处理好旅游资源保护与开发的矛盾冲突，即如何协调开发工作中长远利益与短期利益、局部利益和整体利益的矛盾冲突，如何运用现代科技，尤其是GIS等相关技术进行目标化管理，以及如何解决保护与开发各方的利益均衡，如何化解旅游开发为当地发展带来的负面影响以构建和谐社会等问题也都是我们现阶段面临的主要挑战，需要我们去着力解决。

思考题

1. 试述生物多样性的意义、类型、价值、基本结构和主要功能。
2. 试述地球表层景观地带性及相关旅游业的不同特点。
3. 试述热带雨林生态系统的生态特点及其地理分布。

第四章　生态旅游规划与开发

【学习导引】

生态旅游区是生态旅游目的地中由一系列景点组合而成的、具有生态美学特征的、主题和功能较为明确的一个旅游地域系统。我国幅员辽阔，地貌、气候类型复杂，生物种类繁多，具有开展生态旅游活动的极大潜力。而自然保护区、风景名胜区、森林公园，地质公园、水利风景名胜区、国家公园等都是我国生态旅游最主要的场所。在此基础上进行的生态旅游开发则更是一个复杂的系统工程，需要在科学的基础上进行详细严格的规划，明确生态旅游开发的目标和市场潜力，经过综合分析，确定实施计划并加以落实。本章针对生态旅游开发与规划中所必需的不同问题进行详细阐述，使学生能通过这一章的学习掌握生态旅游规划和开发的基本技能和知识储备，为以后进行相关工作打好基础。

【教学目标】

1. 了解四种旅游规划理念及其基本框架。

2. 分析和理解生态旅游发展机制内部各种因素之间的关系。

3. 掌握景观生态规划和设计的基本过程。

4. 了解生态旅游开发的特点以及开发目标和原则之间的关系。

5. 掌握生态旅游开发条件评估的主要方法和手段。

【学习重点】

生态旅游规划的开发过程；景观生态规划与设计的方法；生态旅游开发评估的方法；碳汇和环境承载力的概念。

生态旅游目的地大多是具有景观价值的自然环境，包括山地、森林、草原、湖泊、沙漠、海洋等自然生态系统，以及人与自然和谐共生的、具有浓郁地方特色的乡村及小镇等文化生态系统。所以，生态旅游目的地是开展生态旅游活动的基础，是吸引游客的生态旅游资源集中的特殊区域，也是生态旅游相关设施和服务的集聚地。而生态旅游规划是可持续或生态导向型的旅游规划，其重点任务主要有环境教育与解说系统规划、旅游承载力与环境容量规划、社区参与及文化保护规划和环境保护与监测体系规划等。本章即通过这些基础知识的介绍和阐述使学生掌握生态旅游规划和开发的相关能力。

第一节　生态旅游规划

19 世纪末至 20 世纪初，英国风景规划设计师霍华德（Ebenezer Howard）在《明日：一条通往真正改革的和平道路》一书中提出建设新型城市的方案。1902 年，该书再版时更名为《明日的田园城市》（Garden Cities of Tomorrow）并流传全世界，田园城市运动也发展成世界性的运动。霍华德也被公认为现代规划思想的创始人。1915 年，英国规划师格迪斯（Patrick Geddess）进一步发展了规划思想，他认为规划是对未来蓝图的描绘，并创立了“调查—分析—规划”三阶段的工作方法。

受格迪斯规划思想的影响，最初的旅游规划在很大程度上是对未来发展蓝图的描绘或不同时段内蓝图的描绘，这种规划思想在 20 世纪 60 年代后遭到了系统规划者的猛烈抨击，以麦克劳林（Mcloughlin）、查德威克（Chadwick）和威尔逊（Wilson）为首的系统规划者认为，规划是对复杂系统进行控制的过程。因此，规划理念也由对未来蓝图的描绘变为控制系统与受控系统的相互作用的过程。在此背景下，将生态学的思想引入旅游规划，产生了生态旅游规划。

而从实际操作上来看，将生态学引入旅游规划的思想更早于生态旅游本身的发展（贾党辉，2003）。世界上第一个明确的生态旅游规划项目是 1987 年由世界自然基金会（WWF）组织进行的。世界自然基金会在对拉丁美洲和加勒比海地区伯利兹、哥斯达黎加、多米尼加、厄瓜多尔和墨西哥五国进行了系统调查和研究以后，于 1990 年出版了《生态旅游：潜能与陷阱》的研究报告，对这些国家的生态旅游规划和管理提出了建议，也为全世界生态旅游的开展提供了指导。而后，加拿大、澳大利亚等发达国家以及肯尼亚、赞比亚等发展中国家都开始了生态旅游规划和管理的实践。在规划和管理中强调当地居民的参与和对生态旅游区环境和特色文化的保护。

一、生态旅游规划概述

1. 生态旅游规划内涵

生态旅游规划是在调查研究的基础上，根据旅游规划理论与生态学的观点，以可持续发展为指导，通过对生态旅游未来发展状况的构想与安排，将旅游者的旅游活动与环境特征有机地结合起来，将生态旅游活动在空间环境上进行合理布局，寻求生态旅游业对环境的保护和对人类福利的最优贡献，保持生态旅游业永续、健康的发展与经营。

旅游规划是旅游业发展的产物。“二战”后，西方发达国家大生产、大消费生活方式确立，廉价组团旅游出现，参加旅游的人数越来越多，出游的距离越来越远。由于旅游产业的快速发展，经济、社会和环境的平衡关系被打破，有关旅游规划的需求也日益强烈。美国旅游规划学者冈恩（Clare A. Gunn）是倡导旅游规划和编制旅游规划的鼻祖之一。1960 年他参与密西根州半岛北部（Upper Peninsula）区域旅游研究项目，形成了有关旅游发展规划的基本概念。1972 年冈恩教授出版第一本关于观光旅游的专著《假日风景：观光地区设计》（Vacation Scape: Designing Tourism Regions），确定了通过规划和设计改善旅游业环境的程序和方法。

近年来，国外旅游规划及其研究日渐丰富起来。从旅游研究角度看，旅游规划的主流思潮发生了较大的演变。概括起来，大致有门槛规划法、综合规划法、系统规划法、依托社区规划法、生态旅游规划和可持续旅游规划等理念。最近，信息技术发展也在推动虚拟旅游的发展。因思凯普（Edward Inskeep）在他的《旅游规划：一个综合和可持续发展方法》一书中提出的环境和可持续发展方法，认为旅游规划、开发、管理的目的是让其自然和文化资源不枯竭、不退化，并维护成一种可靠的资源，作为将来永远不断利用的基础。

在我国，国家级旅游发展规划编制始于 1979 年，其后每隔五年便相应制定各阶段的发展计划，其间相继制定了一些规定和标准，尤其是“十五”期间出台了《旅游发展规划管理办法》、《旅游规划设计单位资质认定暂行办法》、《旅游规划通则》。这些规定和标准标志着中国旅游规划开始走上规范化、标准化的轨道。总的说来，根据旅游规划指导思想，我国旅游规划可分为四个类型：创汇导向型规划（“六五”规划、“七五”规划）、资源导向型规划（“八五”规划）、市场导向型规划（“九五”规划）和产品导向型规划（“十五”规划）。

吕永龙 1998 年从实践中提出了生态旅游规划的主要原则以及规划所要考虑的主要因素，这些主要因素包括：（1）旅游资源的状况、特征及其空间分布；（2）

旅游者的类别、兴趣及需求；（3）旅游地居民的经济文化背景及其对旅游活动的容纳能力；（4）旅游者的旅游活动以及当地居民的生产、生活活动与旅游环境相吻合，规划应与当地的社会经济持续发展目标相一致。杨桂华等人概括出生态旅游开发规划的十大原则：承载力控制原则、原汁原味原则、社区居民参与原则、环境教育原则、依法开发原则、资源和知识有价原则、清洁生产原则、资金回投原则、技术培训原则、保护游客原则等。这些原则的贯彻保证了生态旅游开发规划的成功。

生态旅游规划是为开发服务的，而开发过程的时间性导致了规划需要适当的调整，为此吕永龙提出了动态规划开发过程（如图 4.1）：在此过程中，并强调以“评估监测”环节贯穿于整个开发建设过程，“监测评估”的依据就是生态旅游的核心原则与目标，内容包括生态旅游的要素（人、资源、环境）及其与旅游活动、建设开发之间的影响关系，并及时反馈以优化规划、调整建设内容、加强管理措施等，使之形成一个良性循环的不断优化的动态的过程，从而也使生态旅游规划具有可操作性。

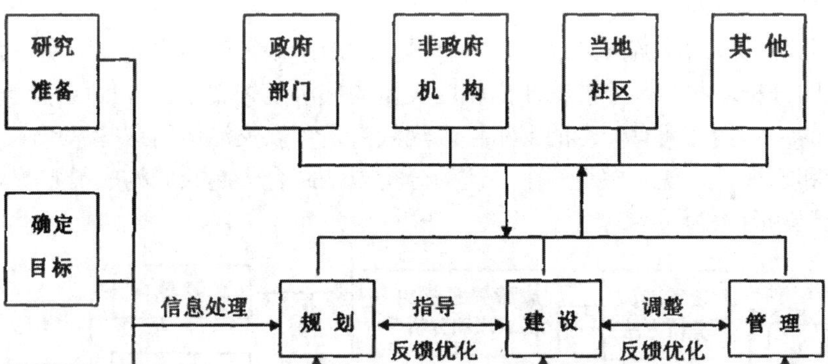

图 4.1　生态旅游规划开发过程模式

2. 生态旅游规划理念

旅游规划的理念是贯穿在旅游规划中的主导思想，我国旅游规划的理念在短短的30多年时间内，经历了从“资源导向”到“市场导向”，“形象导向”直至“生态或可持续导向”。

“资源导向”是建立在生产观念或产品观念基础上，认为有什么样的旅游资源就开发什么样的旅游产品。随旅游业竞争的增强，这种“资源导向”的观念也开始注重旅游产品的质量和旅游服务。

“市场导向”是建立在市场营销的基础上，以旅游者为中心，旅游者需要什么样的产品和服务，旅游目的地就提供什么样的产品和服务。

“形象导向”是建立要旅游者的需求和旅游资源相结合的基础上，以旅游目的地旅游资源为基础，以市场为导向，向旅游受众传播旅游目的地的形象，并使旅游目的地和旅游者之间在意识上建立持久的联系。

“生态或可持续导向”是基于现代环境、能源、人口等世界性问题日益严重而提出来的。充分考虑到了旅游供给、需求以及供需系统的环境。旅游业的经济效益必须与全社会、全人类的利益紧密地联系在一起，注重经济、社会、生态的综合效益，强调对旅游景观、旅游者利益、旅游社区以及旅游企业利益进行保护的重要性（李强，2001）。

这四种类型的旅游规划理念，只有贯穿到旅游规划中的宏观、中观、微观各个层次的分析环节中，才能编制出相应类型的旅游规划文本。各种规划理念并不是孤立的，它们之间有一定的继承性，规划人员可以灵活运用这些思想。这些规划理念和宏观、中观、微观三个层次的分析方法结合一起共同构成了旅游规划的分析框架（图4.2）。

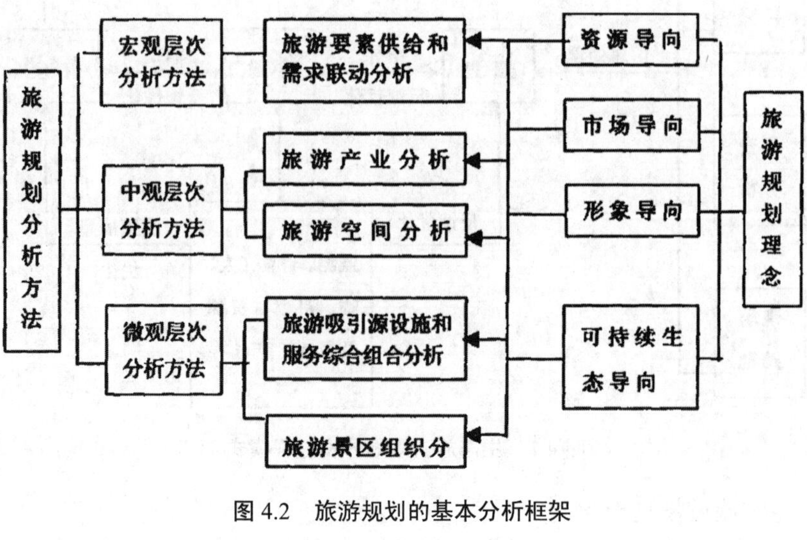

图4.2　旅游规划的基本分析框架

引自李强（2001）。

对于旅游规划（包括生态旅游规划），用上述的基本分析框架来分析，是较为科学可行的，有助于从层次、理念上分析把握，但同时也存在难点：在旅游规划实践中，以上三个层次的旅游规划并没有严格的界限，但任何空间尺度以及任何深度的旅游规划又都应该综合考虑以上三个层次的问题。如何将旅游规划三个层次在规划实践中统一融合，如何在同一旅游理念的指导下实现三个层次旅游规划的整合，需要多学科共同研究，是一个复杂系统工程。不论是资源导向型旅游规划、市场导向型旅游规划、形象导向型旅游规划，还是可持续或生态导向型旅游规划在程序上并没有本质的区别，只是强调侧重点的转移、分析方法的变化以及研究范围的扩大。并且各种类型的旅游规划并没有严格的界限，新一阶段的旅游规划理论，不是对上一阶段旅游规划理论的全盘否定，而是批判性的继承。在规划实践中除了可以对旅游实践进行分析外，还可综合利用各类旅游规划的思想，灵活运用。

从以上的论述中可以看出，生态旅游规划是可持续或生态导向型的旅游规划。生态旅游规划是涉及旅游者的旅游活动与环境间相互关系的规划，它是应用生态学的原理和方法将旅游者的旅游活动和环境特性有机地结合起来，以进行在空间环境上的合理布局的旅游活动。

二、生态旅游规划体系

1. 旅游系统规划概述

生态旅游规划与旅游规划关系紧密，从内容体系上来说是一脉相承，只是理念、技术手段、侧重点不同。运用系统论的思想方法仔细分析发现，旅游规划是一项系统工程。系统论认为，系统是由一组相互依存、相互作用和相互转化的客观事物构成的具有一定目标和特定功能的整体。系统中各单元之间，有物质、能量、信息、人员和资金的流动；通过各单元的有机结合，使整个系统具有统一的目标，但总体不等于它的部分总和。由于系统的结构是系统保持整体性及具有一定功能的内在依据，所以研究旅游系统的结构就非常有必要。旅游系统具有地域上和功能上的完整性。从空间表现形式来看，旅游系统是旅游客源地与旅游目的地通过旅游通道相互作用的一个空间系统（图 4.3）。

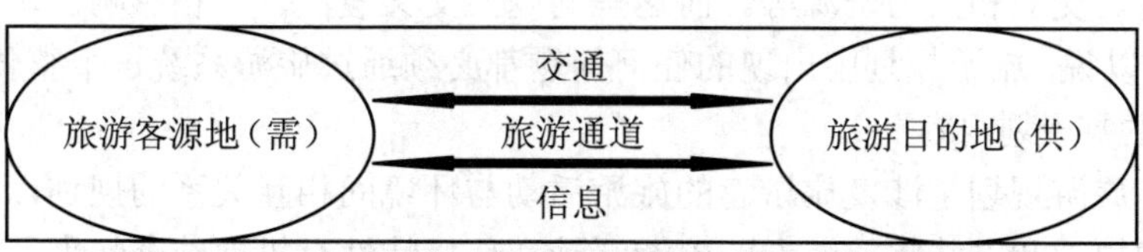

图 4.3 旅游系统空间结构

引自 Leiper（1990）。

在图 4.3 中，旅游通道既包括了交通通道，还应包括“信息”这个过去常被忽略的无形通道，交通的便捷度和信息的易获得性在很大程度上推动旅游者从客源地前往目的地的流动。若按旅游功能分析，旅游系统则包括四大部分：客源市场（需求）子系统、旅游目的地（供给）子系统、支持子系统和出游子系统。各子系统内又包括诸多要素，这些要素相互关联、彼此制约，构成一个有机的旅游系统。就旅游系统而言，其输入输出如图 4.4 所示。旅游系统是通过旅游者的旅游活动而使各组成要素相互联系、相互作用构成的一个有机整体。它是一个动态系统、闭环系统、开放系统。

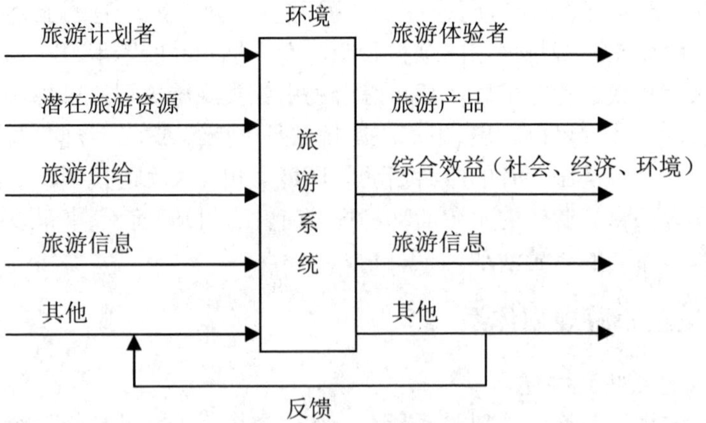

图 4.4　旅游系统输入输出结构示意

资料来源：刘峰（1990）。

旅游系统规划就是以旅游系统为规划对象，在对旅游目的地和客源市场这对供需关系以及与这对关系有紧密联系的支持系统和出游系统诸因子的调查研究与评价的基础上，制定出全面、高适应性、可操作的旅游可持续发展战略及其细则，以实现旅游系统的良性运转，达到整体最佳且可持续的经济、社会与环境效益，并通过一系列的动态监控与反馈调整机制来保证该目标的顺利实现。旅游系统是一个复杂的系统，旅游系统规划要解决很多问题，诸如客源市场、旅游吸引物、环境容量、交通和人力资源等。而这些问题又交叉覆盖、互相影响，牵一发而动全身。可以说，旅游规划中出现的任何问题都必须通过旅游系统这个整体来解决。

2. 主要规划内容

生态旅游规划是涉及旅游者的旅游活动与环境间相互关系的规划，它是应用生态学的原理和方法将旅游者的旅游活动和环境特性有机地结合起来，进行旅游活动在空间环境上的合理布局。1998 年吕永龙依据生态旅游的概念内涵、原则，结合国内外一些生态旅游成功案例，在旅游系统规划的基础上，构建了生态旅游规划的内容体系，如图 4.5 所示。

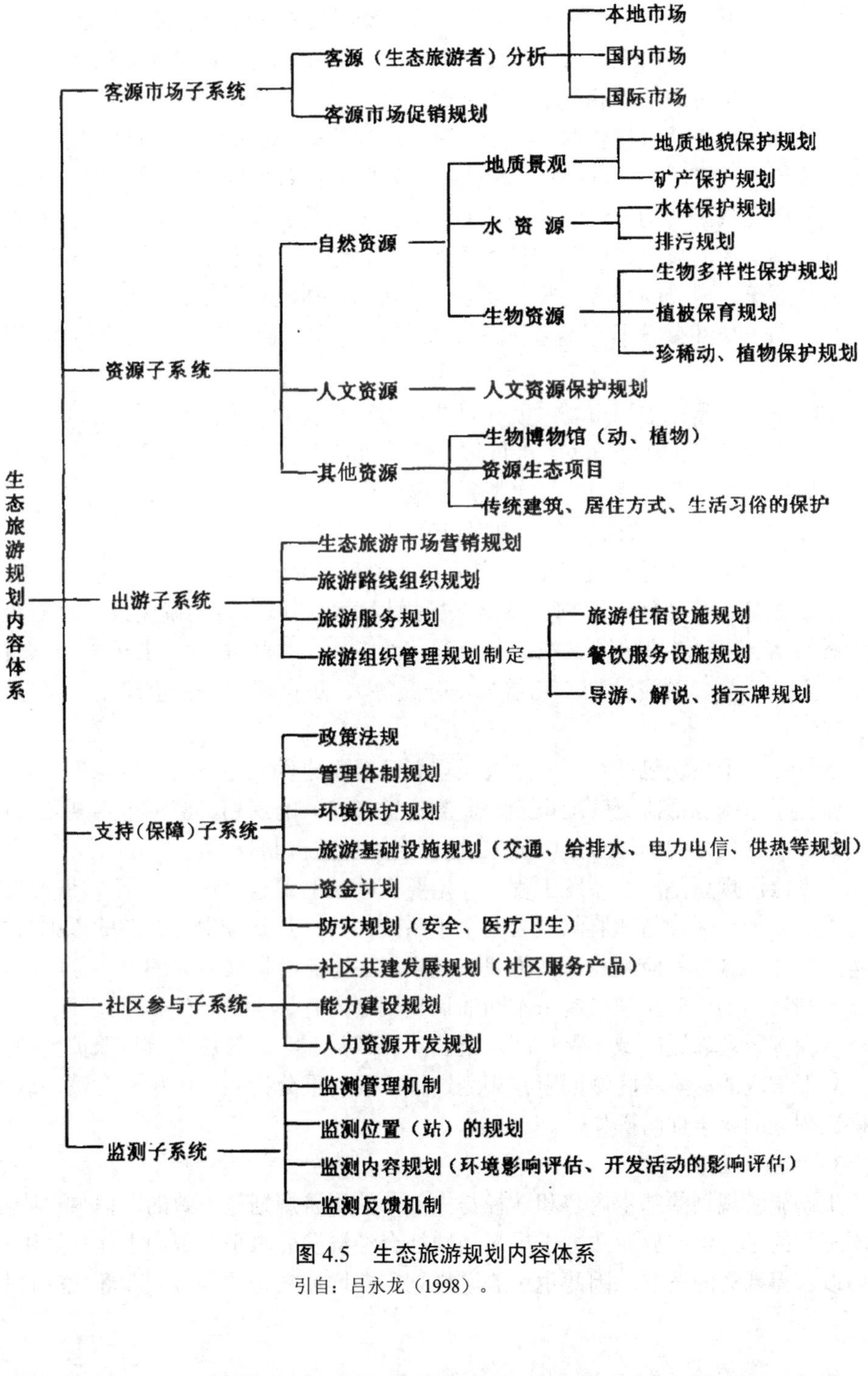

图 4.5　生态旅游规划内容体系

引自：吕永龙（1998）。

通常将生态旅游系统分成几个子系统来进行描述和规划，即客源市场子系统、资源子系统、出游子系统、支持（保障）子系统、社区参与子系统、监测子系统。其中客源市场系统的研究核心是旅游主体即作为生态旅游产品消费者的生态旅游者，以及他们出游的动机和旅游行为方式以及选择的旅游产品。

资源子系统包括自然资源、人文资源、其他资源（旅游吸引物），其核心是这三者集成的旅游产品系统（旅游产品可以理解成贯穿旅游者参与旅游活动的始终，是满足游客在旅游活动中生活和心理的全部需要的集合）。它本身是一个综合的系统，既包括有形的吸引物资源如自然风光、文化遗迹、主题公园等，还包括了无形的文化底蕴、居民的好客度等，规划内容包括地质地貌规划、矿产保护规划、水体保护规划、生物多样性保护规划、珍稀动植物保护规划、人文资源保护规划等。

出游子系统是使客源市场系统和目的地紧密相连的纽带，包括了旅游营销规划、旅游路线规划、旅游景区景点规划（景区功能分区、景点设计等）、旅游服务规划（如旅游住宿设施规划，餐饮服务设施规划，导引、导游、讲解、生态小道、指示牌规划等内容）、旅游组织管理规划等。

支持（保障）子系统是保证旅游系统正常运转的保障因子，包括生态旅游政策法规制定、管理体制规划、环境保护规划（如环境容量的确定及管理对策、环境教育等）、旅游基础设施规划（交通、给排水、电力电信、供热）、资金计划（资金的实施、融资计划、利益公平分配等）、防灾规划（安全控制、医疗卫生）等。

社区参与子系统包括社区共建发展规划、能力建设规划、人力资源规划。

监测子系统包括监测管理机制、监测位置（站）的规划、监测内容规划（环境、人、生物及之间的综合影响等）、监测实施反馈机制等。

生态旅游规划是一个系统工程，一定要有区域的观念，这是一个成功规划的关键之一。把社区参与和监测列为两个子系统，其一是基于生态旅游的原则与核心考虑，生态旅游的监测和评估为我们提供了生态旅游发展效果的事实证明；其二就是利用其动态的反馈机制来不断的调整规划内容、建设的方向、管理政策等，同时，保护区及邻近区域（保护区，公园，乡、县、市、省域等）与保护区的关系、对保护区的影响等区域因素在规划过程中要着重分析并作出相应对策，这才能保证规划的科学性与操作性。

3. 重点规划项目

生态旅游规划的基本内容和途径与大部分的旅游规划是一致的，但与一般旅游所不同的是，生态旅游致力于提高当地社会经济发展水平，致力于保护好生态环境以获得持久的发展。因此生态旅游规划需要增加额外的内容，即环境教育与解说系统规划、旅游承载力与环境容量规划、当地社区参与及文化保护规划以及环境保护与监测体系规划。

（1）环境教育与解说系统规划

2008年出台的《全国生态旅游发展纲要》指出："生态旅游示范区应努力做到：……建立环境教育设施，例如游客中心、知识讲解标牌；用通俗、科学的语言解释自然现象，减少迷信和传奇色彩；提供有关自然和地方文化的信息和生态教育材料；收集科学数据，为生态系统管理和环境教育提供依据；开展教育培训，提高从业人员的生态保护素质，正确影响和带动旅游者；为生态旅游组织者或导游提供学习和培训的机会；配合非政府组织和志愿团体开展生态教育活动……"。

生态旅游成为当前旅游业发展的主要模式，但其解说系统在解说内容、形式等方面均存在较大问题，不能适应生态旅游发展的要求。如果生态旅游区采用环境解说的理念，对现有的旅游解说系统进行生态化的改造和提升，建立生态旅游区环境解说系统，必将有利于生态旅游的可持续发展。

生态旅游环境解说系统是指应用生态化的方法和技术，综合各种具有生态旅游区特点的环境解说媒介，为游客传递生态旅游区自然、文化环境知识，提供环境解说、自然保护和环境教育机会的旅游解说系统。生态旅游区环境解说系统的两大核心功能是自然保护和环境教育，两者相辅相成，互为条件。

生态旅游环境解说是一种现场教育，它寓教于美的享受和娱乐活动中，对于我国来说具有较为广泛的宣传意义和实践价值。目前，我们面临的主要问题是怎样才能使生态旅游的环境教育大众化而又不至于让大众化的旅游把生态旅游及其环境教育推向绝境。生态旅游区环境解说系统就是解决这一问题的有效途径。

生态旅游是承载各种环境教育信息的特殊载体，环境解说是传达环境教育信息的手段，环境教育是生态旅游要达到的主要目标，三者之间相互作用，相互影响，最终为生态旅游区环境解说系统的形成和构建提供了理论依据。

生态旅游的自然保护目标通过教育实现，教育是自然保护的条件，自然保护又为教育提供优良的载体。生态旅游区为了更好地实现其环境教育的核心内容，从解说的角度，应该为解说活动项目制定环境解说规划，这个规划应该包括以下内容：

- 教育和自然保护的目标和目的。
- 教育的对象和相应介绍当地自然、文化和社会价值的解说主题。
- 解说方法要符合大多数游客的需要。
- 解说设施的设计要运用生态绿色技术。
- 解说内容的细节，不仅要介绍景区的自然和人文生态旅游资源，还要介绍当地自然保护的意义、减少环境影响的有效方法以及在文化敏感区域的恰当行为。

- 解说信息来源和资料的参考目录及概要，包括已经出版的当地遗产资料以及与当地及游客相关的经专家核实的解说及教育资料。

（2）旅游承载力与环境容量规划

环境容量的概念由莱佩奇于 1963 年最先提出之后日益受到关注，其核心问题是如何确定合理的容量以保证旅游区的可持续发展。对于其含义，比较有代表性的是因思凯普提出的两层意思：一层是指旅游业的接待能力，另一层则指环境承受能力。崔凤军将环境容量称为环境承载力，认为可由生态承载量、资源空间承载量、心理承载量、经济承载量等四项组成，具有客观性、可量性、变易性、可控性，存在最适值和最大值等特征。他还在泰山风景名胜区案例研究的基础，提出了一套适合山岳风景区不同旅游功能类型区的量测模型。由于生态旅游与环境之间相互依赖的关系，对环境的保护显得非常关键，是生态旅游环境各类问题研究的归宿。采取什么策略对旅游环境实施保护是旅游研究人员及旅游管理部门很关注的课题，概括起来有法律、经济、规划、行政和政策、宣传和教育、科学技术等手段，应针对不同生态旅游区的地域特征加以灵活运用。

生态旅游环境容量规划要注重定性与定量方法相结合。生态旅游环境容量的确定与量测，有些可用经验值加以推测运算，但有些还难以做到定量量测，如生态旅游政治环境容量、“天人合一”文化环境容量等，随着研究的深入可能会逐渐找到定量量测方法。2003 年贾党辉认为，在探讨生态旅游理论体系、量测模型的同时，应利用生态旅游的监测反馈体系来动态确定具体生态旅游区的容量，这样才能使生态旅游在实践中得以发展完善。

（3）当地社区参与及文化保护规划

参与式规划一直是规划强调的主要方法之一，生态旅游更是如此。倡导当地社区参与，使当地居民受益，从而支持旅游资源环境的保护发展，实现“双赢”，是生态旅游的核心内容之一。当地社区参与的关键是利益公平分配和教育培训，只有在利益公平分配的基础上，进行环境素质教育，这样才能保证吸引当地社区居民参与的积极性和主动性。参与的形式和程度依据生态旅游的背景和具体目标而多种多样，应体现在规划、开发与管理的各个阶段。如我国云南省通过制定社区生态旅游服务标准，积极吸引当地社区居民参与接待，促进了当地社区居民收入的增加和贫困问题的解决；韩国通过建立生态旅游专家支持系统，来促进生态旅游知识和信息的传播，并监控和评估生态旅游的发展和利益的公平分配；在印度尼西亚，当地政府把生态旅游区周围的居民纳入生态旅游区的规划和管理中，以带动当地居民收入的增加。

墨菲（Peter E. Murphy）1983年在《旅游：一个社区方法》一书中较为详细地阐述了旅游业对社区的影响及社区对旅游的响应，以及如何从社区角度去开发和规划旅游。墨菲把旅游看作一个社区产业，作为旅游目的地的当地社区是一个生态社区。他构筑了一个社区生态旅游模型如图4.6所示。

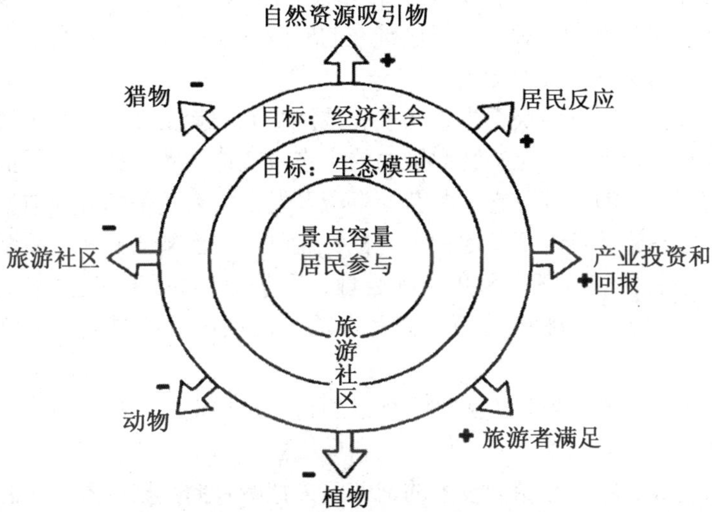

图4.6　墨菲社区生态旅游模型

引自Murphy（1985）。

墨菲（Murphy，1985）在运用社区方法时，引入了系统理论的分析方法。在做系统分析时，着重考虑四个基本部分：

①人们的活动，发生在特定的时空条件下有规律的行为模式；

②交通（交流），如媒体、信息领域和运输三类；

③空间、活动和交通发生的空间；

④时间因子。

要控制一个动态系统，必须知道它的不同发展阶段的产出。把系统方法用到旅游规划中有两个突出的优点：第一，弹性能用于不同水平；第二，连续监测的概念把规划和管理合成在一起。当地居民的参与使规划能反映当地居民的想法和对旅游的态度，以便规划实施后，减少居民对旅游的反感情绪和冲突，"鼓励参与式的规划和行动"（APPA）就是社区参与法在生态旅游规划中的产物，如在四川省王朗自然保护区总体规划中就得到了较好的应用。

（4）环境保护与监测体系规划

鉴于旅游活动可能对环境带来的负面影响，除了进行环境保护规划外，还有必要规划生态旅游环境监测体系，监测的结果可用于评价和预测旅游活动对生态旅游的影响，为合理利用生态旅游资源、改善生态条件和保护自然提供决策依据。

近年来的调查表明，我国的一些自然保护区出于经济的考虑，热衷于旅店、餐饮、游乐等设施的建设，缺少环境保护和长期监测的投入。在已开展旅游的保护区中，仅有16%的保护区定期进行环境监测工作，有的保护区甚至没有一台测量仪器，有的则对旅游会对生态环境带来的影响一无所知。依据科学监测对游客数量进行控制的保护区仅占20%。

生态旅游临界容量取决于生态环境和旅游资源的承受能力，必须通过科学监测和研究确定，否则将对保护区内脆弱的生态系统造成致命的打击。监测这一环节是沟通其他环节的关键，它不断获取资源开发中的有关信息并向前几个环节反馈信息。在生态旅游资源开发过程中，根据监测反映出来的问题，不断优化规划设计，使生态旅游资源开发利用更加合理，保护更加完善。在生态旅游资源开发中应利用反馈方法调整整个开发过程，为生态旅游发展提供实际效果的事实证明。

生态旅游的环境保护和监测体系规划的目的是加强对生态旅游的管理，是降低旅游活动对环境影响的有效措施。生态环境监测体系主要收集并建立旅游地环境与生物原始数据库，在相关技术的辅助下，把所有的数据以数字化的方式加以整合，使之在生物资源的调查、自然保护区选址与规划、环境质量控制、野生动植物栖息地保护等方面发挥指导作用。旅游管理部门应定期公布生态旅游区的环境质量状况，及时提出生态旅游活动的调整方案，以确保生态旅游的社会、文化、环境效益协调发展。

4. 不同尺度生态旅游规划

按照规划分析技术的差异把生态旅游规划分为宏观尺度的生态旅游发展战略规划、中观层次的生态旅游区域规划和微观尺度的生态旅游区规划三个层次，在旅游规划理念（资源导向、市场导向、形象导向、可持续或生态导向）的贯穿下形成一个统一的整体。

宏观尺度的生态旅游发展战略规划是以生态旅游要素供给和需求联动分析为基础，主要是一种引导性规划，旨在通过制定宏观政策和应用生态旅游开发案例引导地方社区进行规范的生态旅游开发与发展，如国际生态旅游规划、国家生态旅游规划等。

中观层次的生态旅游区域规划是以旅游产业和旅游空间分析为基础，界于宏观与微观之间的层次，一般注重区域规模聚集效应，如整个秦岭北麓的生态旅游规划，区域内包含国家级的自然保护区、国家森林公园、风景名胜区等。

微观尺度的生态旅游区规划则应该是一种实施性规划，即根据不同旅游地的特点而采取的发展生态旅游的具体行动计划，注重景点及服务设施建设的设计与布局，以旅游吸引物、设施和服务综合体组合分析以及旅游景区组织分析为基础，其出发点和归宿点是旅游资源的开发和保护，如自然保护区的生态旅游规划、国家公园、森林公园的生态旅游规划等。

5. 生态旅游规划空间模式

自然保护区及国家公园是实施生物多样性保护策略的重要基础，是生态旅游开发的重要场所。开发生态旅游的正面作用在于获得资金用于环境保护，同时可以改善与地方居民的紧张关系，但负面的作用在于本身环境就很敏感的自然保护区和国家公园却面临着开发不当而造成的环境破坏恶果。因此对自然保护区或国家公园这类生态旅游目的地进行适当的空间规划、确定功能分区是最大限度减少由于旅游活动对环境造成破坏的有效措施。

有关环境敏感区域开发旅游的空间模式及其功能分区，专家们很早就认识到这一点。景观设计师福雷斯特（Richard Forester）在 1973 年倡导的、得到 IUCN 认可的同心圆式的利用模式，将国家公园从里到外分成核心保护区、游憩缓冲区和密集游憩区。1988 年冈恩在此基础上提出了国家公园旅游分区模式，将公园分成重点资源保护区、低利用荒野区、分散游憩区、密集游憩区和服务社区，如图 4.7 所示。

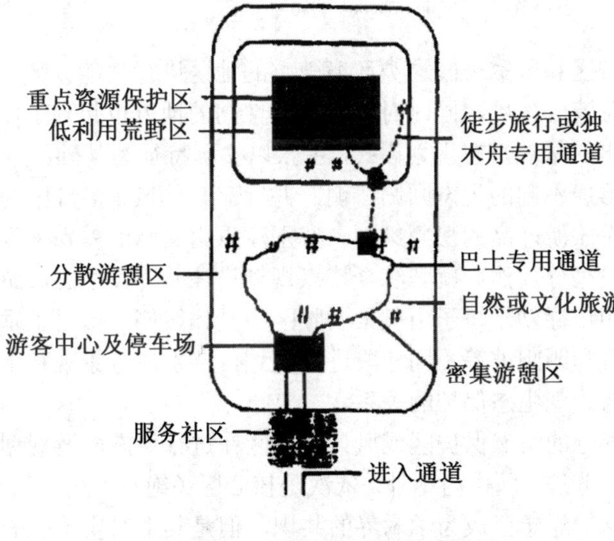

图 4.7　冈恩国家公园旅游模型

引自 Gunn（1988）。

在加拿大，将国家公园功能分区为自然环境区、集中游憩区、野生游憩区与野生保护区等；纽坎姆普（L. B. W. Nieuwkamp）1996 年将生态旅游地分为四大区域：野生保护区、野生游憩区、自然环境区和密集游憩区，同时总结了生态旅游功能分区的重要性，并用图说明了生态旅游功能分区模式的可行性，如图 4.8 所示。

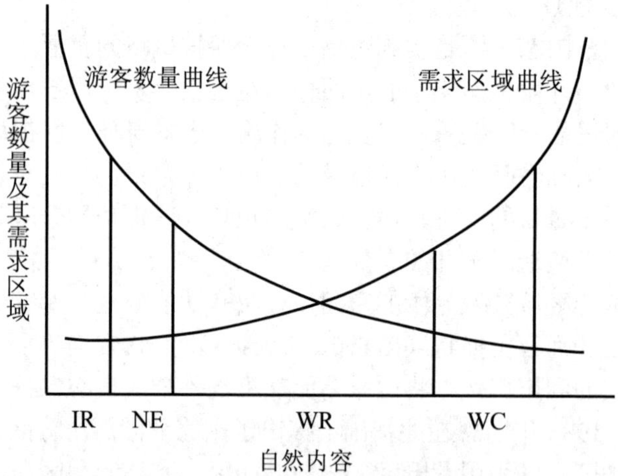

IR：集中游憩区　NE：自然环境区　WR：野生游憩区　WC：野生保护区

图 4.8　生态旅游功能分区模式的可行性

资料来源：Nieuwkamp（1996）。

对像自然保护区和国家公园这类环境敏感的地区进行功能分区，可以有效地解决区域内游客分流的作用，同时对自然敏感性高的地方也起到了保护作用。我国学者陈传康提出的景观生态规划模式，主张以文脉特征为基础，“分地段”开发生态旅游产品，形成不同的生态回归情调，并针对具体风景名胜区的性质和景观特征，探讨了生态旅游产品的形象策划。特别注重用文脉的差别来区分各不相同的功能分区和地段划分，然后就其综合特点规划设计并开发生态旅游产品，陈传康等以云南省昆明市禄劝县轿子山风景名胜区为具体案例，探讨了垂直带谱的生态回归，分垂直带和阴阳坡等不同地段进行规划，特别注意景观和生物多样性保护以及规划措施与景观生态保护的关系。

目前我国大部分的自然保护区或风景名胜区在进行生态旅游规划的过程中，都接受了三区结构分法，即由内至外，依次是核心区（绝对保护区）、缓冲区和实验区（图 4.9）。这一思想已成为学术界的共识。但是其中对实验区的含义有些争议，吕永龙和徐篙龄建议将其改称为“保护性经营区”，也就是说在保证其生态景观与其他两区在相当程度的一致性前提下，依照可持续发展原则，根据资源经济学原理，以各类资源的适度经营活动为主要功能的区域。

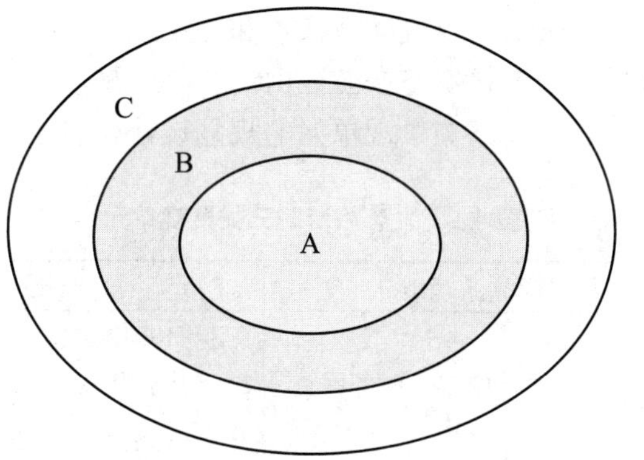

A 核心区　B 缓冲区　C 实验区

图 4.9　保护区三区结构

三、景观生态规划与设计

景观设计与布局主要是生态旅游区内部结构的布局设计。它受生态、行为、美学三个方面的制约，也就是说，在生态方面它应当是科学的、合理的，有利于保护生态环境的。在行为方面要与不同生态旅游者的环境心理相协调，在美学上，景观的彼此组合与配合应当是美的。

1. 景观格局优化

生态旅游区景观格局的基本面貌是点、线、面的分布状态，旅游景点或景区以空间斑块的形式镶嵌于具有不同地理背景的称为旅游区的基质上，旅游路线则是用以连接景点或景区之间，以及对外交通的廊道，廊道之间常常相互交叉形成网络。旅游区中斑块特征有类型、大小、形状与分布状况等，其影响着旅游区规划设计中的景点景区布局与旅游活动项目的选择；廊道特征有连通性、弯曲度与宽度等，影响着旅游区规划中景点间的可达性，游路的合理组织安排及自然资源的有效保护等；基质的特征有大小、孔隙率、边界形状等，它是策划旅游区整体形象和划分各种功能区的基础，对基质的研究有助于认清旅游区的环境背景，有助于对景点斑块的选择和布局，也有利于确定保护旅游区的生态系统特色。肖笃宁等认为，区域旅游景观系统功能的实现来自景观元素之间的景观流。因此可以将旅游活动进一步解释为通过特定地点（景点或景区）和特定路径（游路）的生态流，通过游客所带来的信息流、客流、物流、货币流和价值流而对旅游区景观系统造成影响，从而发生动态变化。此种动态是指景观系统在结构和功能方面随时间推移发生的空间和非空间的变化，如旅游景点和旅游者食宿点的增加和减少，各种生态流由于季节性的变化等。

在一个有边界的生态旅游区内，斑块代表了生态旅游的产品单元，包括景点、宿营地和旅馆；廊道代表了景点之间或景点和旅馆之间的联系路径，基质则代表了该区域的自然背景，如森林生态旅游区内，森林就是基质。生态旅游区的开发就在这三元网络结构之中。三类景观单元的规划设计如表 4.1 所示。

表 4.1　生态旅游的三类景观单元

景观生态单元	对应旅游功能	设计原则
斑块	景点、宿营地、旅馆、服务网点	1. 区外集中式 2. 区内分散式 3. 与环境融为一体式（生态化）
廊道	交通路径网络	1. 利用现有自然通道 2. 道路过客量与环境容量一致 3. 回避生态敏感区
基质	旅游区的自然背景	1. 适当注意突出背景特色 2. 通过基—斑的递变构建新的旅游景点

在景观生态系统中基质、斑块、廊道之间的结构关系具有非常重要的意义。基质反映了环境的基本背景，斑块的规模具有特别重要的生态意义。斑块之间要通过廊道连接，以防止斑块的异化、特化、孤立化，保证生态系统的能流、物流、信息流畅通，有利于生态系统的稳定性、多样性或生态机能的发挥。不注意斑块的规模和科学配置，忽视生态廊道的建设，会造成鸟类、昆虫的减少，绿化植物的退化，环境高温燥热等一系列生态问题。因此，基质、斑块、廊道的设计与规划应遵循一定的原则。

生态旅游区的景观生态规划和设计就是要充分研究区域的自然背景，掌握生态系统的特征与功能机理，努力做到开发设计以水脉（水系统）、绿脉（植被系统）和文脉（当地文化习俗）为先导的空间布局，形成结构合理、物尽其用、高效和谐的生态旅游区。在规划设计中需要对景区内部的各种人工斑块和自然斑块以及廊道按照一定的逻辑和顺序进行排列，在发挥各自基本功能的基础上，有助于旅游者进行活动。景区内所有的自然斑块、人工斑块和廊道都是密切联系着的，在进行景观设计时要注意要素之间的相关性，使各种要素之间协调一致。生态旅游区内的景点或康体休闲活动、住宿接待设施、商业服务设施在空间上要表现出一定的集聚性，统一设计、统一布局，这样既可发挥集聚效益，又可减少由于分散导致的生态环境的大面积的零散破坏，同时也便于集中处理污染物。景观生态设计中特别需要强调功能性，根据生态敏感度不同，对生态旅游地进行功能区划分，确定不同功能区的旅游活动项目和设施建设。一般地，生态旅游地可划分出核心保护区、分散游憩区和密集游憩区等功能分区，不同分区系统要素的集聚和分散程度不同。核心保护区一般要实行全封闭保护，仅供观测研究；分散游憩区是少量散客游览的对象，只允许步行或木舟一类的简单交通工具进入，对游客的规模有严格的限制。密集游憩区是生态旅游集中活动的区域，小汽车一类的车辆可以进入，这种功能分区能够起到分流游客和保护生态环境的作用。

生态旅游区通过开发建设后，是否能达到预期目标，从景观生态优化的角度主要应考虑以下特性（Jones & Jones，1977；李素馨，1999；肖笃宁，1999）：

- 多样性：指景观要素在结构与功能方面的多样性，反映了景观的复杂程度所产生的美感；
- 自然性：自然开发美化的程度与对自然破坏的劣变程度，主张保持其自然特色；
- 特有性：确定土地镶嵌体的生态优化系列是否具有美学、生态的相对重要性；
- 稳定性：景观系统结构、功能的一致性、连贯性以及恢复能力，对自然灾害的趋避性；
- 功效性：作为一个特定系统所能完成的能量、物质、信息和价值转换功能；
- 通达性：斑块间有廊道沟通、连接，交通条件易于到达；
- 安静性：保持景观的静谧和幽美；
- 和谐性：人工景观与自然景观之间以及整个景观总体上的和谐统一性；
- 开阔性：单位空间的人工建筑密度和游客密度让人感到愉悦，开放空间处理恰当；
- 观赏性：景观美学质量的度量，含文化特征、景观视域、人类对景观的感知、绿被覆盖、表示视野穿透性。

这些景观特性是景观功能的体现，景观的功能又反映着景观的结构，景观的结构决定着资源地理环境的分布形成和组分，制约着各种生态过程，与干扰能力、恢复能力、系统稳定性和生物多样性有着密切的关系。

2. 景观生态设计

除了进行生态旅游区的景观生态宏观规划外，还可以进一步与具体的生态因素相结合来进行微观层次上的设计。旅游区的主要功能是为人们旅游活动提供载体，同时作为生态系统为生物提供栖息地和基因库，因此旅游开发的目的是为了更好地保护自然生态环境，“装饰”自然景观而非改造景观。

在景观生态设计时，注意保护旅游区的地形骨架，保护特殊的地形地貌，规划中的廊道建设尽量依山就势，避免对景观的破坏；研究地带性植被的分布特点，保护自然植被，创建符合地域特征的人工植物群落景观，提高区域的美学观赏价值。保护好珍稀植物资源，为野生动物的栖息提供良好的生态环境，保持多样性环境，提高旅游吸引力；结合水文因素规划，保护水体和湿地，尽可能保持天然河道溪流，促进水文循环与防洪，注意瀑、潭、泉或具漂流条件的河段开发的环境容量，利用植物—土壤系统保持好透水的下垫面，减少径流，避免水土流失。

以湖南洞庭湖西部的目平湖湿地自然保护区为例（李敏，2002），在对其进行景观生态设计中采用了（1）被保护物种适宜生境扩大化的处理，保持特定生态系统的稳定性，满足物种种群和数量的扩张对生境空间的需求。（2）对人类活动斑块及廊道进行隐蔽设计，这一部分是满足了人类对野生动物抵近观察的需求，必须寻找核心区的课接近方式，也减少了旅游活动对核心区的冲击。（3）分地段景观设计。（4）乡土物种恢复设计。（5）整体生态网络的优化综合设计等规划理念。根据这些方法进行实地考察。通过野外调查发现鸟类活动较稳定的生境斑块：A 位于原核心区中央的大片原生湿地，B 位于保护区原实验区内的渔场。参考其景观特点，能有效判别有关物种的适宜生境，最后确定目平湖保护区边缘的 2 个退田还湖堤垸 M、N 以及位于核心区与保护区外围的结合部分的生境斑块 C 是水禽潜在的可利用生境斑块（图 4.10）。

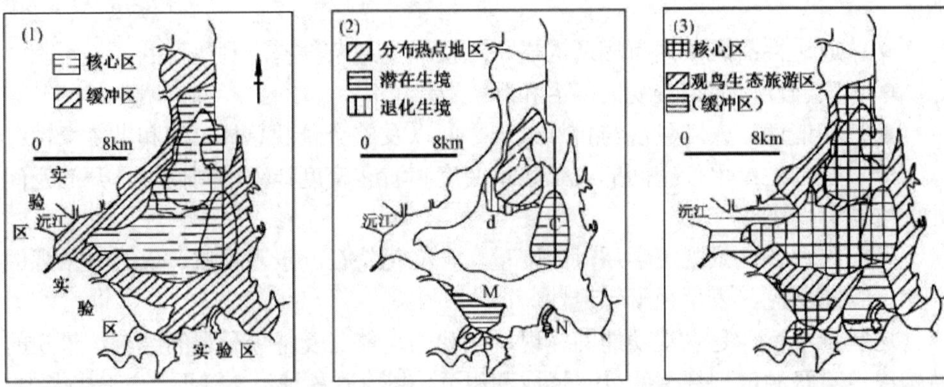

图 4.10　目平湖湿地自然保护区生态旅游功能分区设计

注：（1）为保护区原功能区划；（2）为水禽分布热点区域 A、B 和其他潜在生境斑块；（3）为生态旅游功能区划的核心保护区和缓冲区。

根据适宜生境和潜在适宜生境斑块的分布状况，考虑自然地形、其他旅游资源分布特点、景观季节特征等因素，确定 A、B、C、M 为要保护的核心板块，并与原功能区划的核心区图 4.10（1）叠合，形成新的核心保护区图 4.10（3），由于飞鸟的觅食半径大，超越障碍的能力强，可以认为各核心区斑块连通性好，无须考虑生物廊道。其他功能区如湿地观鸟游览区主要围绕核心区来设计，由于核心斑块 B、M 位于缓冲区边缘，人类活动比较频繁，一般应设警戒线，要求游人活动必须在鸟类活动区域之外。可利用现有地形，如核心斑块边缘的堤坝、洲滩，以及洲滩间的湖汊等作为观鸟游道，并通过植被配植来对其进行隐蔽。

根据实地调查并结合地形图等资料，将区域整体景观类型确定为沅江入湖口景观、内陆湖泊湿地景观、退田还湖堤垸景观、湖岸景观、岛屿与湿地景观五个大类的主体景观区。在分地段设计中还包括了植被改造，增加景观多样性，吸引鸟类，并遮蔽游人活动，根据不同位置种植不同种类植被；小生境改造为水禽类提供良好觅食条件；垸外洲滩改造和乡土物种引进等方法来恢复湿地特有的生物景观等。

总之，通过微观层次上的景观设计，使旅游区的景观更加宜人，空间布局更加合理，保持良好的生态环境，为旅游业的持续发展奠定基础。

3. 视觉景观控制

生态旅游区往往具有独特的自然和人文特点，旅游开发过程免不了需要建设相应的设施，对人工建筑物设计需要与周围环境相协调，这也是生态旅游在微观层次开发过程中所需要设计的内容，需要加以视觉景观控制，主要为建筑物的高度、密度、建造风格、建造用材、户外装饰等。

生态旅游区内的建筑设计要求建筑与环境共生,除了满足自身的主要功能外，其本身也应成为一景，为人所欣赏，为环境增色，与环境相契合。因此，要把建筑作为一种风景要素来考虑，使之与周围的地形地貌相适应，与山海、岩石、草木、古迹和远景等融合为一体，构成优美的景色，同时满足各种功能的要求。在这里，风景是主体，建筑的风格、尺度、轮廓、层次、色彩等都要加以精心推敲，使之与自然环境结合的贴切、完美。同时还要强调将建筑面积控制在一定的比例之下，以便保持良好的环境。为了同自然景观相协调，有时对建筑物的高度都作出明确的规定。印度尼西亚巴厘杜阿岛生态旅游度假区在开发建设时，规定全巴厘的楼房高度不得超过 15 米，选用这个高度限制，使楼房顶层将低于树木顶端，有助于楼层同自然环境的融合；以每家饭店的客房数制定了控制标准，整个度假区的密集度为大约 20 间/平方公里，建筑物最高覆盖率为 25%；所有公用设备线都必须置于地下；距离海岸线最少 50 米的规定一般适用于主要楼房。建筑设计准则的主要精神是建筑采用传统的巴厘建筑主题和使用一些有独特风格的巴厘砖式的当地建筑材料，建筑外部的广告标志受到严格控制，只允许有方向标志，户外灯光也受到限制。

建筑物的设计形式应有清楚的统一和规范，才能显得井井有条。主导的建筑形式不仅要形成规模，而且要具有一致的风格，以一种主导的特色驾驭全局，完全消除芜杂之感。这种主导特色可能是全部使用相同的铺面材料，相同的屋顶形状，建筑群中各个部分的相对比例或开口与墙面成一定的比例，总之，要给人一种平衡的感觉。这些要素对一个特定的地方和环境可以赋予独特的景观特色，因此往往具有象征价值，并且这些特色与周围环境保持和谐。

4. 廊道生态设计

生态旅游区中所设计的廊道分为三种类型：区间廊，指旅游地与客源地及四周邻区的交通方式、路线与通道；区内廊，指旅游地内部的通道体系；斑内廊，指斑块之间的联路线，如景点的参观路线。

斑内廊的设计要以小路、河岸、滑雪道等为廊道，并注意合理组合、互相交叉形成网络，强化其在输送功能之外的旅游功能设计，以便延长游客观赏的时间。区内廊的设计要避开生态脆弱带，尽量选择生态恢复功能比较强的区域进行建设，并充分利用自然现存的通道，但连接各景区的廊道长短要适宜，因为廊道过长会淡化景观的精彩程度，过短则影响景观生态系统的正常运行。区间廊的设计就尽力使道路所通过的客流量与区内的环境相一致，在道路施工上应尽量利用接近自然的无污染材料，如卵石、沙子、竹木，排斥水泥、矿渣等材料。

廊道影响着旅游线路的合理安排及生物资源的有效保护，该系统包括景区外部的地点通向景区的通道和生态旅游区内部的通道系统。廊道数目的规划，除考虑相邻斑块的利用类型（保护区和农业区等），还要考虑经济的可行性和社会的可接受性。若斑块是农业区，则廊道（道路和渠道）两三条即可；而自然保护区设计时，廊道数目应适当增加，而且连接保护区的廊道最好由本地植物种类组成，并与作为保护对象的残遗斑块相近似。根据开发目的和区域的具体情况，确定适宜的廊道宽度，宜宽则宽，宜窄则窄。若保护对象是一般动物，廊道宽度 1 公里左右，而大型动物则需几公里宽。廊道系统除了其实用功能——简单高效的通流外，还具有其他方面的重要意义：第一，通向生态旅游区的道路给旅游者留下第一印象，第一印象往往具有光环效应，起着影响后面旅游的效果；第二，生态旅游区外缘的小道或车行道往往是旅游者活动较多地方，一方面是连接住宿区与景区的通道，另一方面有时是旅游者直接观景的地方。廊道系统在景观设计时，注意道路景观的美化及舒适性，可以设计出更曲折的游径，以便将引人入胜的自然景色或不同的远景包括在视域范围之内。

第二节　生态旅游开发

生态旅游开发是一项复杂的系统工程，需要在科学的基础上进行详细严格的规划，明确生态旅游开发的目标和市场潜力，经过综合分析，确定实施计划并加以落实。一个地区生态旅游的开发，也不只是单个项目的开发，而是需要在整体策划的基础上，分批逐步实施，在整体的经营管理上也要注重可持续发展的特色，这样才能使区域的生态旅游能得到永续、健康的发展。

生态旅游开发的成功与否还取决于是否能满足旅游者个性化的潜在需求，是否与当地社区和居民的利益相一致。例如我国20世纪80年代以后进行的自然保护区和国家森林公园的生态旅游开发，既是政府部门对自然资源经营战略的重大调整，同时也是为满足国内日益增长的旅游需要，以需求为导向的。

因此，生态旅游的开发必须对潜在客源市场需求进行深入分析，同时对自己的供给（生态旅游资源）进行调查和评估，然后在确定社会、经济与环境承载力的基础上对生态旅游加以开发；必须对当地的社会经济条件和人文历史详加分析和调查，了解当地社区和居民的需求，妥善协调关系，以促进生态旅游的持续发展。

一、生态旅游开发特点

1. 资源为国家所有

生态旅游资源是具备独特性的自然资源，主要有风景名胜区、自然保护区、森林公园、地质公园等，其全部纳入了国家的法律保护，资产归国家所有。因此，生态旅游资源中最重要的自然资源，一般不能进入市场流通。

2. 高投入与持续回报

随着旅游业的发展，旅游也从原来的低门槛逐渐发展到目前的中高门槛，特别是生态旅游，预计未来投资的门槛会进一步提高，其原因是由于进入性投资的加大，竞争加剧及竞争环境的多元化。

对于大多数生态旅游项目而言，大量的资本投入，并不一定能产生快速的资金回收，因为生态旅游是一个持续回报的长效投资产业。生态旅游投资，涉及项目的综合性及复杂性，由于旅游产品的创意空间很大，因此，结合企业资本投入力度、回报率等要求及投资商自身因素，形成了生态旅游商业模式上的巨大差异。

3. 建设风险大

生态旅游目的地游客重游率很低。由于距离阻抗与异地消费的共同作用，目前不少旅游项目市场表现出开业轰动之后的衰落，投资风险很大。在建设项目可行性研究中，应强化风险研究和不确定性研究。

4. 区位的重要性

生态旅游产品是一些不可移动的景观，其消费特征是广大游客离开其常驻地、到达旅游产品所在地才能购买消费，因而距离成为阻抗旅游产品销售的重要影响因素，客源一般呈现随距离衰减现象。产品市场在空间上呈现向心集聚而不是网络扩散，导致区位具有重要的意义。

5. 行业自身特殊性

旅游客源市场前景主要决定于其资源特点、设计与区位条件。不同资源特点和区位的产品具有不同的客源规模，不同设计手法的旅游产品具有不同的市场发展曲线。例如通过对四川重点生态旅游区近年的旅游情况分析，生态旅游规划设计好的景点重游率较高，客源量一般开业较低，而后呈现逐渐上升趋势，表现出“引入期—成长期—成熟期”的市场发展特征，这一点对建设项目可行性研究中的市场预测十分重要。资源特点、设计与区位条件，三者共同决定生态旅游市场前景，进而决定财务效益、社会效益和国民经济效益等指标。

二、生态旅游开发目标与原则

生态旅游开发的总体目标是区域的可持续发展。在其最广义的大尺度概念中，被确定为其旅游对象是一切具有生态美的自然和文化客体。所以自然环境和生态文化是生态旅游开发的基础，缺少这两者，就很难称得上是生态旅游。而且，“皮之不存，毛将焉附”，因此生态旅游的开发首先应关注的就是自然环境和生态文化的保护，并通过旅游提高生态旅游资源资本价值。

可见，生态旅游的开发是一个多目标体系，这与一般的旅游开发有较大的不同：其开发成功的标志不是多大的商业利润，而是社会、经济、生态的协调发展，在保护当地生态旅游资源的前提下，既满足旅游者的精神需要，同时也关注当地群众的利益，促进区域经济社会发展。具体体现在社区人民生活水平的提高、生态旅游者高质量的体验以及自然和文化环境质量得到维护。

因此生态旅游的开发不同于一般的旅游开发，需要针对这一复杂性，确定生态旅游的开发原则，以保证生态旅游开发沿着正确的方向前进。

1. 持续发展

发展生态旅游前应事先调查分析当地自然与人文资源特点，评估旅游发展可能带来的正负面影响，拟定生态旅游规划，进行适度开发，并制定长期管理与监测计划，将可能的负面冲击降至最低。

在生态旅游规划中，重要的是对保护区域的规划，即对不能进行游览的地区进行规划。对游客活动范围进行必要的管制，避免影响生态脆弱地区；对于可进行旅游开发的地区，以小规模发展为原则，以减低游憩活动可能造成的冲击；针对生态旅游资源的不同现状，进行适度开发利用；同时政府部门要加强对旅游规划的评审和实施的监督工作。只有这样才能减少粗放性开发，同时还能避免低水平管理所带来的破坏。

生态旅游的开发应以辅助地方原有产业为原则，将生态旅游的开发与当地现有产业进行融合，以避免当地对观光产业的过度依赖。

生态旅游地区的发展及经营方法，以实现自然资源的可持续保存、保护当地生物多样性的资源及其栖息地为发展原则。不但必须将人为的影响降至最低，而且能通过旅游活动的收益，促进当地自然环境与文化资源的保育，因此可持续发展才是生态旅游的最终目标。

生态旅游是一种可持续发展的旅游，自然生态环境和当地文化遗产的保护被置于优先地位，对当地居民来说，他们不会选择那些将损害他们的生活环境质量，以及与他们的文化相冲突的旅游项目。如果旅游项目与当地的环境和文化相冲突，或者具有潜在的危害，那么这些旅游活动就不应得到发展。现在在一些偏远地区，由于旅游者的涌入，使当地居民的社会价值观遇到了极大的挑战，不同文化冲击着当地的传统伦理观念，使社会和家庭的凝聚力减弱，一些人满为患的旅游地开始出现当地居民憎恨、躲避旅游者的现象，同时也使环境和生态遭到破坏。这些都是不利于生态旅游的长远发展的。因此在一个地区开发生态旅游，进行项目引进，需要充分估计当地环境和文化的敏感性。

2. 科学规划

科学规划是生态旅游健康发展的基础。盲目、目的不明确、无系统的开发只能导致区域生态旅游资源的破坏，短期的经济利益代替长期的可持续发展，片面的保护与地区经济发展的冲突。生态旅游的科学规划就是通过对生态旅游资源进行详查、分析与评价，并根据生态旅游市场的需求特点，提出生态旅游规划的总体思想、基本原则以及具体目标。在规划的过程中，特别要注意生物多样性与自然、人文环境的保护规划，因为大部分能开展生态旅游的地方都具有较为独特的自然生态和人文生态遗产。同时注意对对生态旅游地旅游环境承载力的研究。由于生态旅游类型多样，层次复杂，既有自然性、高品位和专业性的特点，也有文化性、通俗化和大众化的一面，因此进行生态旅游产品和旅游商品的开发规划，应选择适当的开发模式。

对生态旅游区的经营管理人员、经营服务设施也应做预先的系统规划，生态旅游最终能否成功达到规划目标，很大程度上与经营管理密不可分，所以对经营管理人员（包括旅行社导游）有较为严格的培训要求。成功的生态旅游有赖于高级导游、称职经理、熟练服务人员的合作，而熟练又有技巧的从业人员来自有效的培训和良好的教育背景。

此外，还应对经营设施提出明确的经营标准，特别是注重开发那些低成本、具有地方特色、对环境压力较小的经营设施，使生态旅游具有较好的经济、生态和社会效益。

3. 容量控制

在旅游开发和利用过程中，应遵循生态规律，具体体现在遵循生态容量这一基本规律上。生态旅游资源及环境对其开发和利用都有一个承载力的范围，超出这一范围，旅游资源及环境就会受到破坏，为此旅游规划部门应该根据旅游地的面积、特点和可进入性等条件，合理测算最佳游客容量。同时，旅游管理部门应用经济手段、必要时用行政和法律手段调节游客流量，把旅游活动强度和游客进入数控制在资源及环境的承载力范围内。游客量控制可以运用一些技术手段，如对游客进行活动区域控制、定期休园或局部封闭、预约进入等手段。

4. 设施生态

生态旅游不同于其他的旅游，它是以回归自然为主题，贵在自然，贵在原始，应该尽可能减少人工雕琢，以避免开发造成的环境损坏，其接待设施要简朴、实用、方便，其外观要与自然环境融为一体。

生态旅游接待设施要体现舒适性和自然性相统一、包容性和地域性相协调、要提倡减量化（在客用品、食品、水电气、商品的包装等方面尽量减少使用的数量和次数）、再使用（改变以往一次性客用品的使用习惯，床单、被套、毛巾、牙刷、拖鞋等客用品改一日一换为一客一换，尽量做到重复使用）、再循环（设计中水回用、余热利用）和替代原则（尽量用可降解材料替代不可降解材料、用清洁燃料替代非环保燃料、用环保材料替代非环保材料）。

5. 环境教育

环境教育是以系统体验、了解、欣赏与享受大自然为重点，使游客与环境互动的过程。通过对旅游地区自然及文化资源提供深入且专业的解说，在参观前及途中适时给予正确信息，提供给游客不同层次与程度的知识、知觉、鉴赏及大自然体验。

通过提供给游客、旅游业者及当地民众适当的教育解说资料，除了可介绍当地生态、文化特色外，更可借此提升大众的环境保护及文化保存意识。

在生态旅游项目开发规划时，必须认真考虑在旅游区中设计一些能启迪游客环境意识的设施和旅游项目。如在旅游区内设立具有环境教育功能的基础设施、关于生态环境景观的相应解说、提醒游客注意环境卫生的指示牌、方便并与环境协调的废物收集系统等。此外，还可利用多媒体，使游客接受多渠道的环境保护教育，包括在门票、导游图、导游册上添加生态环境保护的知识和注意事项。同时也要对生态旅游者提出了更高的要求，例如事先学习目的地的有关知识；尊重目的地的文化；避免对目的地的环境造成负面影响；积极参与环保行动；通过旅游，提高道德修养。

6. 社区参与

鼓励最大限度的社区参与，让当地群众加入到生态旅游业的开发，这也是区域生态旅游开展成功的必要条件之一。我国人口众多，一些具有较好生态旅游资源的地方在经济上比较贫穷，生态旅游如果完全脱离当地社会是很难成功的。所以积极地获得当地政府、社区和群众的支持，是生态旅游开发成功的基础。即使自然保护区、风景名胜区这类由国家直接管理的半封闭或全封闭区域，生态旅游也不应是象牙宝塔，否则也很难持续发展。只有当地居民理解、参与生态旅游的开发并从中受益，才能促进区域生态旅游业和自然保护事业的健康发展。让当地群众参与生态旅游的开发进程，从社区的初步评价，到规划过程与实施，直至不断发展中的监测，都能使该项生态旅游计划能反映出称为“共享的社区设想”的东西，从而得到当地的支持；保障当地居民通过发展旅游获得就业机会、以土地入股利润分成、出售农副产品等利益，同时要将他们组织起来，通过引导和培训，提高服务意识和服务质量。

例如在生态旅游的规划、执行、管理、监测与评估等四阶段，应尽量邀请当地社区居民一同参与。同时，在每个阶段进行的过程中必须确保与当地居民的充分沟通，达成共识，在发展当地观光特色前应先征求居民同意，避免触犯地方禁忌。

只有这样，生态旅游才能为当地社区及自然生态带来长期的环境、社会及经济利益。在生态旅游的开发过程中，鼓励居民更多地通过参与生态旅游开发以获得经济收入，这样既可增强地方特有的文化气氛，提高资源的吸引力，又可让当地居民真正从旅游发展中受益，改善当地居民的生活，并将直接缓解他们对资源的压力。

通过多种方法和渠道使当地居民积极参与旅游开发及建设，带动当地经济的发展，改善人们的生活水平，维护他们利用生态旅游资源的权利，培养和提高他们保护生态旅游资源的责任感，并增强地方特有的文化氛围，提高旅游吸引力。

同时应提供适当的社区回馈机制，将旅游开发的收入按照适当的比例反馈给当地社区，帮助社区改善包括电力、卫生、交通、通信在内的基础设施建设和改造，提高当地的旅游公共服务能力。同时也协助当地居民了解保育地方资源与获取经济利益之间的正向关联，促进地方自发性的对自然及文化资源的保育。

此外，强调负责任的商业行为并与当地社区合作，以确保旅游发展的方向符合地方需求的同时也利于当地自然保育。投资商开发生态旅游，不仅需要获得商业价值，同时更需要适当表达企业的社会责任。

而所谓“泄漏”问题就是旅游的收益让外部业主拿走。所以，要作出最大的努力，最大限度地使该项生态旅游的经济效益保留在受影响社区内，而不让它们

"泄漏"给旅游生意的外部业主，这也是维持当地社区和群众对生态旅游开发信心的重要保证。在生态旅游开发过程中，注重对当地群众进行培训和扶助，以提高他们的技能，更多地参与生态旅游项目的建设和从事旅游纪念品的生产，从而使新的商业机会能在地方层次上解决，而不是由来自外部的企业家解决。

三、生态旅游发展机制

影响生态旅游发展的因素很多，如旅游者的偏好、旅游企业的介入、社区的参与、政府的主导、教育的培养，等等，这些因素相互作用、相互制约，构成了发展生态旅游的多种机制，其中主要机制可以分为社区参与的主体机制、政府引导的辅助机制和企业发展的经营机制。

1. 社区参与的主体机制

参与意愿就是指当地社会对旅游开发，包括开发对当地经济、社会以及文化上的影响的认可程度，对非本地游客的接纳程度，以及对特定旅游项目的营销和开发进行投资的自愿程度。了解当地居民对旅游业的反映和期望程度，当地居民参与旅游业的意愿是生态旅游开发和营销赖以成功的第一步。

在生态旅游中，当地居民对生态旅游的认知和积极参与性是成功的必要因素。与外来开发者相比，作为关心乡村发展的当地居民更愿意顾及当地利益、文化和非经济的影响，通常会主动采取一些新措施来应对外界的负面影响。例如广西桂林当地的居民就自发成立一个组织来有计划地保护当地的文化遗产，居民建立网站，在网站上说明桂林在此方面存在的问题以及指导人们如何去解决这些问题，并建立起相应的博物馆供游人参观以避免对传统文化造成破坏。

另一方面，生态旅游也存在自身的矛盾，因为成熟的旅游开发必然伴随着城市化的过程（Cohen，1984）。因此，生态旅游发展过程中，一方面会逐步导致当地乡村氛围削弱，变得城市化、商业化起来。比如桂林阳朔西街，虽然它是阳朔在旅游发展过程中出现的新的旅游吸引物，在发展过程中成为一个中西方文化交流的重要场所，但不得不承认的是其乡村氛围也日渐消失。可以说，乡土风情越浓郁的地方，旅游开发所付出的代价也就越大。另一方面则是一旦旅游得以全面发展，它的运行将会变得制度化，这就会导致该地区丧失对旅游业的控制权和应得的那部分利益，而这又和发展生态旅游的初衷相违背。

社区的参与机制主要由以下几个因素构成：社区的参与程度、居民之间的协作模式、居民间的相互关系等。这些因素建立的基础在于社区有着共同的地区利益，能够相互满足共同的日常需求，在原本共同点不多的社区中培养起一种团结精神和共同的属性、共同的目标。

要保证社区参与其中，必须做好下以几个方面的工作。

（1）建立社区参与的利益机制。尽管旅游业在调节地方经济，弥补在天然资源产业和制造业遭受损失等方面发挥着重要的作用，但是，旅游业为居民提供的就业岗位，通常被认为是低工资、提供医疗保险可能性小、福利待遇差的工作。尤其是当这些工作大部分都是季节性的或者兼职工作时，这一现象更为明显。

应该建立起确保当地社区利益能得到保证的机制，旅行社等各种旅游组织的建立及所有权、对外的营销等工作都应当以当地的社区为主。生态旅游必须以居民为经营主体，才能体现“住农家屋、吃农家饭、干农家活、享农家乐”的民俗特色。

在旅游设施和基础设施建设等方面，应优先考虑和鼓励开发当地社区所有权的旅游设施，政府在资金、税收等方面给予社区一定的优惠政策。

（2）建立社区参与的组织机制。在社区参与的组织机制上，可以构建两种类型的组织为确保社区的参与。

第一种是营利性的机构，建立当地居民管理村寨的旅游企业，通过对当地生态旅游的管理来保证当地居民的经济利益得以实现。在组织形式上，既可以是现代股份制企业，也可以是股份合作制企业或者是合作制企业。总之应采用既能最大限度调动广大社区参与的积极性，又能最大限度使社区经济利益得到保证的形式。

第二种是非营利性的机构，鼓励并利用当地社会传统力量，建立民间文化遗产保护协会参与管理。其主要职责是通过日常工作，维护和保持当地的自然、人文环境，以及作为乡村和旅游者、其他组织相沟通的中介。

2. 政府引导的辅助机制

因为中国的生态旅游发展不仅仅是市场化发展的结果，同时也是为了进一步促进农村发展，解决“三农”问题的重要途径。所以必须加强政府对其监督和管理，促使乡村经济、人文和自然环境协调、健康发展。

政府应主要从以下几个方面着手工作。

（1）政府应对发展生态旅游的地区采用整体规划和整体管理，制定适时适地的规划项目。通过整体规划和整体管理，能有效避免目前生态旅游产品趋同化、基础设施求全化、乡村城市化等问题。而在旅游总体规划中最重要的因素是土地使用规划和控制。通过合理的规划和土地使用，以法规形式来批准每块土地的使用要求。但是在操作过程中，导致旅游总体规划失败的最主要的原因往往也正是那些先于法规控制而发生的土地交易和投机活动。

（2）制定法律法规、监督生态旅游。首先政府应在生态旅游的市场准入、经营条件、后续监督管理等方面制定相应的政策、法规，引导生态旅游朝着健康、可持续方向发展。其次，应通过法律法规来规范企业在市场上的竞争行为，对非法经营和在经营过程中的违规行为进行严格的管理和处罚。再次，为维护和保持乡村环境文化特色，政府应制定专门的文化资源保护法规。如对历史建筑、考古遗址、宗教建筑物、保护区，甚至当地整个乡村的保护法规。除此之外，对于新建的建筑或者旅游设施，也应从其规模、高度、色彩、形状、布局等方面制定相应的措施，以保持该地的乡村氛围。

（3）当好产业引导角色，制定产业发展方向，控制产业发展规模。每个乡村，每个地区的旅游资源各异，政府应从该地实际出发，引导社区走适合本地发展的旅游道路。鼓励居民开发本地特色的优质农产品，并为其生产、加工、销售提供服务。从国际旅游发展的历史来看，生态旅游不适合搞大规模的大众旅游形式。比如说法国在1970～1975年间，游客逐渐厌倦了在沙滩海岸边度假，因为那里人太多，此后，他们开始热衷于绿色旅游和乡村旅游，而且对这种新兴的旅游方式的兴趣日益浓厚。

（4）政府的扶持功能。政府的扶持功能主要表现在给发展农业生态旅游的乡村政策优惠和资助两个方面。主要体现在：一是税收的征收上应当体现简易性、公平性和有效性、并对社区所有权的企业给予一定时期的税收优惠；二是投资激励，鼓励当地所有权归属的项目投资。同时在投资激励上把握以下的原则：一是要降低资金成本，比如降低贷款利率、延长还贷时间、提供基础设施、提供土地使用特许权等；二是要降低经营者的经营成本，比如为提高企业的生存能力，政府向社区提供中长期的免税政策，提供货币贬值的特别补贴，对进口材料和进口商品免除关税等；三是创造一个安全的投资环境，采取的相关措施包括；防止资产国有化，返还投入的资金、利润、红利和利息，贷款担保，对骨干人员提供工作许可证等。

（5）政府的协调和监督功能。主要体现在两个方面，一是协调相关区域生态旅游企业之间的关系，为这些企业创造一个既竞争又发展的良好环境，避免恶性竞争。通过对资源的互补性开发来实现整个区域的发展，倡导分工合作，强调同一地区的联合开发。二是搭建交流信息的平台。搭建的信息平台可以是官方的，也可是由官方资助的非政府组织的。其作用主要是从事项目规划、募集和发放贷款、进行宣传、游客分流、提供网络信息服务等。通过这些机构的运作提高当地的知名度、美誉度和社会影响力。

另外，作为目的地社区和开发商，他们更多考虑的是投资和回报，而不是长期效益。因此政府应通过法律法规来监督和管理他们，并考虑当地的承载力，在此基础上制定长期战略规划，以保证该地的可持续发展。

3. 企业发展的经营机制

生态旅游目的地的开发，在经营成本方面，相对其他旅游项目的开发来说，有投入大、回收周期长、更新换代压力大等特点。此外，其经营业绩易受到景点知名度、景点改造的投入、居民消费水平、居民消费意向等多种因素的影响。但生态旅游目的地景区又具有其独特的优势，其综合性强带动相关产业同步发展的弹性大，对发展和繁荣当地经济，起着极其重要的作用，从而能得到政府的优惠政策和政策扶持。作为经营生态旅游的企业应具有强烈的社会责任感，主动成为负责任的企业，以获得良好的社会声誉，并带来长期的经济效益。

生态旅游企业除了经营旅游业，也需要积极发展其他产业和事业，以补充由于长期经营生态旅游可能带来的经济压力。目前可以有几种其他的经营方法。

（1）购买碳汇

碳汇交易就是指发达国家出钱向发展中国家购买碳汇指标，通过市场机制实现森林生态价值补偿的一种有效途径。《京都议定书》（Kyoto Protocol）[①]第 12 条确立了清洁发展机制（简称 CDM），允许《联合国气候变化框架公约》附件 I 国家（工业化国家）通过在发展中国家的项目活动，获得的温室气体减排量或汇清除（俗称碳汇），用于抵消其在《京都议定书》中承诺的温室气体减限排指标。其目的是协助附件 I 国家实现其承诺的温室气体减限排目标，同时帮助发展中国家实现可持续发展。2001 年通过的《马拉喀什协定》规定，在 2008～2012 年的第一承诺期，土地利用变化和林业 CDM 项目仅限于造林再造林项目。2003 年底第九次缔约方大全通过了 CDM 造林再造林项目的方式和程序。因此，《京都议定书》的通过为国际碳汇交易和造林再造林项目的发展提供了国际法的保障。

CDM 造林再造林碳汇项目，是《京都议定书》框架下发达国家和发展中国家之间在林业领域内的唯一合作机制。对发达国家而言，CDM 提供了一种灵活的履约机制；而对于发展中国家来说，通过 CDM 项目可以获得部分资金援助和先进技术，有利于发展中国家最终实现《联合国气候变化框架公约》的目标。因此，对于中国这样的发展中国家而言，开发“碳汇”市场意味着巨大的商机。

《京都议定书》规定，因发展工业而制造了大量温室气体的发达国家，在无法通过技术革新降低温室气体排放量的时候，可以投资发展中国家造林，以碳汇抵消排放。按照《京都议定书》中的规定，中国目前为发展中国家，还不需要承担温室气体的减排义务，所以我国可以在同发达国家的碳汇交易中获得巨大商机。植树造林不仅可以保护环境，而且还蕴涵着巨大的碳汇交易潜力。由发达国家出资到发展中国家购买二氧化碳等温室气体额外减排量的碳汇交易机制已经在我国

① 全称《联合国气候变化框架公约的京都议定书》，是《联合国气候变化框架公约》（United Nations Framework Convention on Climate Change，UNFCCC）的补充条款，是 1997 年 12 月在日本京都由联合国气候变化框架公约参加国三次会议制定的。其目标是“将大气中的温室气体含量稳定在一个适当的水平，进而防止剧烈的气候改变对人类造成伤害”。

逐步形成。碳汇交易的好处在于，它不仅具有经济效益，而且具有环境效益。碳汇是一个潜在的利润增长点。从经济意义上讲，碳汇交易可以帮助生态旅游企业出售自己所拥有的碳汇，即自身所拥有的碳汇林。通过“碳汇”这种产业模式，生态旅游地企业不仅实现了二氧化碳负排放和清洁生产，提升了生态旅游目的地的社会形象，而且潜在的“碳汇”项目将是不折不扣的“现金奶牛”，为获得持久的发展基金奠定了基础。

（2）特许权与专营权

特许权（Concessions）就是特许人授予受许人的某种权利，在该权利之下，受许人可以在约定的条件下使用特许人的某种工业产权和/或知识产权，它可以是单一的业务元素，如商标、专利等；也可以是若干业务元素的组合。

生态旅游企业的特许权经营包含这样一些要素：企业获取一定时间内某生态旅游资源的特许经营的资格；企业拥有开展生态旅游的资质；企业的生态旅游产品可以作为专利特许其他企业经营从而盈利。特许权的具体组成和特许经营的模式有关，不同的特许经营模式对应着不同的特许权。遵照特许权由简单到复杂的顺序，按单一元素到综合模式级别可以把特许经营分为以下六种基本类型：商标特许经营、产品特许经营、生产特许经营、品牌特许经营、专利及商业秘密特许经营和经营模式特许经营。

专营权是指包销商行使专买和专卖的权利，这是包销协议的重要内容。生态旅游企业可以通过获取生态旅游资源和生态旅游产品项目的专营权而获取一种垄断地位，从而保证自己在生态旅游地的竞争优势。

（3）实体产业支撑林业经营

碳汇经济对生态旅游目的地来说具有天然优势，生态旅游地一般都是森林资源丰富的地区，拥有强大的碳储存和碳捕捉的能力。因此，生态旅游地可以扬长避短，发挥自身在碳汇方面的优势，积极发展林业经济。

在林业经营方面，除了生态系统极为脆弱的区域我们要加强保护外，在外围和边缘区域，可以考虑开展现代林业的多功能化经营。我们可以借鉴澳大利亚的案例，以森林经营技术为基础，分类、有针对性地配以政策和措施支持消化因保护森林而额外增加的生态成本。这种模式可以较好地解决兴林与富民、生态与产业、保护与利用矛盾，采取政府扶持政策使生态价值慢慢纳入正常经济活动，而不是变成长期的公共财政负担。

四、生态旅游开发条件评估

生态旅游起源于旅游者对回归自然的需求，对认识自然和了解人与自然关系的需求，因此生态旅游的开发是一个根据供需关系不断调整的过程。所以需要对生态旅游开发条件进行评估。

1. 区位条件分析

生态旅游项目开发首先需要考虑的是该项目所在的地理位置和交通条件，这是决定该项目交通可进入性的重要制约因素。

与一般的城市旅游不同，大部分的生态旅游项目都是位于人迹罕至、自然环境保护较好的地方。这些地区大多是地貌复杂，或是高山峡谷，或是江河分界，例如闽赣边界的武夷山脉、湘赣边界的罗霄山脉、湘黔边界的武陵山脉、宁蒙边界的贺兰山脉、甘青边界的祁连山脉，过去因为地势险要，所以成为地方的行政边界，但现在这些地方大多建立起国家自然保护区或是国家风景名胜区。

区位可以分为绝对区位和相对区位。绝对区位是指由经纬度构成的网络系统中的某个位置，即自然地理位置。相对区位是指其他位置限定的位置，即交通地理位置和经济地理位置。综合起来讲，区位就是自然地理位置、经济地理位置、交通地理位置等在空间地域上有机结合的具体表现。

2. 资源调查和评估

生态旅游资源调查和评估是进行生态旅游开发规划，合理利用与保护的最基础工作，目的在于围绕生态旅游业发展的需要，查明可供利用和开发的生态旅游资源状况，系统而全面地掌握生态旅游资源的数量、质量、性质、特点、级别、成因、时代及价值等，为生态旅游开发做好准备。生态旅游资源调查和评估的内容包括环境条件、旅游资源状况和环境保护状况等。环境条件包括当地的岩石、地层、构造、地貌、水文、野生动植物、气象气候、行政归属与区划、人口与居民、位置、距离、交通、当地的经济条件、现有电力、邮电通讯、供水、食宿、医疗环卫、安全保卫和邻近城市等；旅游资源包括当地旅游资源的类型、数量、结构、规模、级别、成因和现场评价等，并提供调查区的旅游资源分布图、照片、录像及其他有关资料，以及与主要旅游资源有关的重大历史事件、名人活动和文艺作品等；环境保护状况则包括当地工矿企业、科研医疗、生活服务和仓储等设施的排污、放射性、电磁辐射、噪声及地方性疾病等，也包括水、空气、土壤、生物中的重要物质或元素的本地值。

在生态旅游资源调查中，除了一般的初步普查、系统调查和详细调查外，专业调查也占有极为重要的作用。生态旅游的对象主要是自然吸引物以及人文生态，因此调查需要与地理学家、生物学家和民俗学家等的参与，这样才能很好地把握当地生态旅游资源的整体特征和特色，在保护的前提下加以适度的开发利用。如果是在自然保护区中开发生态旅游资源，那么对野生动植物应给予更多的关注。需要确定具有重要价值的物种，如珍稀濒危物种、土著种、地方种、关键种和具有经济价值的物种，国家级保护物种需要优先保护，而具有较高经济价值的物种则可以考虑成为发展绿色食品的潜在资源。在确定了具有生态和经济价值的物种后，还需在将要开发的旅游景点进行这些物种的分布、种群规模、经济价值、物种活动等详细调查，以评估旅游活动对这些物种可能造成的影响。在调查区中，还需要对植被进行较为详细的调查。在很多时候，植被是生态旅游区中重要的景观资源，尤其是在山地，植被的垂直分带是环境变化最显著的展现。在不同地段、不同季节等的时空状态下发掘植被的景观价值，是调查者应该加以重视的。

生态旅游资源的常规调查法有资料统计分析法、综合考察法、资源图表法、区域比较法、分类分区法等，但由于生态旅游大多面向大尺度的自然景观，地形复杂多样、自然植被广袤，因此遥感技术在调查中可以充分发挥它的优越性。通过野外湿地调查和对遥感图像的解译（重点是解译开发区内的地貌特征、植被类型和河流等），以期掌握区内自然环境的整体特征和生态旅游资源的特色，结合地理信息系统技术，更可以建立区域内的生态旅游信息管理系统，提高生态旅游管理的水平和层次。

生态旅游资源评估是在生态旅游资源调查的基础上，对其进行深入的剖析和研究，是生态旅游开发的前提条件。目前大多采用已有的一些评价方法对生态旅游资源进行评估。基本的方法有经济评价、单因子评价和多因子综合量化评价等三种。评估结果将对旅游资源开发利用的方向和旅游地的规模产生直接的影响。即使生态旅游区已经建成，也需要对其继续进行评估，以适应不断变化的旅游需求。因此生态旅游资源的评估是其综合开发利用的一个重要环节。

生态旅游资源评估的目的在于通过对生态旅游资源的种类、组合、结构、功能和性质等的评价，确定生态旅游资源的质量水平，评估其在旅游地开发建设中的地位，以便为生态旅游区的开发提供科学依据，也为已有的或部分开发的景区提供改造、扩大的依据；通过对生态旅游资源规模水平的鉴定，确定该生态旅游地的性质和类型，为今后生态旅游区的分级规划和管理提供系列资料和判断标准，也可拟定未来景区的资源结构和新的生态旅游资源的开发条件；最后通过生态旅游资源开发利用条件综合评估，为合理利用资源，发挥整体宏观效应提供经验，为确定不同旅游地的建设顺序、建设步骤和建设重点准备条件，为制定生态旅游发展规划奠定基础。

3. 旅游承载力分析

承载力（carrying capacity）是指某一特定空间的或趋于的接纳、包容能力，它包括环境承载力、经济承载力和社会承载力，在旅游学上往往简单定义为某一旅游区所能接纳的最大游客量。承载力的标准并不是完全客观的，同时需要根据开发目标而确定，不同的开发目标下，区域能接受的最大游客数量是不同的。

与传统的观光类旅游不同，生态旅游更多地面向大自然，这些地区的自然生态和人文生态可能都十分脆弱，同时生态旅游者在主观上也是十分主动的，他们追求的是新奇与神秘，所以从环境保护和生态旅游者的利益出发，实际的承载力要低于一般的地区，能接纳的游客数量也是偏低的，特别是那些自然保护区。普洛格（Plog）在其《旅游区的性格分析》一书中将游客分为保守型和好奇冒险型两类。随着一个旅游区的成熟和商业化，对于好奇冒险的生态旅游者越来越失去魅力与真实感，致使他们转向新的旅游区。此时，这一旅游区因失去这种吸引力而趋向于世俗化，只能吸引那些保守型的游客。所以如果生态旅游区的开发等同于普通旅游开发区，将是十分有害的。一个地区生态旅游的开发，其环境和社会的承载力都低于普通观光旅游的开发，低密度游客所带来的经济效益损失可以通过提高单位游客的消费水平来弥补。

环境承载力主要是指旅游区域的生态容量，即在一定时间内旅游区的自然生态环境不置退化的前提下，所能容纳的旅游活动量。生态容量是立足于当地原有的生态质量，考虑自然环境对于旅游景区所产生的旅游污染物能够完全吸收与净化，以及在开发旅游以后对于当地的自然植物群落、稀有的动植物种群的生存不造成较大的影响。对于前者，只要计算一定时间内单位游客所产生的污染物数量及自然环境净化与吸收污染的能力，同时人工处理方法还可以扩大环境承载力；后者则主要通过估计由于践踏、穿行的频率和强度对旅游路线沿途、景点周围的植物群落和动植物种群生活的影响来确定生态容量，与前者不同，人工无法扩大其环境承载力。

对一个区域来说，旅游往往带来外来文化，这会导致与当地传统文化的冲突。旅游业具有很大的商业性与非人格化，它能促进一个相对落后的地区经济的繁荣，基础设施改善，居民生活水平的提高，人的观念发展，但消极的后果确是犯罪率上升、环境污染、交通拥挤，特别是外来的旅游者往往带来不同的文化价值观和行为，将对当地固有的传统文化造成很大的冲击，使旅游者和当地居民产生社会冲突，增加敌视和嫉妒。从某种意义上说，旅游开发与当地传统文化的保护是相对立的。

在一些少数民族地区，由于存在传统习俗、宗教、禁忌的影响，旅游开发就更需要考虑其社会承载力。生态旅游开发的前提是保护当地固有的传统文化，如果开发有可能导致破坏当地社会的文化传统，那么这种开发是没有任何意义的。目前在我国一些地方，在开发民族文化生态旅游时，有将民族文化庸俗化和过于商业化的倾向，如少数民族婚礼庆典成了夸张的表演，这样既破坏了当地民族的优秀文化传统，也导致旅游者的不满。因此在少数民族地区开发生态旅游时，必须较为准确地估计旅游对当地文化的影响，与生态旅游没有直接关系的旅游项目和旅游设施尽量减少，如舞厅、卡拉 OK、游乐设施等。开发旅游，文化的冲突是不可避免的，对生态旅游的开发者和游客来说，需要更多地约束自己的行为，尊重当地的文化传统和习俗。

生态旅游的开发也需要考虑其经济承载力，大规模、高强度的生态旅游的开发是十分有害的，当然因游客人数少、消费量小使生态旅游区的经济入不敷出，也不能说生态旅游开发是成功的。与普通的旅游开发相比，生态旅游开发需要更多地考虑开发规模的下限。许多生态旅游资源丰富的地区，位置偏远、交通不便、缺乏知名度，能够提供开发旅游的资金及提供水电、农副产品加工等的资金比较有限，而开发的层次又比较高，实际能接纳的游客数量较低，这就造成投资和效益的矛盾。如果接纳过多的商业资本，过强的效益回收意识将导致生态旅游开发走样。因此，生态旅游开发比较实际的做法还是循序渐进，逐步提高开发强度，用外围地区普通观光旅游开发来逐渐完善区域的基础设施和经济实力，为生态旅游区的开发创造良好的条件。

4. 市场需求分析

据世界旅游组织的统计，一个国家如果国内生产总值年人均达到 1000 美元的时候，旅游业就会兴旺发达，国人就会产生旅游的动机；如果国内生产总值年人均达到 3000 美元的时候，国人就有能力到周边国家去旅游；国内生产总值年人均达到 5000 美元时，国人就有能力周游世界。

市场规模的分析主要用于估计生态旅游区内的饭店数量、餐位数量、基础设施供应能力以及相应的劳动服务供应量，尤其是其上、下限的界定是确定生态旅游开发项目获利能力的基本依据。市场规模的下限又称门槛人口，是指一个开发项目具有获利能力的最低市场规模。多数生态旅游者偏好于旅游活动的多种经历，他们虽然对生态旅游感兴趣，但同时也希望能在整个旅途中融入非生态旅游的内容，因此生态旅游区的开发需要协调生态旅游项目和非生态旅游项目的关系，在保持生态旅游特色的前提下，最大限度地扩大市场规模。

市场需求分析中，对旅游者主要考量其年龄、性别、文化程度、经济收入等人口统计学要素。市场规模具体的计算方法有：时间序列法、引力模型和介入机会模型。市场规模确定的思路通常有三种，最常用的是根据市场来预测，即采用类比法、历史趋势外推法等预测客流量；其次是根据接待能力来预测市场规模，即根据现有设施的接待能力，历史上这些设施的实际接待量，及可能的新开发设施的接待能力来预测市场规模；最后一种方法是根据经济目标来确定必须达到的市场规模。

思考题

1. 试述中国主要生态旅游目的地的分布及特征。

2. 试述生态开发的特点和原则。
3. 试述生态旅游的发展机制。
4. 试述生态旅游开发条件评估。
5. 试述生态旅游规划的重点内容。
6. 试述生态旅游规划的空间模式。
7. 试述景观格局的优化设计。

第五章　生态旅游者与环境教育

【学习导引】

生态旅游者是生态旅游活动的实践者和体验者，他们在本质上不同于一般的大众旅游者。我们希望通过介绍生态旅游者的特点和分类,使学生对于生态旅游者有一个较为清晰的认识。通过对不同生态旅游者行为的识别并对比中西生态旅游者的不同，进而发现国内生态旅游与西方生态旅游发展阶段和层次上的差距。在此基础上介绍了针对不同生态旅游者和生态旅游活动的旅游者管理和环境教育的方法、途径等，使学生能掌握生态旅游者管理和环境教育的基本理论和方法，为日后相关工作的展开打下坚实的基础。

【教学目标】

1. 分析和理解生态旅游者的特点和分类。
2. 了解严格型、一般型和组织型生态旅游者之间的差别和联系。
3. 掌握旅游者行为识别的不同标准和分类。
4. 认识和了解国内外生态旅游者行为的不同及各自特点。
5. 掌握生态旅游者管理的方法和主要措施。
6. 掌握环境解说的分类和解说原则。

【学习重点】

旅游者行为识别方法；生态旅游者行为特征；生态旅游者管理的主要方法；环境解说系统的概念；环境解说的主要原则。

虽然学术界对“生态旅游者”还没有确切的定义，但是通过对比，还是可以发现生态旅游者和一般大众游客有着本质的不同。本章依据韦弗（Weaver）和劳顿（Lawton）等人的研究成果，将生态旅游者分为严格型生态旅游者、一般型生态旅游者和普通型生态旅游者等三种基本类型。而通过研究生态旅游者的行为特点，有助于更好地开发满足生态旅游者需求的旅游产品，更好地进行管理和宣传教育。本章对中外生态旅游者的行为研究除了从旅游动机、产品选择影响因素、认知等方面进行比较外，还进行了行为特征比较，包括活动项目、出游方式、信息获取、环保行为等的对比。而旅游者行为管理与环境教育既依赖旅游者自我行为规范，也需要包括团队规模和频率、旅游活动及其方式、游客体验管理、游客排队管理等在内的组织行为调控方式。本章在此基础上通过对环境解说系统的全面介绍，使学生对环境教育的方法有初步的了解，掌握基本的理论和方法。

第一节　生态旅游者

一、生态旅游者概述

生态旅游者是生态旅游活动的主体，是生态旅游形成和发展的关键因素。虽然国内外学者已经对生态旅游者的概念进行了不少研究，但是仍存在着不同的理解。而与国外的研究相比，国内学术界对生态旅游者的研究尚处于起步阶段。

黄羊山 2000 年对生态旅游者的含义进行了初步的研究，提出“生态旅游者对环境的质量要求很高，同时也非常自觉地、有意识地保护生态环境，他们还协助旅游部门和管理机构进行资源保护”。刘家明等 1998 年从广义角度界定生态旅游者，他们认为到生态旅游区的所有游客都属于生态旅游者，这种界定便于统计上的可操作性。张广瑞等人 2004 年指出，我国的生态旅游市场应定位于“精英旅游者”或倾向于狭义的生态旅游者，即对生态旅游区的环境保护和经济发展负有责任的旅游者。此外，钟林生 2000 年也对生态旅游者的形成和教育进行了研究。

总的来说，对于“谁是生态旅游者”这个看似简单的问题，目前国内外还都没有确定的答案，原因在于对生态旅游定义的理解差异很大，相关市场调查比较少，现有的调查也只能针对某一个目的地，地区性、全国性、世界性的调查难度太大。更重要的是，生态旅游者并不是同质的，各种不同的产品或经历都可以称作生态旅游，消费这种产品或购买这种经历的人都可以称自己是生态旅游者，即便这些人在动机、活动、市场特征、需求等方面的差异很大。表 5.1 说明了生态旅游者和大众旅游者的区别。

总结相关生态旅游者的研究论述，可将生态旅游者分为广义和狭义两类定义。广义的生态旅游者指的是到生态旅游区的所有游客，即从市场的角度出发，将生态旅游者定义为到生态旅游区，以消费生态旅游产品为其旅游活动主要内容的游客；狭义的生态旅游者，仅指来到生态旅游区的对环保与经济发展负有一定责任的那部分游客。这类界定具有统计上的可操作性，但只是对旅游者行为现象的部分概括，并不能真正体现生态旅游的内涵。

表 5.1　生态旅游者与大众旅游者的特征比较

项目	生态旅游者	大众旅游者
人数规模	小，低密度	大，旺季时往往拥挤不堪
旅游目的地	有限制，一般为生态旅游区	无限制
旅游者素质	要求有较高的文化素质	基本无要求，只要旅游者自身具备旅游条件，一般都可成行
旅游动机	专门目的，如学习、研究、保护等，享受自然风光是次要的	纯粹出于个人享受，游玩等目的
环保意识	较强，旅游者往往主动保护环境	软弱，往往对环境污染较为严重
行为约束	强制行为约束，旅游者自我行为约束意识强	无强制行为约束，旅游者自我行为约束意识差

部分引自王群（2004）。

二、生态旅游者特点

关于生态旅游者的行为特点，国外的研究多集中在发达国家，其中加拿大、美国在这方面的研究开展较多。怀特（Wight，2001）和伊格尔斯（Eagles，1992）等对北美生态旅游者进行了调查，对生态旅游者的旅游特点、人口统计特征、旅游动机等方面进行了相关的总结。梅里克（Meric）和亨特（Hunt）1998 年对美国北卡罗来纳州生态旅游者的激励因素和社会人口特征的研究显示，生态旅游者大多为中年、受教育程度高、收入水平也比一般旅游者要高，他们所偏好的旅行活动类型为参观国家公园、野生动物保护区、历史遗迹、徒步旅行等。另外，国外学者还对生态旅游者的主要兴趣、满意度、社会和环境价值、生态旅游者会员组织等也进行了研究。

国内目前对生态旅游者特点的研究相对较少，杨桂华等学者 2000 年指出生态旅游者具有自然性、责任性和特定性的特点。黄震方等 2002 年通过对江苏海滨生态旅游者进行调查，比较分析了国内外生态旅游者的行为特征；石金莲等 2003 年对北京松山自然保护区生态旅游客源特征进行了调查研究。

总体而言，生态旅游者大致可概括出如下特征。

1. 尊重自然

尊重表示主体对客体理解的一种特定模式，根据其对客体的知觉作出一种恰当的回应。新精神分析主义心理学家弗罗姆（Fromm）认为，尊重“就是指客观地正视对方的全部，并容纳对方独有的个性存在。并努力使对方能健康成长和根据自己的意图自行发展”。在心理学意义上，尊重是指一个人对其他人的态度，包括对别人的认知、情感和行为倾向。这种态度不是与生俱来的，是个体出生以后，在遗传天性基础上，伴随着认知能力的发展，参与社会交往，积累社会经验，接受教育影响，逐渐形成的。因此，它是一种心理形成物，当这种态度稳定地形成之后，将成为个体的人格与道德面貌的组成部分。而对自然客体来讲，尊重的核心是给予客体适当的关注，而不是简单地通过一个人自己的理解、愿望等来看待自然。

2. 追求高层次旅游体验

生态旅游不仅仅满足放松和健康的要求，同时能更深刻地感悟自然的灵性，体验人文的积淀，进而达到一定程度上的自我实现。美学家叶朗认为，“旅游，从本质上说，就是一种审美活动，旅游涉及审美的一切领域，又涉及审美的一切形态，旅游活动就是审美活动”。因此生态旅游者注重的是高层次的旅游体验。

3. 内心感受更为丰富

旅游者摆脱了日常烦琐的平淡生活，进入一个全新的异域文化之中，出乎意料的审美愉悦自然不断产生。自然美固然有着永久的魅力，但人文精神的注入必然使得自然美具有了更深远的意蕴。如果在同一景点、同一物象面前多伫立一会儿，并能从一种特殊的角度，以一份不同的心情进行观察，感受自然要比匆匆一过丰富得多。将富有个性的吸引物注入历史积淀的情感，旅游活动才不会平面化。

但是，生态旅游者与一般旅游者又是可转换的。在不同旅游地点，旅游者所扮演的角色是不一样的。旅游者的行为不仅取决于心理环境还取决于外部的环境。旅游者的意识结构使旅游者的行为具有稳定性，但不同旅游地点的环境不一定是相同的，当外部环境差异较大时，可能使旅游者的行为发生不一致的预期。比如，当旅游者在一个环保意识强烈的地区旅游时，他能够很好地尊重当地的生态，但到了另一个环境遭受破坏的景区，他的行为也可能受到很大的负面影响。所以，具备以上几个因素并不是判定生态旅游者（严格意义上讲）的充分条件。

虽然在所有关于生态旅游者的定义中，无论是广义的还是狭义的，都谈到了爱护环境，但实际上这点并不是判定严格意义上生态旅游者的最重要条件；同样关键的因素是生态旅游者追求高层次的需求体验，他们努力感悟自然，把关于自然的感悟、独特的理解传播给身旁的人（何磊，2009）。而关于是否遵守保护环境基本准则，也不是衡量生态旅游者的唯一准则，能否遵守这些准则的原因不仅在旅游者自身的问题，还在于旅游区环保的现状和文化氛围，以及旅游者的期望、满意程度等因素。

三、生态旅游者分类

早期的研究人员试图通过以背景、体验和团队变量为基础来对生态旅游者进行分类。如库斯勒（Kusler）1991 年将生态旅游者分为三大类：自助生态旅游者、旅游中的生态旅游者和学校与科研团体。林德伯格（Lindberg）2001 年强调时间和奉献在区分不同生态旅游者中的重要性，并据此将生态旅游者分为四类：中坚型自然旅游者，即科学研究人员，专门为了教育、环境恢复或类似目的而设计的旅游活动参与者；专致型自然旅游者，即专门为看保护区而旅游的人，以及希望了解当地自然和历史的人；主流型自然旅游者，即主要为了追求一次不同寻常的旅行而前往亚马逊、卢旺达大猩猩公园或者其他类似目的地的人；偶然型自然旅游者，即偶尔参与自然活动的人，如在某一次大规模旅行中抽出时间进行一日游之类的游客。

在《澳大利亚昆士兰生态旅游战略（草案）》中将生态旅游者分为三个类型：自我依赖型，旅游团人数不超过 10 人、在相对偏远地区旅游、使用非机动交通工具；大众型，使用商业化的交通工具前往比较容易到达、服务水平较高的自然吸引物，旅游团规模较大；小团体型，介于自我依赖型和大众型二者之间。

国外也有研究人员试图通过以背景、体验和团队变量为基础来对生态旅游者进行分类。如拉阿曼（Laarman）与德斯特（Durst）于 1987 年首次提出了将生态旅游者分为严格型生态旅游者（hard eco-tourist）和一般的生态旅游者（soft eco-tourist）（Weaver，2001），这一概念作为一个基本体系比较完整地概括了生态旅游者的范畴，在生态旅游学术界得到了广泛支持。

我们依据韦弗（Weaver）和劳顿（Lawton）等人 2002 年的研究成果，将生态旅游者分为三种基本类型：严格型生态旅游者、一般型生态旅游者和组织型生态旅游者。

1. 严格型生态旅游者

严格型生态旅游者是生态旅游者概念系统中的理想类型。他们对大自然充满了尊重、敬畏与关爱，认为人与自然是一种平等的朋友关系，潜在的价值观导致了他们具有下述不同于传统大众旅游者的特点。

（1）强烈的生态意识。严格型生态旅游者喜欢徒步穿越自然景观，对旅游舒适度的要求很低，如他们不会为了自身的方便而要求修筑公路、索道等交通设施，认为这将损害当地的生态环境；同时，他们希望在旅行过程中有体力上的挑战，偏爱富有挑战性的生态旅游体验；更强调个人对自然的体验，希望能亲自了解当地的生态环境。

（2）具有深刻的环境责任感。强烈的生态意识使严格型生态旅游者表现出深刻的环境责任感，他们认为个人的行为会促进对自然环境的保护。因此，他们将环境责任感转化为具体的环境保护行动，不仅严于律己，而且还帮助其他人改正对环境不负责任的行为。

（3）与大众旅游者区别显著。严格型生态旅游者拥有完全主动的旅游态度，他们主动接近大自然，并聆听自然的呼声，关注和思考环境问题。因为这样的态度，严格型生态旅游者通常喜欢那些遥远而又保持着相对原始状态的自然区域。他们的旅游目的单一，就是要深入地了解和学习自然，并与大自然进行亲密地交流；严格型生态旅游者喜欢自己安排旅行，多数是专业化的旅行；他们在旅游过程中认真了解当地民俗风情的文化内涵，关注目的地社区的发展，并愿意为社区发展作出贡献。

严格型生态旅游者真正体现出了生态旅游的核心思想，他们具备充分的生态意识与生态道德，但就人数比例来讲，他们只占了整个生态旅游市场中的一小部分。

严格型 ◄——— 生态旅游	———► 一般型
强烈的环境责任感	中等的责任感
可持续性强	静态可持续性
目的专一的旅行	目的地的旅行
长途旅行	短途旅行
小团队	较大的团队
主动地	被动地
体能挑战	身体舒适
几乎没有服务要求	希望获得服务
强调个人体验	强调对环境的解说
自己进行旅行安排	依靠旅行社或旅游经营者

图 5.1　理想的严格型和一般型生态旅游的特征

引自 Weaver & Lawton（2002）。

2. 一般型生态旅游者

一般型生态旅游者代表了与严格型生态旅游者相对的另一端，与之相比，他们的特点是具有表层的生态意识。一般型生态旅游者往往只有中等或表层的生态意识；对旅游舒适度的要求较高，他们希望景区能提供足够的设施和服务条件。因此他们对旅游服务要求很高，如对住宿、饮食和卫生设施等的要求，都比严格型生态旅游者高。同时，一般的生态旅游者喜欢通过导游解说、小径上的指示标牌或解译中心来获得有关自然的知识，而不愿意自己主动去了解有关的生态知识。

他们的基本特点如下：

（1）具有浅显的环境责任感。一般型生态旅游者对环境问题所具有的责任感不像严格型生态旅游者那样深刻。他们可能会约束自己不做破坏环境的事情，但是他们通常会对别人破坏环境的行为置之不理。

（2）旅游行为类似大众旅游者。一般型生态旅游者的旅游态度是被动的，他们跟随旅游团来到生态旅游区，只停留短暂的时间。所以一般型生态旅游者通常愿意选择交通便利，距离较短的目的地，对景观只是"走马观花"式的欣赏。一般型生态旅游者只与大自然进行肤浅的接触，而缺乏与自然环境的深入交流。他们喜欢由旅行社或旅游经营机构替他们安排旅程，以较大规模团队的旅游方式旅行。一般型生态旅游者不太关注旅游目的地社区的发展，他们口头上希望帮助当地社区的发展，但大都不会转化为实际的行动。在本质上，一般型生态旅游者可以归属于大众旅游者，但他们喜欢与自然环境的接触，又显示出了与普通大众旅游者的不同。一般型生态旅游者占了整个生态旅游市场的大部分。

3. 组织型生态旅游者

韦弗（Weaver）和劳顿（Lawton）2002 年对在澳大利亚拉明顿国家公园生态旅馆内过夜的游客进行了调查。调查结果证实了人们对严格型生态旅游者和一般型生态旅游者划分标准的认识，并认为存在一个介于二者之间的过渡性团体，因此他们提出了组织型生态旅游者的概念。组织型生态旅游者拥有学习和了解自然环境的旅游动机，他们也具有较强的环境责任感，这一点他们类似于严格型生态旅游者。但是，他们又要求一定的旅游服务条件，在这一方面他们更接近甚至超过了一般型生态旅游者。比如说，他们依靠旅行社替他们安排旅游行程，喜欢有导游人员陪同，并认为生态旅游区应该为参观者提供足够的旅游服务和设施。因此，组织型生态旅游者是介于严格型和一般型生态旅游者之间的过渡性团体。

第二节　生态旅游者行为特征

一、生态旅游者行为概述

生态旅游者行为是指那些具有生态和环保意识，愿意并且能够购买生态旅游产品的旅游者的行为，包括旅游的全过程，如：旅游需求的产生、旅游费用的取得、制订旅游计划（旅游支出和支出结构）、旅游者心理和行为活动，对旅游产品的实际消费。表 5.2 从定性的角度分析了传统大众旅游者与生态旅游者行为的不同。

表 5.2　传统大众旅游者与生态旅游者行为比较

项目对象	传统大众旅游者	生态旅游者
旅游对象	人工景观为主	自然景观为主
旅游形式	观光旅游为主	教育、学习
旅游参与	一般对环境管理不积极	自觉参与环保活动
旅游体验	观光为主	学习
教育素质	一般	较好，环保意识强
环境态度	无意识	有意识的保护自然
停留时间	在自然旅游地停留较短	停留时间相对较长
旅游动机	休闲、娱乐	亲近、学习、保护自然
行为约束	无环保行为约束	自我约束保护环境

引自杨桂华等（2000）。

对于生态旅游者行为的界定，由于先前对生态旅游内涵认识的局限性，多采用单纯的行为学方法，将生态旅游者等同于自然旅游者。随着近年生态旅游在世界范围内的发展以及对生态旅游认识的不断深入，专家们开始认识到生态旅游者与自然旅游者之间的差异。他们把多种方法结合起来，力图将真正的生态旅游者从自然旅游者中抽取出来，以提高识别生态旅游者的准确率。

但无论如何，生态旅游不属于大众旅游的范畴，生态旅游者也不等同于大众旅游者，其行为必定也是有很大区别的，这一点是毋庸置疑的。

二、生态旅游者行为识别

生态旅游者识别有多种方法，如行为学方法、自我识别法、专家判别法、数学识别法、休闲分类法、新环境范式等。

1. 行为学方法

行为学方法是识别生态旅游者时最常使用、也是最早使用的方法。行为学方法中所认定的生态旅游者一般包括两类人，一类是生态旅游产品的消费者，另一类是自然环境组织的成员。例如，怀特（Wight）2001 年指出，只要是在旅游目的地“像生态旅游者那样活动”的游客就可以被认定为生态旅游者。虽然行为学方法具有简便易行的特点，但生态旅游活动通常与自然、户外和文化体验有关，由于其取样途径的不同，最终样本的精度也会存在较大差异。

当样本取自观鸟、长途徒步旅行这样典型的生态旅游活动，或由典型生态旅游者参加的协会（如爱鸟协会）时，样本精度相对较高，但由于限制较大，所能获取的样本量通常很有限。而如果样本只是取自国家公园的一般游客或一般环境组织的成员，取样会更容易，但精度则要低得多，因为国家公园的一般游客只能算作自然旅游者。即便是一般环境组织的成员也只能算作是环境主义者，他们中生态旅游者的比例通常较高，但不等于他们全部属于生态旅游者。一种折中的方法是在生态旅游者比例较高的人群中取样，并通过一些附加条件或综合其他识别方法最终对是否为生态旅游者进行判别。总的看来，行为学方法属于生态旅游者识别与细分的基础性方法，早期多单独使用，最近则往往与其他方法综合，以取得更好的取样效果。

2. 自我识别法

自我识别法就是由受访者自己认定是否为生态旅游者的一种判别方法，通常与行为学方法结合使用。这一方法一般首先询问受访者是否听说过“生态旅游”的概念，如果回答是肯定的，则进一步追问他们是否认为自己是生态旅游者。这种方法有助于对生态旅游者概貌特征的深入理解，与以往静态的分析方法相比，该方法可通过一些问题进行更有深度的面谈，如“你为什么认为自己是生态旅游者？”之类。

在应用这种方法的实践中，研究者有几点重要结论：

（1）负责任的环境态度和行为是游客认定自己为生态旅游者的两个最重要的原因。

（2）同样具有积极环境态度的游客也有着本质的差异，有的愿意在旅游中采取与环境相适应的友好的行为，有的在此基础上，还愿意敦促陌生人也在活动中采取这样的行为。

（3）游客认定自己为生态旅游者往往有多种原因，态度、兴趣、行为共同构成了生态旅游者自我意识的重要组成部分。

单纯通过自我识别法进行判别也有缺陷。这种方法对游客本身的素质要求较高，一个生态旅游者没有听说过“生态旅游”概念是很正常的，因为“生态旅游”概念产生不过30年，而在此之前类似生态旅游的行为甚至旅行方式则早就存在。所以，这种方法会人为地将问卷调查的抽选框缩小。同时某些自我认定为生态旅游者的游客在判别时也可能是出于某些虚荣的或是问题本身以外的原因。所以，这种方法最好与其他方法配合使用。

3. 专家判别法

专家判别法是利用专家的知识和经验提出一些判别生态旅游者或细分生态旅游者的核心指标，这些指标以问题的形式出现，由受访者作答，最终根据受访者的回答判别其是否为生态旅游者或属于哪一种类型的生态旅游者。戴曼提斯（Diamantis，1999）在对英国生态旅游者的细分中即采用了这种方法。在他的问卷中包括两个基本问题，由受访者回答“是”或“不是”：

（1）在你度假期间偶尔参与具有教育保护目的的自然旅游吗？

（2）在你度假期间经常参与具有教育保护目的的自然旅游吗？

对第1个问题回答“是”的被归为偶尔的生态旅游者，对第2个问题回答“是”的被归为经常的生态旅游者。专家判别法取得较好效果的关键是判别的指标是否合适，这有赖于对生态旅游内涵的深入理解。专家判别法结合其他方法一起使用，往往能收到更好的效果。

4. 数学识别法

目前，已经在国外生态旅游者识别研究中应用到的数学识别法主要包括两种：聚类分析和 Logistic 回归模型。下面以 K-Means 聚类分析为例，说明数学识别法如何识别生态旅游者。

聚类分析的目的在于把给定数据集按一定规则划分为一系列有意义的子集（或称类），使得每个子集中的数据尽量“相似”或“接近”，而子集与子集间的数据尽可能有“很大差异”。

5. 休闲分类法

对生态旅游者的进一步细分，可以采取休闲分类法。

布赖恩（Bryan）1977 年最早提出休闲分类的方法，之后的学者经常将之用于旅游者行为的分类研究。他提出，分类的原始模型是一个发展的过程，随着时间的改变，人们参加休闲活动的行为也不同。随着重复参与休闲活动，人们相应的能力会随之增加，我们对活动的看法也会产生变化，同时发展了对活动有联系的事物和增加社会参与性。斯科特和谢弗（Scott & Shafer，2001）借鉴布赖恩的方法，并对其进行发展，应用到观鸟旅游者行为的研究中，他们认为该方法是模型对从个别到一般的假设过程。休闲分类法在判别时主要依据三个方面指标，根据指标的得分分类。生态旅游者分类方法中采用的主要参数是团队人数、时间和奉献程度大小等。以观鸟旅游者为例，观鸟旅游者的分类方法是采用技术水平不同，参与的频繁程度和对活动的忠诚度界定。

通过问卷调查，例如观鸟旅游者旅游时间、技术水平和忠诚度；观鸟旅游目的地偏好属性等问题。再通过利用休闲类型分类的理论框架和 SPSS 软件，研究观鸟旅游者行为特征。聚类（Clustering）就是将数据分组成为多个类（Cluster）。在同一个类内对象之间具有较高的相似度，不同类之间的对象差别较大。数学识别法中 K 聚类分析法是 SPSS 的一个分类方法，软件根据事物性质相近为原则，将距离最近的点划分为一类。将所调查数据按照属性输入，SPSS 会自动进行聚类分析。以表 5.3 观鸟者分类为例。

表 5.3 观鸟者分类指标列表

<table>
<tr><th>项目分类</th><th colspan="2">项目细分</th></tr>
<tr><td rowspan="2">行为变量</td><td colspan="2">过去 12 个月观鸟旅游的总次数</td></tr>
<tr><td colspan="2">过去 12 个月观鸟的总天数</td></tr>
<tr><td rowspan="2">技术水平</td><td colspan="2">通过观察可以辨别的鸟类数量</td></tr>
<tr><td colspan="2">通过鸟声可以辨别的鸟类数量</td></tr>
<tr><td rowspan="5">忠诚度</td><td rowspan="5">重要性</td><td>生命中很重要的一部分</td></tr>
<tr><td>观鸟是一种真正的乐趣</td></tr>
<tr><td>出去度假只参加观鸟旅游</td></tr>
<tr><td>我读了很多观鸟方面的书</td></tr>
<tr><td>我花了大量的时间和金钱参加观鸟活动</td></tr>
<tr><td rowspan="9">忠诚度</td><td rowspan="9">对生活方式的影响</td><td>我宁愿观鸟不愿意做很多其他事情</td></tr>
<tr><td>如果我不观鸟，我会失去和很多朋友接触的机会</td></tr>
<tr><td>如果我不去观鸟，我不知道该做什么</td></tr>
<tr><td>其他休闲活动没有观鸟这样吸引我</td></tr>
<tr><td>我发现我的生活很多都是围绕着观鸟的</td></tr>
<tr><td>我认为自己是观鸟方面的专家</td></tr>
<tr><td>其他人也许说我花费了太多时间观鸟</td></tr>
<tr><td>因为观鸟我没有时间从事其他休闲活动</td></tr>
<tr><td>我的很多朋友几乎都是观鸟或者和观鸟有关</td></tr>
</table>

引自 Scott and Shafer（2001）。

6. 新环境范式（New Environmental Paradigm，NEP）

环境关注是环境态度的三个维度之一，是指个人对生态环境的普遍关注和所持有的一般信念。邓拉普和范李尔（Dunlap & van Liere，1978）提出的“新环境范式”被普遍认为就是环境关注。

环境态度直接影响游客的出游动机。NEP 尺度是国际上测量环境态度时最常使用的工具。卢扎等人（Luzar *ea al.*，1998）改进 NEP 尺度，在不影响测量效果的前提下，由原来的 12 个问题缩减为 6 个。例如根据观鸟旅游者行为的特殊性，对问题进行了提问方式的改动（见表 5.4）。回答由非常不同意、不同意、一般、同意、非常同意 5 级构成，计分分别为 1～5 分。最高分为 30 分，中间者的分数为 18 分，大于 18 分的表明具有较好的环境态度，小于 18 分的表明其对环境不太友好。

表 5.4　新环境范式尺度表

观点	态度				
	非常不同意	不同意	一般	同意	非常同意
动植物之所以存在，首先是为了人类利用	5	4	3	2	1
人类有权按照自己的需要改变自然	5	4	3	2	1
人类为了生存必须和自然和平相处	1	2	3	4	5
当自然遭到破坏，常导致灾难性的后果	1	2	3	4	5
生态环境很脆弱、易破坏	1	2	3	4	5
人类注定是自然主宰	5	4	3	2	1

引自 Luazr & Henning（1994）。

三、西方生态旅游者行为特征

1. 人口统计特征

根据美国、英国、加拿大和澳大利亚所作的调查，西方生态旅游者的人口统计学特征如下：从收入来看，生态旅游者的家庭收入要高于一般旅游者（Backman & Potts，1993；Eagles & Cascagnette，1995），戴曼提斯（Diamantis，1999）研究结果表明，英国大部分生态旅游者都属于中高收入阶层；统计中关于职业的信息不多，但在美国，35%的生态旅游者都属于专业人士和管理人员，澳大利亚则主要是专业和技术人员；所有的调查都显示，生态旅游者的受教育程度比较高，如在英国 61%的生态旅游常客都是研究生毕业；各个年龄段以及男性和女性对生态旅游的兴趣和参与都比较普遍，唯一的区别在于，不同年龄和不同性别的生态旅游者所参与的具体活动不同。

2. 行为特点

生态旅游者的旅游行为特点如下：

（1）出游频率、出游季节和时间长度：北美的调查显示，生态旅游者的出游频率更高，41%的人在三年内出州（或者省）旅游六次以上；有关文献中很少有出游时间方面的信息，总的来说，生态旅游者倾向于在不同季节出游，其淡旺季差异不明显；至于旅游时间长度，也由于具体活动不同而差异较大，总体而言，出游时间比一般大众旅游者长。

（2）旅游花费：莱昂内斯（Leones，1998）等人发现，生态旅游者比一般旅游者的总体花费高，但停留时间长，因此平均日花费少；澳大利亚的调查也说明，尽管生态旅游者的每晚花费只有 78 澳元（一般旅游者为 90 澳元），但其总体花费比一般旅游者多 13%，原因在于其停留时间长。生态旅游者在花费上更强调价值，而一般旅游者则强调质量。

（3）目的地和客源地：大量生态旅游研究都是关于热带和发展中国家的，很多人也相信上述国家是首要的生态旅游目的地，但是生态旅游者市场研究的结果则并非如此。生态旅游目的地的排名按洲际来说应该依次是：欧洲、亚洲、美洲、澳大利亚、新西兰、太平洋地区与非洲。印度尼西亚、印度、澳大利亚、尼泊尔、不丹和新西兰是东南亚和太平洋地区接待生态旅游游客最多的地区。研究表明，欧洲和北美是生态旅游的主要客源地。主要的客源国分别是美国、英国、德国、加拿大、法国、澳大利亚、荷兰、瑞典、奥地利、新西兰、挪威和丹麦，另外，日本、东欧和新兴的亚洲工业国家的生态旅游者也越来越多起来。

总的来说，关于生态旅游者及其人口统计资料的研究，尤其是针对一个生态旅游目的地的专门研究，在数量上还不算很多。即使像哥斯达黎加、肯尼亚、厄瓜多尔、南非、伯利兹这样的国家，公开发表的专门研究也颇少见。在研究方法上，主要采用对旅游经营者的问卷调查；在内容上，没有将自然旅游者和生态旅游者区分开来，而后者需要一个更加复杂的调查方法来了解生态旅游者的生活方式、对环境和社会可持续性的支付意愿，而不仅仅是其在自然区域的活动。

四、中外生态旅游者行为比较

李明辉和谢辉（2008）对中外生态旅游者行为进行了全面调查，对调查结果进行了全面的比较分析，得出了很有价值的结论。

1. 旅游动机比较

寻求新的体验，了解自然是国外生态旅游者共同的主要旅游动机。西方旅游者将参加生态旅游视为自我实现的重要手段，更多地追求精神享受。而对于中国的生态旅游者，由于工作环境的压力，他们还是更多地关注旅游带来的缓解压力的作用，以及欣赏自然的精神享受（见表 5.5）。

表 5.5　中外生态旅游者生态旅游的动机比较

生态旅游者	缓解压力	了解自然	寻求的新体验	欣赏自然	其他
国内生态旅游者	49.8%	5.3%	12.9%	28.5%	3.4%
国外生态旅游者	18.9%	23.2%	35.7%	19.5%	2.7%

引自李明辉、谢辉（2008）。

2. 产品选择影响因素比较

国外游客选择生态旅游产品时比较看重生态旅游产品本身的质量。他们希望能深入了解当地的生态环境，满足寻求新体验的动机，这也是国外游客在选择生态旅游产品时对安全程度十分关注的原因。与国外生态旅游者相比，中国尚处于经济发展的初期，国内生态旅游者更倾向于观光、度假和娱乐型旅游项目，因而他们在选择生态旅游目的地时更多地考虑景区质量和价格、旅行社服务水平等(见表 5.6)。

表 5.6　影响生态旅游者对旅游产品选择的因素

生态旅游者	知名度	价格	交通便利程度	服务设施	自然风光	文化特色	安全程度	旅行社服务水平
国内生态旅游者	3.93	4.22	3.82	4.0	4.37	3.76	3.89	4.9
国外生态旅游者	4.05	3.95	3.80	3.76	4.43	4.07	4.09	3.77

引自李明辉、谢辉（2008)。

3. 行为特征比较

（1）活动项目

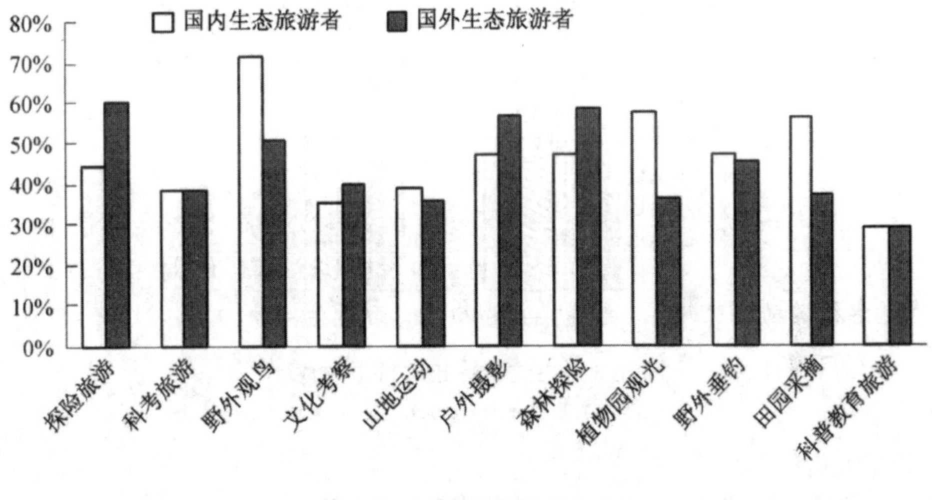

图 5.2　生态旅游活动的构成

引自李明辉、谢辉（2008)。

从图 5.2 可以看出，国内生态旅游者最为认可的三种生态旅游活动项目是：野外观鸟，占 71.5%；植物园观光，占 57.4%；田园采摘，占 55.9%。这三种生态旅游活动项目代表了国内生态旅游者对生态旅游内涵的认知程度：这些活动能够“缓解压力，放松身心”。

在对国外生态旅游者的调查结果中，探险旅游、森林探险和户外摄影则是最为认可的 3 种生态旅游活动项目，分别占到 60.5%、57.8%和 56.8%。由此表明，大多数国外生态旅游者更强调通过生态旅游获得个人对自然的体验以及生态旅游对个人意志与精神的挑战。

（2）出游方式

生态旅游者的团队构成形式反映了生态旅游者的旅游习惯、旅游经验、对他人依赖性等方面的行为特征。一般认为，生态旅游者希望无牵无挂地出游，以最佳的状态融入大自然。图 5.3 表明，大部分国外生态旅游者喜欢与他人结伴出游，占 41.1%，其次是独自一人出游，占 24.3%，与亲朋好友一起的占 18.4%，参加旅游团的只有 13.0%。相比之下，国内的旅游者更喜欢以旅游团的形式出游，占 40.3%，与亲朋好友一起旅游的占 30.8%，与他人结伴旅游的占 19.8%，独自一人旅游的占 6.5%。

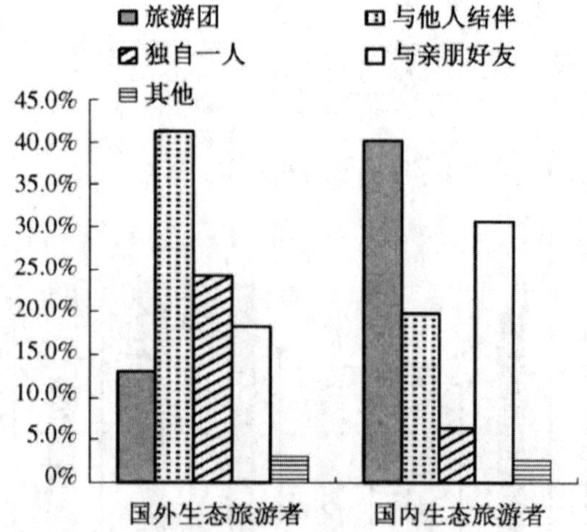

图 5.3　生态旅游出游方式的构成

引自李明辉、谢辉（2008）。

（3）信息获取

旅游者在外出旅游之前，首先要收集多方面的信息，然后根据自己的偏好作出选择。针对生态旅游者获取旅游信息的渠道进行的调查研究，是生态旅游地进行目的地营销的根据，也是生态旅游地实施形象推广战略的基础。了解自然、学习知识，也是旅游者进行生态旅游的目的之一，生态旅游者在景区内如何获取信息，能够反映出一个生态旅游者进行生态旅游的内部动因与能力。

从图 5.4 可以看出，国内生态旅游者对景区的了解途径主要是导游的讲解，其次才是导游手册，当地居民列第三位。国外生态旅游者对景区的了解途径主要是访问当地居民，其次是导游手册，导游讲解列在第三位。由此可见，国外的旅游者的独立理解能力和获取知识的能力较中国游客更强。

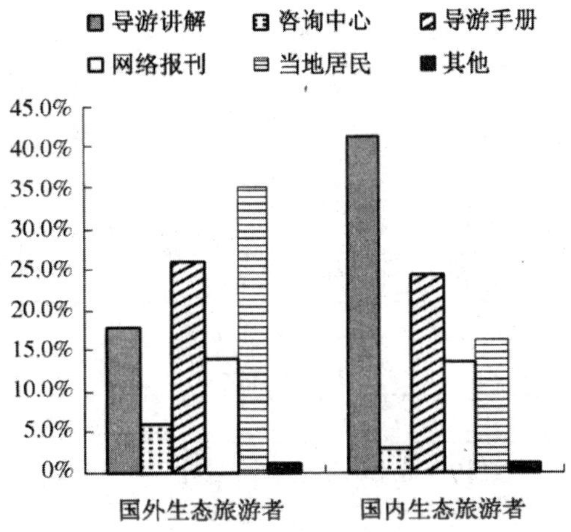

图 5.4　旅游信息渠道

引自李明辉、谢辉（2008）。

（4）环保行为对比

旅游者对环境的保护行为可以反映他是否是一个严格型生态旅游者。严格型生态旅游者对环境的破坏最小。但是，绝大部分国内外生态旅游者都只具有比较表层的生态行为。例如在维持最基本的环境卫生这一问题上，绝大多数旅游者是可以自我约束的。当一些生态环保行为对游客造成不便时，国内外游客的行为就产生了一定的差别。国外游客的环境责任感要优于国内游客。进一步的调查结果也表明，国内游客中青年群体具有更多的主动保护行为，

如在选择自行车或者徒步、选择民居住宿或野营的群体中，青年占很大比例。同时选择“其他”项的很多青年旅游者，在解释时都提到了电瓶车这一交通工具。

在环保标志这一选项中，绝大多数的国内外游客都选择“会按照标志去做”，但是也有一定比例的游客选择了“没有注意到标志”（国内 22.4%，国外 13.5%）。这说明景区需要在环保标志的制作方面有所改进，使标志更明显。

4. 认知比较

虽然国内游客的生态意识已经日趋成熟，在对旅游地环境问题的关注以及自身的环境行为上，都有比较积极的选择，但是，当环保行为与游客自身利益发生冲突时，国内游客还是表现出比较强烈的自利思想，而国外游客则表现出比较坚定的环境观念。例如当陈述中的某些活动对游客的旅游会产生影响时，国内外游客的回答就表现出显著差异。这表明国内部分游客仍然把生态旅游当作走马观花式的享受活动，不愿过多地付出体力。

表 5.7　生态旅游者认知的差异

陈述的问题	国内游客选择等级的均值	国外游客选择等级的均值	P 值
参与生态旅游增强了我的生态意识	3.76	3.74	0.909
当我喜欢一个自然景区时，我会尽可能地多次前往	3.27	3.32	0.908
民族村寨或古城镇建筑外观应该保持传统式样，旅游地居民也应保持传统的生活方式	3.89	3.8	0.889
我愿意参加有益环境的志愿者活动	3.68	3.63	0.822
旅游地居民的习俗中有一些我认为是不科学的东西，对此我要极力说服他们改正	2.48	2.58	0.718
生态旅游的开展会促进当地的经济和文化发展	3.83	3.74	0.705
生态旅游的日渐兴旺对生态环境、资源会造成一定程度的破坏	3.71	3.62	0.572
在参观景区之前，我会充分了解当地的自然人文概况	3.86	3.89	0.551
生态旅游中对生态资源的欣赏、品味和探索能够使旅游者更好地学习环保知识	3.9	3.75	0.30
如果旅游地民族有禁止喝酒或女性不得穿裙子等习俗，我在参观时会主动遵守	3.51	3.86	0.036
我愿意在不利的天气条件下进行长途徒步，如果这是看到我所感兴趣的自然或人文景观的唯一机会	2.69	3.03	0.034
我喜欢在一个旅游区作深度旅行，而不是频繁地更换不同的旅游地	2.7	3.1	0.005
如果某景区规定，游客进入前应对其携带的可能产生的废弃物品进行登记，在出景区时必须将这些物品带出，以免对景区产生环境污染，我会乐意接受这项规定	3.22	3.69	0.002
我喜欢到那些原生态的、较少有游客参观的旅游地去	3.2	3.65	0.001

引自李明辉、谢辉（2008）。

总之，通过对比研究可以得出以下主要结论：

（1）大多数国内生态旅游者的旅游动机是“缓解压力”和“欣赏自然”，而在国外生态旅游者中，旅游动机为“寻求新体验”和“了解自然”的居多。环境纯净、风景优美的自然生态旅游地是生态旅游者的首选，在这些场所中进行观光、休闲、度假是现今生态旅游活动的主流。除了自然风光影响生态旅游者的旅游选择之外，影响国外生态旅游者选择何种旅游产品的因素主要与旅游地的情况有关，如旅游地的安全程度、文化特色和知名度；而对国内旅游者来说，旅游产品价格、旅行社服务水平对旅游地选择的影响较大。

（2）中外生态旅游者在团队构成上有比较大的差别。与国外生态旅游者相比，国内的旅游者更喜欢以团队形式出游，喜欢完备舒适的团队服务。这反映了国内生态旅游者的旅游经验不如国外生态旅游者，并且具有较强的对他人依赖性，这也能说明国内生态旅游还不是很成熟，仍处在低水平发展阶段。

（3）70%以上的被调查者（无论国内还是国外生态旅游者）都肯定在参观前会充分了解当地的自然人文概况，但是在景区中获取信息的途径却完全不同。导游讲解和导游手册/景区标识牌是国内生态旅游者增进对景区了解的主要途径，他们比较喜欢从旅行社获取旅游信息；国外生态旅游者不太喜欢通过旅行社被动地获取旅游信息，而更多地通过访问当地居民来加强对景区的了解。相对于国内游客而言，国外游客对旅行社和导游的需求较少，他们更强调个人对自然的体验，希望能亲自了解当地的生态环境，独立性和自主性更强。

（4）通过对国内外游客的调查分析和对比研究发现，当一些生态环保行为对游客造成不便时，国内外游客的行为就产生了一定的差别。这主要和我国生态旅游开发得比较晚且产品单一，而国外的生态旅游开发得比较成熟且产品丰富有关。

第三节　生态旅游者行为管理

生态旅游区游客管理面临的最主要问题是，游客的环境影响如何调控和游客旅游体验如何管理两大问题。游客环境影响调控从根本上来说它也是为了使更多的游客能持续得到高质量的旅游体验，所以，游客环境影响调控一定程度上有助于游客的旅游体验管理；另外，良好的游客体验管理在一定程度上也对游客的环境影响调控有利。

国外很多机构已经制定了不少旅游者的行为管理制度来对旅游者的行为进行完善的管理。例如美国国家公园管理局制定“可接受的改变极限”（Limits of Acceptable Change，LAC）理论的基本框架，以及“游客体验与资源保护技术方法”（Visitor Experience and Resource Protection, VERP），加拿大国家公园局制定了“游客活动管理规划”方法（Visitor Activity Management Plan, VAMP），美国国家公园保护协会制定了“游客影响管理”（Visitor Impact Management, VIM），澳大利亚制定了“旅游管理最佳模型”（Tourism Optimization Management Model, TOMM）和“游憩机会类别”（Recreation Opportunity Spectrum, ROS）等。

通过对这些管理规范的研究分类，可以将旅游者行为管理分为自我行为规范和组织行为调控两个层面。

一、自我行为规范

在参加生态旅游活动时，旅游者对环境保护和尊重当地传统应具有相当的认识；在主观具有自觉性的前提下，应该主动约束自己的行为，减少旅游活动可能对环境带来的影响。主要有以下规范要求：

- 徒步行走在现有路径上，避免任意走出新的路径。如没有现成道路，行走时步履要轻，尽可能避开植被和潮湿、松软或脆弱的土壤。
- 在自然保护区和国家公园，不采摘植物花果叶、折断树枝、剥树皮、在树上钉钉子等。未经许可不收集动植物和岩石标本，不带走一草一木，尽量不留下非必要的标记。
- 在旅游过程中不随便乱扔垃圾，保持环境清洁，实施“带进—带出”制度，收集所有的废弃物（包括食物残渣），参与垃圾分类，促进资源回收，并以购买回收材料制作的小商品来支持循环经济。
- 在没有厕所的地方，将粪便埋入至少 15 厘米深的地下，且距离最近水体或野营地不得少于 100 米。
- 不提倡生篝火，尽量使用燃料炉烹调。如果需要篝火，必须在已有的篝火点使用，并在用完之后彻底熄灭，篝火燃料使用自带的或者从较远的地方收集的木柴。
- 进入洞穴之前需得到相关的政府自然保护部门或洞穴所有者的许可。在指定的道路上行走，不要触摸或挪动洞穴内的任何装饰物、钟乳石、遗骸、化石、穴居生物、沉淀物或流水。洞内不进食和抽烟。不直接用灯光照射洞穴内的生物群。
- 观看野生动物尽量减少噪声，不大声喊叫，故意惊吓动物。晚上必须站在持有聚光灯的领队之后沿着指定路线前进。任何时候不接触动物，不使用闪光灯拍照。
- 观鸟时应保持一定的距离，不追逐野生鸟类，不可使用不当的方法促使隐藏的鸟类现身。不采集鸟蛋，捕捉野鸟。遇见鸟类正在筑巢或育雏，保持适当观赏距离，以免干扰了亲鸟的繁殖。
- 不食用野生动物，不购买和使用野生动物制作的消费品和旅游纪念品，主动监督野生动植物违法贸易行为。
- 应该树立强烈的节水意识，自觉选择节水行为。

二、组织行为调控

1. 团队规模和频率

在其他条件相同的前提下，游客团队的规模越大，对生态环境的压力和影响也越大。因为大规模团队在生态旅游区的游览活动，容易产生更大的噪声，对野生动物的生活产生更大的干扰，当路径太窄时，可能会践踏路径周围的植被和土壤，开辟新的旅游通道等。所以生态旅游要求较小的团队规模，也是出于减少游客对环境影响的考虑。生态旅游团队提倡小规模。一般十人以下为适宜，最多不能超过三十人。

值得注意的是，如果在游客总量一定的情况下，团队规模越小，团队数目就越大，那么在同一个景点出现的旅游团队的频率就越高。也就是说，一方面，减小团队规模会使游客对环境的影响减小，但同时另一方面旅游团队出现频率的增加又会使游客对环境的影响的增加。

在其他条件相同的前提下，在同一个区域游客出现的频率越高，对环境的影响就越大。游客高频率的出现也就意味着对生态环境尤其是对野生动物的高频率干扰，这会严重的影响野生动物的繁殖、觅食和迁徙等活动。同一个游客或同一个游客团队在同一个景区逗留的时间越长，对生态环境造成的干扰也就越大。

所以说旅游团队的规模不能太大，但也不是越小越好，应该是这样一个合适的规模，在这个规模上，团队规模对环境的影响与团队出现的频率对环境的影响的总和最小。

游客的时空分布调节目的在于尽量减少游客在景区的逗留时间，在一些生态脆弱、高度敏感的地区，应劝告游客快速通过。在动物繁殖季节，甚至要关闭一些路线。为了减轻环境的压力和保证游客的旅游体验，应该尽可能使景区不要出现游客高峰，应把游客尽可能分散在景区的各个区域，控制一个单位时间段进入景区的旅游团队数量。

2. 旅游活动及其方式

不同的旅游活动对生态环境的影响是不一样的，应选择对生态环境破坏小的一些旅游活动和旅游方式，而限制那些对生态环境影响较大的活动和方式。这也就意味着管理者必须对生态旅游区提供的旅游产品及旅游方式进行筛选，对各项旅游产品首先应该做环境影响评价，只有那些环境影响小的旅游产品和旅游方式才可以被推向市场。

以秘鲁的世界遗产“纳斯卡和朱马纳草原线条图”为例。自从这一地区被发现以后，前去游览的人就一直络绎不绝。对那些刻在地表、只有从高处才可以看出的神奇图案，不管是专业人士还是普通游客都对这些至今也无法解释的谜团有着浓厚的兴趣。秘鲁为了让这一世界遗产能一直保存下去，采取了许多特殊的保护措施。例如，只允许游客乘坐直升机从高空观看，而禁止参观者步行或驱车前往。为体现出管理者对不宜乘飞机的游客们的关怀，在纳斯卡北部20公里处，又兴建了一座高高的瞭望塔，专为游客提供斜向观望地面三个图案的机会。

选用对环境影响较小的技术也能降低游客活动对环境的影响，如进入生态旅游区的交通工具可用电瓶车来替代游客的汽车，穿硬底鞋的游客可让他换成软底鞋，另外，像登山、攀岩、滑翔、探险、野营等旅游活动都可以采用对环境影响相对较小的技术。

3. 游客体验管理

生态旅游区的旅游体验就是指游客进入生态旅游区后与外部环境发生联系后所得到的各种知识、愉悦和满足感的总和。使游客获得良好的旅游体验是生态旅游区游客管理的一个重要目标，也是生态旅游区树立品牌、扩大美誉度、提高游客的回头率并最终获得较好经济效益的一个基础。

赖安（Chris Ryan，1998）将影响旅游体验的因素划分为先在因素、干涉变量、行为过程几个因素，并认为旅游体验的质量是这些因素相互作用的结果。其中先在因素由个性、社会等级、生活方式、家庭生命周期阶段、目的地的营销和形象定位、过去的知识和经验、期望以及动机所构成；干涉变量包括旅游体验中的延误、舒适、便利和目的地的可进入性，目的地的性质，住宿的质量，景点的数目和活动内容的多少等；行为过程要受到旅游者感知到的期望与实际偏差的大小、与目的地居民以及同行的旅游者之间相互作用的性质、辨别事件的真实性和虚幻性的能力、建立可以使自己获得归属感的人际关系的能力以及旅游者的活动方式等因素的综合影响。

在旅游体验中，调节干涉变量可以使旅游者获得美好印象的重要途径，它也决定了游客在生态旅游区的舒适、便利和愉悦程度。因此要提高游客的旅游体验，生态旅游区应该在各个环节都提供优质的服务。包括游客到景区之前、到达景区之时、进入景区、在景区的游览过程、离开景区以及离开之后这些环节，形成景区与游客之间良好的互动。

4. 游客排队管理

当来访的游客数量在某个时段超过了生态旅游区的接待或管理能力时，游客可能就会被要求排队等候，如排队购买景区门票、排队进入生态旅游区、排队等候工作人员安排停车位等。游客排队可能带来的问题有：当排队等候的时间超过一定限度后，游客会产生烦躁甚至不满情绪。如果游客花费了太多的时间排队，那么就相应地减少了在景区的游览时间，这就必然会造成游客的抱怨及对景区游客管理能力的怀疑，这样就大大降低了生态旅游区在游客心中的美誉度，同时也会使游客在本次旅游中得到的旅游体验大打折扣。因此为了不使游客的旅游体验降低质量，管理者必须采取一系列措施来对排队进行管理。

一方面，管理者要对游客的队列进行科学的管理，尽量缩短游客排队等候的时间。根据游客和配备的工作人员数量，可将队列划分为单列单人型（一队游客配备一名服务人员）、单列多人型、多列多人型、多列单人型及综合队列等类型。这些类型各有优缺点，旅游景区可根据实际情况选择合适的排队方式。另外，当某个时间段游客人数较多，可考虑从其他部门抽调一些工作人员，增设售票窗口，增开服务通道，让游客快速获得所要的服务。

另一方面，当不能完全杜绝游客排队等候的现象时，要采取其他一些辅助措施来降低游客在排队过程中的不良感受。如让游客知道需要等候的时间、为游客提供娱乐活动以转移他们的注意力等。欧美的许多著名的主题公园的排队区设计方面的经验可以供生态旅游区的排队管理借鉴。如在过山车的排队区，让排队的游客穿过曲折幽暗的隧道，用各种道具和声光效果渲染环境的神秘气氛，让游客在越来越接近乘坐体验的同时积累对这种体验的期待。很多表演性游乐活动在正式表演开始之前都有丑角“捉弄”游客，制造气氛，让预先等候在观众席的游客不会觉得无聊。

总而言之，景区对排队的管理既要想办法让游客的等候时间缩短，又要创造舒适的等候环境和营造与景区相适应的特殊气氛来降低游客在等候过程中的烦躁情绪。

第四节　生态旅游者环境教育与解说

一、生态旅游与环境教育

生态旅游是以旅游来普及生态知识，唤醒人们的生态意识，促进生态系统的良性循环，保证生态旅游的可持续发展。而游客则可以通过参加生态旅游，在大自然的环境中接受环境保护教育，这种形式要比其他课堂式的教育更生动、更直接、更有说服力。同时通过生态环境教育，还可以使当地居民对区域生态环境的现状、区域生态问题产生的原因、解决生态问题的对策等有更多的认识和了解，从而吸引地方居民和其他各方面力量，共同解决生态问题。并通过发展当地经济，从而更好地保护生态环境，促进地方生态经济的可持续发展（梁莺莺，2008）。

所以，发展生态旅游需要对旅游者、经营管理者、服务人员及当地居民加强环境教育，并通过教育，使每个人都能认识到自己应承担的生态责任。所以生态旅游应把生态保护作为既定前提，把环境教育和知识普及作为核心内容，并提供相应的设施及环境教育，以便旅游者在不损害生态系统或地域文化的情况下访问、了解、鉴赏、享受自然及地域文化。（苗雅杰、苗静，2004）

目前，环境教育作为生态旅游活动中的一项重要内容，已得到实践和理论的双重认同。除了生态旅游外，其他类型的旅游虽然也可能在客观上产生一定程度的教育性结果，但在主观上都没有经过周密的设计的环境教育设施和环境教育活动，也没有科学的环境保护理念的指导，其教育性是不能保证的，因此只有生态旅游从开展之初就和环境教育结下了不解之缘。也可以说环境教育是生态旅游独具的和最基本的特征，是生态旅游发展的必然选择。

环境教育主要以环境解说系统为实施的主要途径，它运用某种媒体和表达方式，使生态旅游区的特定环境信息传播并到达信息接受者中间，帮助信息接受者了解生态旅游区事物的科学性质和特点，并达到旅游服务和环境教育的基本功能。所以环境解说系统是生态旅游区不可缺少的一个组成部分。除了能提供基本的信息和导向服务以外，它还能帮助游客了解并欣赏生态旅游区的资源及其价值，加强旅游资源和设施的保护，鼓励游客参与景区的管理和发展，促进旅游者、社区居民、旅游经营管理者的交流与沟通，实现旅游景区的良好运行。

基于此，在生态旅游项目开发规划时，必须认真考虑在旅游区中设计一些能启迪游客环境意识的设施和旅游项目。如在旅游区内设立具有环境教育功能的基础设施、关于生态环境景观的相应解说、提醒游客注意环境卫生的指示牌、方便并与环境协调的废物收集系统等。此外，还可利用多媒体，使游客接受多渠道的环境保护教育，包括门票、导游图、导游册上添加生态环境保护的知识和注意事项。对生态旅游者要提出更高的要求：事先学习目的地的有关知识；尊重目的地的文化；避免对目的地的环境造成负面影响；积极参与环保行动；通过旅游，提高道德修养。

此外，各个生态旅游区还需要充分发挥报纸、广播、电视、杂志、图书等宣传媒体的作用，积极开展的生态环境保护宣传，增加生态旅游者获取当地生态环境相关知识的有效途径，以便更有意识地作出保护当地生态环境系统和文化生态系统完整性的行为，同时也可以提高当地居民的生态素质，为保护自己所在社区的生态环境尽一份绵薄之力。生态旅游地还可以建立以环境教育为主题的网站，通过主题网站的建立，一方面进行广泛的环境教育宣传，将一些重要的环境教育常识直接传达给民众，发挥环境教育功能；另一方面，在环境教育宣传的同时，以丰富多彩的生态旅游项目吸引受众，尤其是中小学生，有效扩大生态旅游的影响力。

二、环境解说

1. 环境解说概述

环境解说最早起源于美国国家公园，“二战”后逐步发展成为具有较高科学价值的国家公园和自然保护区的专门服务，并成为旅游景区管理的重要内容。美国国家公园管理局要求每一个国家公园都要向旅游者提供良好的解说和服务设施。例如，美国黄石国家公园通过网络、多媒体、室内展示、展示牌、出版物、广播、电视及环境教育活动等多种形式，对游客进行关于国家公园的自然和文化特点的教育。

环境解说服务的直接目的在于教育，“解说之父”提尔顿（Tilden，1967）为环境解说所下的定义是：“所谓的解说，不仅为传达事实，也是由原体验或教材说明未来事物之意义及关系为目的的教育活动”。通过这种教育活动，提高人们对自然界的认识，有助于人们合理认识和保护自然。现在通常认为，旅游目的地环境解说就是运用某种解说媒体和表达方式，使特定信息传播并到达信息接受者中间，帮助信息接受者了解相关事物的性质和特点，并达到服务和教育的基本功能。

但是，没有一个游客是抱着“受教育”的目的来旅游的，游客是怀着“度假的心情”而来的，他们想度过一段轻松愉快的时光。因此，任何一项旅游中的学习活动必须也是一种游憩活动（Veverka，1994）。解说服务必须坚持这样一种理念，即学习是有趣而愉快的。这样，学习自然环境、动物、历史或其他任何知识，对于游客而言就成了另一个游憩的机会。

所以，解说必须考虑到大多数游客在旅游中所怀有的心境，他们不想成为所提供的解说知识领域的专家，只是想就手边的景点或话题进行有趣的学习。正如提尔顿（Tilden，1967）所说：“解说最主要的目标是激发和激励（Provocation），而非教导和指示（Instruction）。”

例如，游憩性学习（Recreational Learning）是指游客在到访公园、森林、历史遗迹、动物园等地方时通常最感兴趣的学习活动。游憩性学习的经历应当鼓励游客“自己来选择”他们认为好玩和有趣的学习机会（Veverka，1994）。这就要求解说工作能提供各项解说活动，并且宣传方式必须能够引起游客的兴趣，并能将解说信息与游客的日常生活相关联，给其一个放弃其他游憩活动而选择解说项目或服务的理由。

2. 环境解说分类

环境解说的方法主要包括人员解说服务、展示与陈列、视听和出版物等四种类型。从功能上看，环境解说系统包括交通导引解说系统、接待设施解说系统、吸引物解说系统和警示解说系统。

从解说系统为旅游者提供信息服务的方式来看，可以将它分为向导式解说系统和自导式解说系统。

向导式解说系统亦称导游解说系统，以具有能动性的专门导游人员向旅游者进行主动的、动态的信息传导为主要表达方式。它的最大特点是双向沟通，能够回答游客提出的各种各样的问题，可以因人而异提供个性化服务。同时，由于导游一般掌握了较多的专业知识，向导式解说系统的信息量一般非常丰富，但它的可靠性和准确性不确定，这要由导游员的素质决定。

自导式解说系统是由书面材料、标准公共信息图形符号、语音等无生命设施、设备向游客提供静态的、被动的信息服务。它的形式多样，包括标牌、解说手册、导游图、语音解说、录像带、幻灯片等，其中标牌是最主要的表达方式。但由于受篇幅、容量限制，自导式解说系统提供的信息量有一定限度。从另一角度看，正是由于这一限制，使得自导式解说系统的解说内容一般都经过了精心地挑选和设计，具有较强的科学性和权威性。而且对于外国旅游者经常到达的地区来说，外语解说显得极为重要。

从功能上看，有交通导引解说系统、景物解说系统和警示解说系统。

交通解说系统旨在引导旅游者在旅游景点景区进行游览，主要有旅游线路图和在道路两侧路面设置的导示标志。旅游线路图可以选择在不同的解说媒体上，常见的有旅游地图，但也可以印制在入口和主要景点旁的指示牌上，甚至印在门票、明信片和有关旅游纪念品上，便于游客参照。

景物解说系统对旅游景点景区内景物的介绍，给予游客关于景物的知识，指导游客欣赏景物，提高认识。

警示解说系统主要提醒游客注意安全、保护资源和遵守旅游景点景区的公共秩序。

另外，从位置来看，有园外解说和国内解说。国外解说在旅游景点景区的边界外设置宣传和说明，增加公众对旅游景点景区的了解。

3. 环境解说原则

维弗卡（Veverka）1994 年认为，使解说的交流成为“解说性”（Interpretive）而非告知性（Informational）的过程，所以在进行环境解说过程还中应该坚持这样一些原则：

（1）激发兴趣

在解说开头采用一段激发兴趣的陈述、标题或使用其他技巧来吸引游客的注意力，进而使他们关注下文。例如在一次展览中，激发兴趣的标题可以是：“岩石上的性”，用来讲述生活在岩石上的近海海洋生物的世代繁衍。只有牢牢抓住、掌握游客的注意力和兴趣，才可能成功地与游客交流。

（2）引发关联

提尔顿（Tilden，1967）提到，除非能帮助游客把旅游区的信息、内容的本质或与他们的日常生活引发联系，否则信息将是无效的。因此需要使用各种各样的技巧（类比、比喻、拟人等）来帮助游客识别信息。

（3）揭示信息

所揭示的信息应该是“故事或讲解的精华与高潮部分”。它通过一个小技巧或一个不寻常的观点，向游客揭示了答案。

（4）讲述全局、整体

这条谈的是为项目、展品、总体规划等制定一个统一主题的重要性。

（5）力求做到信息一致

要应用大量的但是有变化的重复性提示，来创造并支持某一特定的主题、情绪或氛围。

为了提高旅游区的形象，我国一些著名的景区在20世纪90年代末配合申报世界遗产活动，率先开始进行环境解说系统的建设。例如山东泰山于1999年至2000年实施了中（国）加（拿大）合作泰山管理项目，合作内容之一就是在景区内实施全方位的信息展示，规范景区内的标志、标牌。该项目借鉴国内外先进经验，按照国际通行惯例，以最大限度地方便游客为宗旨，在景区内设置了景点说明、世界遗产和国家重点风景名胜区标志，综合信息板、交通标志、牌匾、展示中心、服务导引等7大类1000余个展示标牌，基本解决了泰山风景名胜区信息展示标牌少、内容不规范、形式单一的问题。随后又按照国家重点风景名胜区标志、标牌的设立标准，对景区内的展示标牌又进行综合整治，力求更加符合风景名胜区的特点，展示出国家重点风景名胜区的良好形象（杨正泰，2000）。

但总体来讲，我国旅游目的地解说系统十分薄弱，解说形式单调，在旅游者的主要通道，如机场、车站、码头、景点等，各种公共信息的使用很不符合国际规范，给游客造成极大的不便。而旅游景区也缺乏规范的解说规划和设计，普遍存在信息内容不充分，主题不突出，文字错漏，语句呆板，设施缺乏艺术性，书写和语言不规范等问题。

因此，建立健全景区的环境解说系统，提高解说水平，已经成为旅游景区，特别是生态旅游区管理的重要任务之一。需要各方面在规划、建设、管理过程中着力打造完善和丰富的环境解说系统，更好地配合环境教育的进行，达到增强旅游者环境保护意识、提高环境保护能力的目的，将旅游活动对于生态环境的破坏和影响降至最低，实现旅游活动与生态保护的协调发展。

4. 环境解说的基本方式

其基本方式大致为：第一，人员解说或参与式解说；第二，非人员解说或非参与式解说。

（1）人员解说或参与式解说服务

此类解说方式是利用解说员直接向人们解说有关的各种资源信息，或是借活动及人们游线的设计安排，使人们能主动参与活动而达到解说的效果。一般在旅游景点景区的入口、接待中心、观赏点进行解说，也可沿途引导解说。在我国，大多数博物馆、纪念地类型的文化景点景区设有专门的讲解员，一些含有众多文化古迹的风景区，也设有自己的导游员，他们除沿途引导外，还负责景点景区自然景观和文化古迹讲解。当然，有些景点景区的讲解服务是旅行社的导游提供的。

专职讲解员必须对旅游景点景区的解说内容非常熟悉，达到一定的深度，这样才能满足不同游客的需要。导游讲解在引导游客享受旅游景点景区文化内涵方面起着重要作用。为此，有些旅游景点景区会在一些重要的观赏点配备解说员，例如，我国四大石窟之一的甘肃天水麦积山石窟，重要的石窟每窟都配备一名讲解员。

人员解说或参与式解说服务的方式包括：

①资讯服务。这种方式是安排解说员在固定地点或机动性地点进行讲解，让人们有疑问时能够得以咨询解答，便利旅游者更好地认识旅游区的资源特色和环境特点。

②引导性活动。这种方式强调人们经由一系列的现场活动经验来达到实际接触资源和景观的目的，借感官来感受解说的主题。通常可借助解说员的引导来协助此方式的实施。

③专题讲演。利用剧场或室内请解说员在适当时候进行特定主题的讲演。

④现场解说。以解说员作实况解说。

（2）非人员解说或非参与式解说服务

此类解说方式是利用静态的解说设施的提供来达到传达解说信息的解说方式，可分为下列几种：

①解说牌

利用展示牌，以文字或图片的方式，解说一项主题或标示一件事物。

②自导式步行道

依地形、景观而设立道路系统，连接各据点或据点内的主要解说主题，以供人们循此道路系统活动。

③解说折页

以文字或图片说明解说资源，制成折页或编成小册子，使游客在旅游过程中随时参阅、辨识各类解说主题。

④接待中心

于区域内适当地点设置接待中心，室内陈列各种实体、模型、图表、照片、解说印刷物，并利用视听媒体等方式向人们解说区域内各项内容。

⑤各种解说媒体

可依解说资源的属性和解说主题的不同，配合当地实质环境及人们需求而选择使用。主要是通过电影、录像、幻灯、触摸屏和录音等设施，将旅游景点景区的有关内容传达给旅游者。

幻灯是一种静态的具像化的展示。我国有些旅游景点景区拍摄了专门的幻灯片介绍自己的景观和环境，但一般是作为旅游商品向游客出售，以便留念和宣传。

录音设施是一种声讯解说服务，这种设施在我国较高级别的博物馆和纪念馆内设置（例如上海博物馆），游客可以用手提耳机了解自己想要知道的信息。

⑥展示与陈列

这类解说服务主要采用照片、图表、模型、标本等向人们提供景点景区的有关知识，一般分为室内和室外展示陈列两种。室内陈列是博物馆和纪念馆常用的方法。虽然博物馆属于特定类型的旅游景点景区，但在有些风景区和国家公园内也设置了博物馆或陈列馆。例如，美国的国家公园往往在游客中心设置博物馆，使其成为国家公园的重要组成部分。

路边的陈列展示主要是在景物附近设置标牌和图表，言简意赅地向游人介绍和解释旅游景点景区的内容和活动特点。富有创意的标牌制作，也是一种点缀，如庐山石门涧的石碑标牌，哈尔滨太阳岛日本园的木标牌，南京音乐台门前的乐谱符号型的标牌，是旅游景点景区极富个性的设计。

思考题

1. 试述生态旅游者的定义。
2. 试述生态旅游者的特点。
3. 试述生态旅游者的分类。
4. 试述生态旅游者的行为识别方法。

第六章　旅游影响及其管理

【学习导引】

旅游对于环境的影响虽然远没有其他行业大，但是，如果在规划和开发中没有正确处理好旅游与生态的关系，其对于环境产生的压力和影响也不容小觑。所以，在进行任何一项旅游相关活动时，必须意识到将可能对周围环境带来的种种影响，在规划和开发之初就给予必要的关注，进行正确的环境管理，运用相关技术和手段，将其对于自然环境影响和社会文化环境影响控制在一定范围之内，实现旅游业与生态环境的可持续发展。本章则主要针对旅游活动对于环境和文化影响两方面展开阐述，引导学生对于旅游业的影响有一个正确的态度，对于发展旅游业面临的挑战有一个清醒的认识，能够正视旅游业与环境发展的关系，掌握正确进行环境管理的理论和方法，进而促进生态旅游与自然、社会的和谐发展。

【教学目标】

1. 分析和理解旅游活动与环境影响的关系。
2. 掌握旅游活动对于旅游区环境影响的基本特征以及环境管理的相关理论。
3. 理解旅游活动的社会文化影响及其管理的主要特征。
4. 认识和了解文化保护和管理面临的主要挑战。
5. 掌握文化保护和管理的主要模式。

【学习重点】

旅游区环境管理原则；旅游对于水体环境和植被的影响；地方文化敏感性的表现；旅游对当地文化传统冲击的主要表现；文化保护和管理面临的挑战。

生态旅游开发成功的标志在于对当地生态环境的保护，而环境保护依赖于环境管理。旅游目的地环境管理，是以可持续为目标的旅游目的地的环境管理，要求旅游环境管理不仅要对自然环境作出正确的评价与管理，同时需要对社会、经济、文化等其他方面作出正确评价，对旅游开发以及旅游活动可能带来的影响因素进行全面而系统的管理。以可持续为目标的旅游目的地环境管理不仅仅是在旅游开发后，对旅游环境进行简单的维护，而是在旅游开发前期，就将旅游环境的调研，纳入旅游环境管理的体系中。环境管理贯穿于旅游开发的全过程，以确保旅游开发、旅游活动与旅游环境的和谐发展。

本章主要是从“旅游区环境管理”的概念入手，通过对旅游活动可能带来的环境和文化影响的介绍，表现了环境管理的重要性。并以旅游区环境管理和文化影响管理为主要方面进行了系统的阐述，说明了环境管理的重要性，介绍了针对不同环境影响进行管理的不同方法，分析了旅游活动对于文化的影响和冲击，及其主要表现。进而通过管理原则和面临挑战的论述是学生对于环境管理有较为全面的认识，为日后旅游开发、经营和服务提供一种思想指导。

第一节　环境影响及其管理

一、旅游区环境管理概述

环境管理是指运用法律、经济、行政、规划、科技、教育等手段，对一切可能损害目的地环境的行为和活动施加影响，协调经济发展同环境保护之间的关系，处理国民经济中相关部门、社会集团、企事业单位及个人涉及环境问题的相互关系，防治环境污染和破坏，实现经济效益、社会效益和环境效益的有机统一。而旅游目的地的环境管理主要是解决人为造成的旅游目的地环境污染和破坏的问题，所以，通过旅游目的地环境管理而保护该地区旅游环境，其实质是限制人们损害旅游环境的行为和活动，同时促进人们保护旅游环境的行为和活动。

1. 环境管理原则

（1）保护优先

在环境问题日益恶化的今日，旅游目的地环境管理首先要将生态环境保护作为优先的目标，旅游对环境的影响以及环境对旅游业的反应是旅游目的地环境管理最直接的协调对象，通过有效而合理的管理，最大限度的保护生态环境。

（2）全员参与

旅游环境管理是一个全民参与的活动，不仅仅是旅游区管理层、旅游区服务人员参与，同样需要全社会公民参与进来。管理的过程涉及多个层面，每个层面都有自己的职责，只有拥有了广泛的群众基础和居民参与度，环境管理才能在旅游区全面深入的开展。

（3）过程控制

生态旅游区从开发设计到建成投入运行是一个复杂的过程，旅游目的地环境管理体系中涉及的许多环境因素并不仅仅出现在生态旅游区的运行阶段，大量造成污染、破坏生态、浪费资源的环境问题出现是由于在旅游区的开发设计阶段就没有考虑到。环境管理体系突出全过程控制，从源头开始做好环境管理。

（4）系统综合

旅游环境管理需要运用系统论思想，把环境管理问题作为一个大的系统，以系统分析的理论和方法来确定环境问题。首先，分析系统中所有可能造成环境影响的因素，根据不同情况采取相应的解决办法；其次，确定环境管理系统中的所有人员的职责，从而保证环境因素的识别和评价得到各级管理者的支持。

（5）持续改进

旅游环境管理体系要体现持续改进的思想。对于生态旅游区来说，提高环境绩效并不难，难的是在环境得到改善后，能够在保持现有的环境管理水平基础上，提升环境管理绩效。旅游目的地环境管理需要根据情况的变化，不断地加以改进。

2. 环境管理功能

旅游环境管理是管理主体对旅游环境保护活动施加的影响。旅游环境管理的职能是指旅游环境本身固有的功能。虽然旅游环境管理的主体是多文化的，但旅游环境管理大致有规划（计划）、协调、监督和指导四大基本功能。

（1）规划（计划）功能

规划和计划是人们对于未来活动所作的安排。它们的区别在于：规划的时间较长，一般在 10 年以上，主要确定未来活动所要达到的目标、实现目标的步骤及重要措施；而计划的时间较短，一般在 5 年以下，主要是把规划目标具体化，落实现实的、具体的可行性措施和行动方案。由于旅游环境的污染和旅游资源的破坏，有一个时空上的渐变过程，如果出现长时间积累的、范围较大的旅游资源损坏和环境污染，短时间内很难改变并恢复到良好的状态，其代价是惨痛的，而且有些旅游资源及其环境遭受破坏和污染后不可能恢复。因此不仅要采取一些应急措施，治理眼前的旅游环境污染和破坏，而且要制定长期规划和计划，确定某一时期内应达到的旅游环境保护目标以及应采取的相应步骤和主要措施。

规划和计划是旅游环境管理最根本的职能，是旅游环境保护工作和活动的依据和保证。旅游环境管理的规划和计划，是由各个不同的旅游环境管理主体制定并实施的。各级环境管理职能部门制定的环境规划和计划中，应充分考虑到旅游环境保护的内容；同样旅游业及其有关行业的发展规划和计划，也要体现各级政府环境保护规划和计划的内容要求；旅游及有关企事业单位的发展规划和计划，也要体现主管部门规划和计划中涉及的环境保护内容

（2）协调功能

旅游环境管理的协调职能，是指所有与旅游环境保护有关的各行业、单位和个人的力量，有机地结合起来，使其形成一种合力，实现旅游环境管理的预期目标。旅游环境管理协调职能的作用在于，减少旅游环境保护各环节、各要素间的相互脱节和相互矛盾，建立上下左右、条条块块相互配合的正常关系，步调一致，分工协作，共同完成旅游环境保护的目标。从这个意义上讲，旅游目的地环境管理实际上是一种交叉管理。如环保、林业、公安部门对珍稀物种和野生动物的管理，旅游、工商、税收部门对旅游市场秩序的管理，等等。由于旅游环境管理的内容和范围极为广泛，其主体又呈现为多元化，客观上也需要进行协调。旅游环境的保护，仅靠旅游部门、环保部门很难奏效。在有些情况下，需要相应一级政府进行协调。如杭州西湖风景区、广州白云山风景区等，曾出现各部门、各单位大兴土木，盖宾馆、招待所，破坏了风景区的自然生态环境的状况，最后由市政府出面进行协调，工作才有了一定的效果。所以说，协调是旅游环境管理的一个重要职能。

（3）监督功能

在环境管理工作中，仅仅制定环境规划，并进行协调和分工还是不够的。要使规划真正得到贯彻实施，还要进行强有力的监督。监督包含有监察和督促的意思。旅游环境管理的监督职能，是指管理上体监察被管理者在旅游及有关活动中的行为和结果是否与管理目标相背离和偏离，同时督促有关单位和个人遵守和执行旅游环境保护的法规、规划、规定和标准。要实现环境管理的监督职能，必须有两个基本条件：一是有健全的执行监督的依据，主要包括环境规划、法规、规定和标准等；二是要有管理主体的权威性，能够名正言顺、理直气壮地执行国家赋予的监督职能。

环境管理的监督职能，不能只是针对旅游及其相关活动过程的结果，而应贯彻于被管理者活动的整个过程。比如，上面提到的某些部门和单位在风景区内大搞建设，破坏旅游环境的现象，并非一朝一夕形成的，相应的规划、规定等也并非没有，而是缺乏强有力的监督、检查，在不良现象发生之初就应及时制止并予以解决，待到问题暴露、矛盾激化之日，工作就被动得多、困难得多，环境的损失和治理的费用也就更加巨大。因此，对旅游地环境及其相关活动进行全过程的

监督管理，有助于旅游环境的保护。

（4）指导功能

上述旅游地环境环境管理的规划（计划）、协调和监督职能，着重在于告诉被管理者“做些什么”，而旅游目的地环境环境管理的指导职能，着重点在于告诉被管理者“怎样去做”。旅游环境的指导功能，包括两个方面的内容：一是指导如何搞好旅游环境管理，二是指导如何搞好旅游目的地环境建设。

3. 环境管理内容

旅游环境管理的内容相当繁杂，如按旅游环境的属性分类，那么，旅游环境管理大致可以分为自然生态旅游环境的管理和人文社会旅游环境的管理。主要有以下四方面内容。

（1）规划管理

环境规划管理包括游览区（景点）环境保护规划、自然保护区污染控制规划、河流及湖泊水域污染控制规划等，以及通过调查评价特定区域所制定的环境规划和实施计划。

（2）质量管理

旅游环境质量管理主要是指导旅游部门配合环境保护部门制定旅游环境质量标准、污染物排放标准和监督检查措施；组织调查、监测和评价环境质量的状况，以及报告和预测旅游环境质量状况和变化趋势。

（3）技术管理

旅游环境技术管理主要包括确定旅游环境污染和破坏的防治保护政策和合理游览路线；确定旅游环境科学技术发展的方向；组织旅游环境保护的技术咨询和情报服务；组织国内和国际旅游环境科学技术的合作交流。

4. 环境管理类型

（1）旅游资源管理

主要针对旅游资源本身。作为自然社会环境中的一部分，旅游资源一般分为自然旅游资源和人文社会旅游资源，它们是旅游活动的主体吸引物，同时也是自然社会环境中的重要组成部分，所以在管理的过程中，有必要将旅游资源单独管理。

（2）自然环境管理

主要管理对象是旅游自然环境。由旅游依托地和旅游目的地的大气、水体、土地、生物及地质、地貌等组成的综合体。对旅游者而言，它并不是直接的旅游对象或旅游吸引物，而是一种起承载作用的外在环境或基础环境。所以为了维护正常的旅游业运作，对自然环境的保护尤为重要。

（3）人文环境管理

管理旅游人文环境，主要是指旅游目的地和旅游依托地的政治局势、社会治安情况、卫生及健康状况、当地居民对外来旅游者的态度，以及配套的各项服务。旅游业的稳定发展除了需要良好的自然环境以及优美的旅游资源，还需要健康稳定的社会人文环境，所以旅游目的地的环境管理同样需要对旅游地周边的人文环境进行管理。

5. 环境管理技术

旅游目的地环境管理技术主要包括：旅游环境承载力调查、GIS 环境预测、旅游环境影响评价、PDCA 循环管理方法和 DPSIR 框架理论。

（1）旅游环境承载力调查

旅游目的地环境管理管理首先需要对旅游环境承载力进行充分的调查，通过自然、社会、经济文化等方面细致的调查，不仅可以反映当前旅游区旅游业的发展态势以及环境承载力问题，对存在的环境问题作出明确的把握，使旅游目的地环境管理在制定管理措施时更加准确、合理。

（2）GIS 环境预测

预测是环境管理的主要运用手段，对未来一定时间的环境发展变化走向和趋势作出符合实际的预测和判断，并据此不断修订环境规划，完善环境决策，健全和完善环境法制，改善环境管理手段，调整环境目标和措施，努力实现环境管理目标。GIS 环境预测是根据过去和现在所掌握的环境方面的信息资料以及卫星遥感照片，对某个环境领域未来可能发生的潜在变化和发展趋势，以及采取某种环境对策后可能产生的环境效益所进行的一种预先估计与判断。它为提出防止环境进一步恶化和改善环境的对策提供依据，是环境决策的重要依据。

（3）环境影响评价

“环境影响评价”（Environmental Impact Assessment, EIA）概念是 1964 年在加拿大召开的国际环境质量评价的学术会议上提出的，是指在一定区域内进行开发活动之前，应对实施该活动可能给环境质量造成的影响进行调查、预测和评定，并对此作出分析，给出处理意见和对策。它首先在美国作为一项法律制度被确立，此后被许多国家采用。随着环境影响评价制度在各国的推行，国际社会也开始关注环境影响评价在国际环境法中的实施问题。旅游环境影响评价则是结合自身行业特点而对旅游发生地及其周边环境进行的影响评价

（4）PDCA 循环管理方法

PDCA 循环是是全面质量管理所应遵循的科学程序。全面质量管理活动的全部过程，就是质量计划的制订和组织实现的过程，这个过程就是按照 PDCA 循环，不停顿地周而复始地运转的。PDCA 是由英语单词 Plan（计划）、Do（执行）、Check

（检查）和 Action（处理）的第一个字母组成，PDCA 循环就是按照这样的顺序进行质量管理，并且持续循环地进行下去的科学程序。

PDCA 这样一个循环管理可以应用于每一个旅游目的地环境管理的具体措施中，通过一开始细致的策划与执行，然后将管理的绩效反馈给管理层，再通过专家审核作出最后的改进意见，这样可以保证旅游目的地环境管理的每一项管理措施都能保持时效性，不会因为环境的衍变和社会经济的发展而落后。

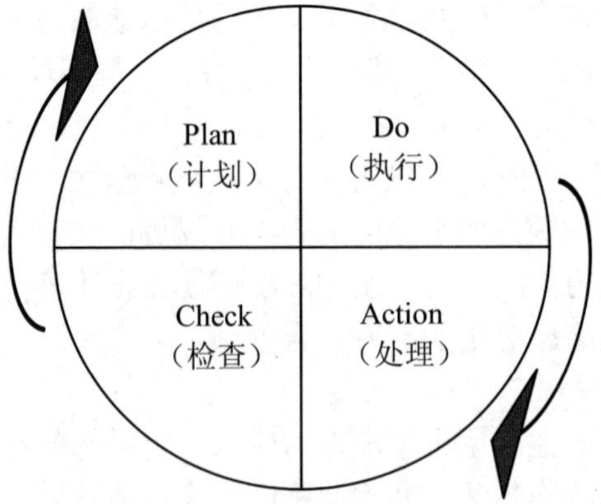

图 6.1　PDCA 循环的基本模型

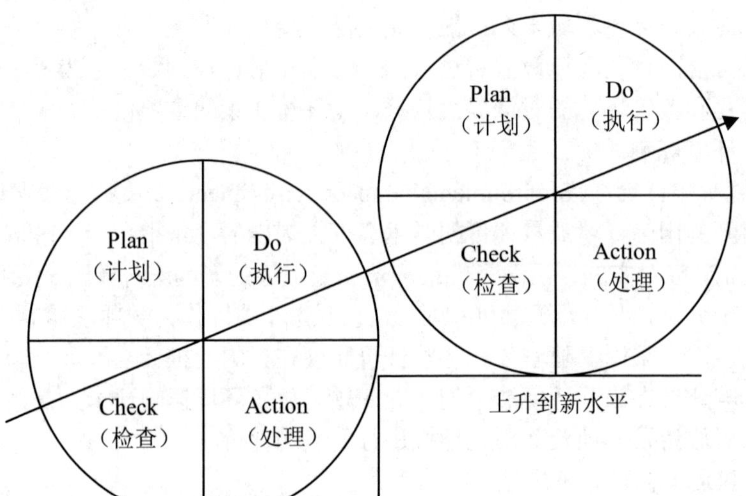

图 6.2　PDCA 的循环步骤和方法

（5）DPSIR 框架理论

DPSIR 框架理论是一种在环境系统中广泛使用的评价指标体系理论框架，它将表征一个自然系统的评价指标分成驱动力、压力、状态、影响和反馈 5 项。5 种指标类型中又分别分成若干种指标。基于 DPSIR 框架理论，许多国际组织已经得出很多不同的指标，这些指标都是有关于环境管理的。

基于 DPSIR 框架的原理，杜晓丽、邵春福和孙志超于 2005 年采用了一个广义的社会能力评价指标体系，其中，驱动力指标描述了社会、经济的发展，人口的增长，基于上述变化的人类生活方式的相应变化，生产和消费模式的全部标准等；压力指标描述了物质的排放，资源和土地的使用等，例如压力指标可以描述每个单位二氧化碳的排放量，工程施工时沙石的使用与道路用地的总量；状态指标是对一定地域的物理现象（例如温度）、生物现象（例如鱼类资源和化学现象）的数量和质量的描述。例如状态指标可以描述城市空气污染的程度，湖水中磷和硫磺的浓度或者飞机场临近处的噪声的强度；影响指标描述的是当外界对环境施加压力时，环境状态随之发生变化，这些变化对于社会和经济所产生的影响。例如对于人类健康、资源有效性和生态系统都会产生影响；反馈指标描述的是个人或者组织的反馈。政府会努力防止，补偿，改善或者尽量适应环境状态的变化。例如带有催化式排气净化器的小轿车的相对数量和生活垃圾的回收率。

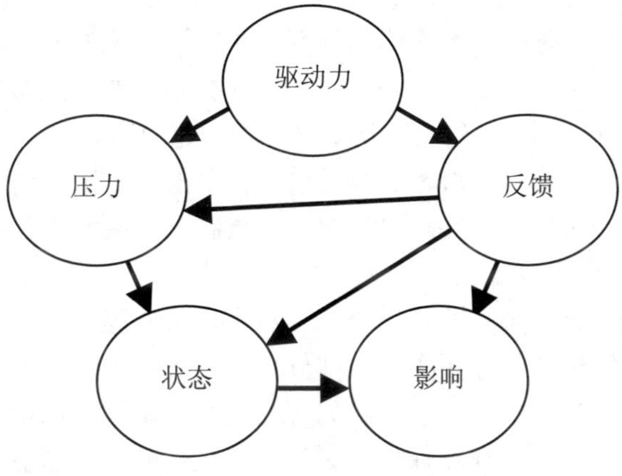

图 6.3　环境管理的 DPSIR 框架图

二、旅游废弃物的管理

旅游废弃物是指旅游开发和旅游活动过程中产生的各种废弃物，旅游废弃物及其环境污染是旅游对环境影响研究的重点之一，影响范围遍及各类风景名胜区、适合游憩的森林公园、自然保护区、自然荒野地区和旅游城市。旅游废弃物主要组成为固体废弃物、液体废弃物和气体废弃物。旅游废弃物的研究就是分析旅游废弃物的产生、种类组成、收集清运和处理过程；并利用各种方法和手段减少和治理旅游过程所产生的废弃物，使旅游活动所产生的废弃物达到规范标准排放，不至于对旅游区的生态环境和旅游者的身心健康造成不利影响，保证旅游区可持续发展。随着旅游业在全球的快速稳步发展，旅游环境问题日益呈现，对旅游废弃物的研究也呈现上升趋势。

1. 旅游废弃物对环境的影响

（1）旅游开发是旅游废弃物产生的源头

旅游开发对自然环境的影响研究是环境和旅游科学的重点研究课题之一。随着旅游开发进程产生的建筑垃圾、生活垃圾会逐渐增多。据专家测算，建设 1000 平方米的建筑物要产生 50 立方米的废弃物，每拆除 60 平方米的建筑物会产生 114 立方米的废弃物，废弃物平均密度为 1.5 吨/立方米。在新开发的自然保护区、景点的服务设施建设和维修中，特别是远离城市的保护区建设所产生的废弃物要高于这个比例。有些旅游开发项目为了减少成本，对产生的废弃物不进行相应的无害化处理，往往保护区还没有正式营业其自然环境已遭到破坏，造成后续的自然保护区管理困难。

（2）人类旅游活动是旅游废弃物产生的重要环节

自然保护区和荒野是旅游和游憩活动的重要场所。但随着大量旅游者的进入，大量旅游废弃物产生，使这些生态脆弱地区的生态资源遭到破坏，环境污染等问题也日益突出。据中国人与生物圈国家委员会对自然保护区旅游现状作了深入调查后发现，中国目前有 40% 的自然保护区存在垃圾公害，12% 有水污染，11% 有空气污染，根据科学监测对游客的数量进行控制的保护区不到 20%。目前已有 22% 的自然保护区因开展旅游而遭受破坏，11% 出现旅游资源退化现象，其形势令人忧虑。

（3）旅游活动频繁，产生的各类废弃物对高山生态脆弱地区的危害巨大

大量丢弃的垃圾造成了冰川融化、部分植物和动物灭绝、空气污染、景观视觉上的破坏和对当地人生活的影响。例如喜马拉雅山南坡登山探险旅游者带来了 60.68%的垃圾，旅游者缺乏环境保护意识，致使大部分垃圾留在营地、休憩地的路边，对喜马拉雅山南坡的生态环境造成了严重的影响。由于野地卫生设施缺乏，休闲活动的游憩者、登山者、滑雪者的排泄物和一些丢弃物直接排放在野地上，造成了野地美学质量下降、水体污染和一些细菌性疾病传播。

（4）旅游产业经营是废弃物产生的主要环节

一个旅馆客人每天平均产生的 1 公斤垃圾，而欧洲的旅游机构指出过夜游客每人每晚产生 2.61 公斤的废弃物，其中固体废弃物占 50% 以上，在固体废弃物

中废纸占 12%、有机废物占 31%；在体积上固体废弃物占 55%，其中纸占 23%、有机废物占 9%。旅游者产生大量的废弃物（包括固体废弃物和污水）是影响旅游产业可持续发展的最大障碍；大量固体废弃物和未经过处理的污水直接排入自然环境中造成环境污染和水污染超标。

整体看，废弃物量的大小与游客的经济能力、生活水平和生活习惯有很大关系。规模等级越高的旅馆排放的污水越多；同时也产生更高比例的有机废物、玻璃、纺织品、金属材料和不可燃烧材料等废弃物。可见旅馆业的废弃物总量相对较多，减少旅馆客人的垃圾排放量和旅馆产业对废弃物的管理水平是解决旅游产业环境问题的一个重要方面。

（5）随着旅游范围在空间上的扩展，旅游运输过程产生的废弃物也不断增多

废弃物主要是运输工具燃油所排放的气体污染物，包括二氧化碳、硫化物和氮氧化物等，是旅游气体污染物的重要来源，对环境影响较大。同时也产生了大量固体废弃物。比如一趟航班产生的固体废弃物约有 500 公斤，包括食物残渣、厨房和机舱废弃物，其中废纸最多，主要为报纸、菜单用纸，分别占到厨房和机舱废弃物的 32%～71%，其次是塑料制品，聚苯乙烯饮料杯和盛食物的塑料废弃物，占总量的 13%，铝罐占废弃物总重量的 4%。

2. 旅游废弃物的管理

废弃物是人类活动的伴生物，也是旅游业不可忽视的环境问题。旅游固体废弃物数量大、种类多，在自然状态下大多需要很长时间才能分解，对自然生态系统和旅游环境影响最大；液体废弃物中可能含有各种有毒、有害人类健康的成分，未经处理的污水会污染水源、土壤，影响动植物以及人类健康，从而影响旅游风景区的游憩环境；气体污染物影响大气质量，降低旅游风景区的环境价值，同时对人类和动植物产生不同程度的危害。

中国旅游业正处于迅速发展时期，随着游客量的不断增加，大量新建的旅游景区、景点和对原有景区、景点的升级改造扩展等都在不断进行之中，产生了越来越多的旅游废弃物。针对我国日益呈现的旅游废弃物的环境问题，研究学者和景区管理方进行了积极和有益的探索，但是总体上对旅游废弃物的研究没有得到足够重视。综合国内外专家及业界的经验，旅游废弃物管理应该从以下几个方面开展。

（1）实施旅游废弃物管理规划和计划

旅游景区及相关机构等应该制定《旅游废弃物管理总体规划》，从可持续发展的角度管理旅游废弃物。该规划关注的重点环节应该是从源头减量、重复使用、循环利用、开发利用、销毁。景区在实施废弃物管理时，具体的计划内容应包括：加强可循环利用物品（纸张、硬纸板、塑料、玻璃和金属）的分类回收；区分危

险废弃物（油漆、电池、废机油、杀虫剂等）的处理；控制景区建设废弃物（砖块、木材、石膏板等）的产生；探索景区落叶和花园废弃物或用于堆肥或用于热能开发；实施厨房餐厅残余食物回收计划。通过这些办法，有望最大限度地开发利用旅游活动产生的废弃物，使之为废弃物管理方面的可持续发展的典范。

（2）加强对生态脆弱区的旅游废弃物重点管理

旅游生态脆弱区是指位于山岳、湿地、自然保护区和沙漠绿洲等生态脆弱区的旅游景区，我国这类景区数量较多，且大多远离城市位置偏僻，其环境的脆弱性使废弃物影响更加显著，而在我国城市和城市周边的旅游景区的废弃物处理大多依赖于城市的垃圾处理设施来进行，城市废弃物处理的水平和技术相对较高，废弃物造成污染的可能性也相对较小。而处于生态脆弱区的废弃物处理仅限于一般意义的垃圾清扫、自然堆放，甚至连分类收集、无害化处理都无法实现，对环境的危害严重;对废弃物进行处理的生态脆弱区也往往采用直接填埋、焚烧等简易处理方式，导致污染物质在雨水、风等外力作用下产生二次污染的可能性很大，若不重视废弃物无害化处理，会降低生态脆弱区的生物多样性并对珍稀动、植物产生巨大的潜在影响乃至其灭绝，给生态脆弱旅游景区带来毁灭性破坏，甚至造成难以恢复的生态劫难。因此，要从生态系统的角度去研究废弃物影响的机理、废弃物进入生态系统的途径以及对系统影响的流程，从而确定可行的方法和措施来减少废弃物对生态脆弱区的影响。

（3）提升旅游废弃物处理的技术水平，建立旅游景区废弃物的循环利用体系

大多数景区的废弃物不是独立存在的，而是与景区周围服务区、社区等的各种废弃物混杂在一起，如岛屿旅游区、古民居旅游区等，在这种旅游区域需要建立一个合适的垃圾处理系统来处理各种废弃物（包括旅游废弃物）。借鉴国外旅游废弃物综合处理系统的方法和经验，结合我国的实际状况，建立适合不同类型、不同气候条件的旅游景区废弃物处理系统，加强对废弃物综合循环效益的分析，进而提升处理水平和能力，提升旅游区的环境质量。

（4）加强对旅游废弃物的责任管理

从旅游管理者、经营者以及旅游者的三个角度来强化管理。主要集中在三个方面：一是减少旅游废弃物的产生，通过对游客、经营人员和管理人员的环境教育，提倡建立符合生态环境要求的旅游、经营和管理方式，最大限度地减少风景区内能源消耗和一次性产品的使用，倡导使用清洁能源、重复使用耐用品等方式从而从源头上减少旅游废弃物的产生；二是提升对旅游废弃物的管理水平，对景区、旅游服务行业和部门产生的废弃物进行全面收集、密闭清运和完全无害化处理；三是提高旅游废弃物循环利用体系，把可回收、可利用的废弃物分离出来，重新使用，既可以降低废弃物的处理成本，又减少了资源的使用量。

三、旅游区水体环境管理

1. 水体环境管理政策和标准

（1）水体环境管理政策

为了更好地保护水体环境，除了要制定一系列的水质标准外，还需要将水体管理提升到法律政策的高度。

早在20世纪80年代，我国就出台了第一部《中华人民共和国水污染防治法》，1996年对其进行了相应修改（为叙述简便，后简称为96《水污染防治法》）。修改后的《水污染防治法》在当时的条件下，对我国防治水污染、维护水安全，起到了积极的推动作用。2008年2月28日，七届全国人大常委第三十二次会议以全票通过了新的《中华人民共和国水污染防治法》修订案（后简称新修《水污染防治法》），并定于2008年6月1日正式实施。

新修《水污染防治法》和96《水污染防治法》相比，以更具体、完备、更显刚性和重罚为特征，从而成为今后我国更好保护水环境安全的一把利剑，其具体体现在：一是明晰了地方政府防治水污染的责任；二是强化了重点水污染物排放总量控制；三是确立了全面推行污水排放许可证制度；四是建立了水环境安全监测统一网络体系；五是完善了水污染事故应急处理预案；六是严格了饮用水水源安全保障措施；七是加大了水污染违法行为的处罚力度。

中国卫生部于2001年6月7日颁布了新《生活饮用水卫生规范》，并于2001年9月1日起执行。其中对生活饮用水水质标准的一些项目作了修改并增加了一些项目，这是继1985年颁布《生活饮用水水质标准》16年后跨出的一大步。它为改进居民生活饮用水水质提供了有力保证，为居民生活饮用水水质与国际接轨创造了条件。

新的水质标准卫生规范明确规定：生活饮用水是由集中式供水单位直接供给居民作为饮水和生活用水。就是说，不只是饮用水应达到这个水质，生活用水也要求达到这个水质标准。

（2）水环境质量标准

水是地球上一切生物赖以生存也是人类生产生活不可缺少的最基本物质。而水资源保护和水体污染控制要从两方面着手：一方面制定水体的环境质量标准，保证水体质量和水域使用目的；另一方面要制定污水排放标准，对必须排放的工业废水和生活污水进行必要而适当的处理。

水环境质量标准（standard of water environmental quality）是为控制和消除污染物对水体的污染，根据水环境长期和近期目标而提出的、在一定时期内要达到的水环境的指标，是水体水质管理的标准之一。而不同用途的水质要求有不同的质量标准。有国家各主管部委、局颁布的国家标准，省、市一级颁布的地方标准，还有不同行业统一颁布的行业标准和各大型全国性企业统一颁布的企业标准。

除制定全国水环境质量标准外，各地区还可参照实际水体的特点、水污染现状、经济和治理水平，按水域主要用途，会同有关单位共同制定地区水环境质量标准。例如国家规定的各种用水在物理性质、化学性质和生物性质方面的要求，根据供水目的的不同，存在着饮用水水质标准、农用灌溉水水质标准等。例如农田灌溉用水的水质一般需考虑 pH 值、含盐量、盐分组成、钠离子与其他阴离子的相对比例、硼和其他有益或有毒元素的浓度等指标。而各种工业生产对水质要求的标准也各不相同。

对水质要求最基本的是《地表水环境质量标准》，由国家环保总局发布 GB3838－2002。GB 表示国标，3838 表示标准号，2002 表示发布年代。依照《地表水环境质量标准》（GB3838－2002）中规定，地面水使用目的和保护目标，我国地面水分五大类：

Ⅰ类——主要适用于源头水，国家自然保护区；

Ⅱ类——主要适用于集中式生活饮用水、地表水源地一级保护区，珍稀水生生物栖息地，鱼虾类产卵场，仔稚幼鱼的索饵场等；

Ⅲ类——主要适用于集中式生活饮用水、地表水源地二级保护区，鱼虾类越冬、回游通道，水产养殖区等渔业水域及游泳区；

Ⅳ类——主要适用于一般工业用水区及人体非直接接触的娱乐用水区；

Ⅴ类——主要适用于农业用水区及一般景观要求水域。

2. 旅游对水体环境影响

旅游开发和游憩活动都可能对水环境造成不同程度的影响。污水污染是大众旅游业最主要的不利影响，污染破坏了地区的生态平衡，减少了水体和沉积物中溶解氧的含量，增加了水的浑浊程度，抑制了海、湖或河床的发育，加速了水体富营养化，并最终导致物种多样性的明显下降（Hunt & Green, 1995）。旅游活动产生的生活污水、垃圾、海上运输和游乐工具产生的油污是造成水环境污染的主要原因（沈兵，1996）。旅游活动对水质的影响表现在水体病原菌的增多、水中“三氧、三氮”变化（Wall & Wright, 1977）。旅游对水体的污染在海滨地区表现尤为突出，污水的排放导致海藻大量繁殖，加速了水体富营养化，损坏了海滨的吸引力，也导致保护海岸带免受腐化的珊瑚礁的死亡。

旅游业对水体影响还表现在对水量的影响。旅游业引起水量潜在危机现象最早出现在 20 世纪 70～80 年代。随着旅游业的快速发展，旅游用水需求不断增长，供需矛盾日益突出。旅游人口的不断增加，需要大量的淡水供应，且需水时空变化不均，用水量影响最大。过度抽取地下水用于旅游业会导致季节性降水减少、海水入侵、地下水位下降、海平面上升、引发洪水、地面下沉、水质恶化等（Tananone, 1991）。此外，一些地区农业用水转为海滨地区的旅游业用水，导致土壤干化，不可耕种，最后被抛弃。例如，滑雪度假地为延长滑雪时间，采用人工造雪技术，但人工造雪机器需要成千上万升淡水，这些淡水从湖泊支流中提取，毁坏了湖泊生态系统，改变了河道生态，弱化了河流稀释自净的作用（Romeril, 1989）。高尔夫球场大量使用杀虫剂和化肥，容易造成地下水污染（Tananone, 1991）。

不同的旅游设施用水量不同，尤其是生态敏感地区的旅游设施对当地用水产生的影响更大。社区和生态野营地旅游设施用水最少，而大型度假地和豪华旅馆人均用水量是社区和生态野营地的15～175倍。宾馆床位数与用水量相关性很大，随着宾馆床位数量的增加，用水量呈指数增长，宾馆用水较多在游泳池和园林绿化方面（Gössling, 2001）。

3. 旅游区水体环境管理

（1）预防和控制水体污染

严格执行水体质量标准，控制水环境质量；减少耗水量；控制污染物排放量及减少污染源排放；加强水资源规划管理：查清水资源总量。可以采取的措施有技术改造，采取先进工艺；制定用水定额；提高水的重复利用率；水的综合利用等。防治水体污染的最终目的是为了保障人体健康、维护生态平衡、保护水资源、控制水污染，实现环境的可持续发展。

①自生水体水污染控制

自生水体，主要来自大气降水、地下水等天然水的补充以及流域内人类生产生活中产生的污废水排入。一般说来，以自生水体为主的旅游区的水污染控制主要就是对旅游区内的生活污水、垃圾和工业废水的控制，就是采取措施避免水质的继续恶化，为此最为有效的办法就是修建污水处理设施，使污水在排入景区水体之前得到充分的处理并达到合格的排放标准。

根据国家标准和建设部标准：排入风景旅游区水体的所有污水都必须经过严格的处理，处理后的水质须达到GB8978－88一级排放标准和GBJ48－83排放标准，因此，这就往往要求污水的处理深度为三级处理（即深度处理），特殊情况下（如受纳水体的自净能力大大超过污水中污染物总量、或对水体质量要求不太高时）也可采用二级生物处理。旅游区环境保护管理应推行三种制度：

第一，污、废分流制度。生活污水主要由厕所冲洗水、厨房用水、洗涤水、浴水组成。旅游区接待污水中浴水部分可占全部生活污水的60%～70%，浴水中有机物浓度极低。应采取浴水和其他生活污水分流排放处理的措施，即污、废分流。每栋建筑物内浴水单独设管排放，室外单独设管收集。

第二，禁止使用含磷洗涤产品。引起水体富营养化的物质，主要是水藻等浮游生物增殖所必需的碳、磷、氮、硫、镁、钾等二十余种元素，其中碳、氮、磷最为重要。碳来源于大气，在水中是富余的，所以认为磷、氮是影响水域水质的因素。减少或停止磷酸盐洗涤剂的使用是消除水体富营养化的有效措施。

第三，脱氮处理和氧化塘后续处理。须采取有效措施减少总氮的排入，采取有效的脱氮工艺，如生物硝化—反硝化、折点氯化（过量氯化）、离子交换、气提法等。

②外来水体水污染控制

从环境科学的角度，利用水文学、水化学、环境工程学、环境经济学以及系统控制等基本理论，对整个流域污染物总量排放标准的技术经济、最优化分配及水体自净规律进行研究，利用最优化控制理论将环境质量标准要求削减的各江段排污总量再次分配到各污染源。将各污染源的排污数量控制在分配的指标以内，亦即使各江段的污染物数量控制在其自净能力的范围内。否则应采取措施对上游的污染水体进行处理。

旅游区水污染控制就是禁止污水、垃圾等污染物进入旅游区水体，即切断水体污染源，使景区的水质保持在原始自然状态。而水体复原是指对已经造成一定污染的水体进行治理，使水质恢复到受污染以前的状态。

（2）废水处理

废水处理就是将污染物分离出来转化为无害稳定物质，防止毒害与病菌的传染。有三种方法：物理方法，即沉淀法、浮选法、蒸发法；化学方法，即中和法、萃取法、氧化还原法；生物方法，即利用自然界微生物将有机物分解和转化。

（3）发展低密高质旅游

应加强技术勘探，寻找开发新的蓄水层；提高污水处理技术；建立废水排放标准，无法回收的废水应封闭循环处理；应严格制定旅游区水标准，减少游客日用水量，在房间内安装节水冲洗设备；减少旅游设施耗水，对景观规划控制，规定绿地和建设用地的合理比例；引进激励战略，安装水表，对提取的水量收费，以提高节水兴趣；减少游客数量，发展低密高质旅游。

此外，公众水价值观的缺乏（公众认为政府有责任无限制地提供廉价的水资源）导致水浪费和水污染现象严重。挺进行水保护运动。刺激游客产生强烈的道德感来推动水环境管理的实施。

在旅游区水污染控制和水体复原的相互关系中，水污染控制是第一位的，它是保护水环境的最积极主动、最有效的措施。对污染水体虽然可采取一系列技术措施进行复原，但是复原工作一项复杂的系统工程，需花费大量的人力、物力和财力，也需要较长时间。水体复原是不得已而为之。

四、旅游区植被环境管理

1. 植被生态恢复管理

目前，世界各国都高度重视陆地生态系统管理和植被恢复对全球碳收支的调节作用，通过增强陆地生态系统的减排和增汇功能这一重要的技术途径来应对气候变化。2009 年温家宝出席哥本哈根召开的联合国气候变化大会，并代表中国政府为应对全球气候变化作出温室气体减排和增加陆地碳汇的自主承诺，即：通过实现“到 2020 年我国单位国内生产总值 CO_2 排放强度比 2005 年下降 40%～45%，非化石能源占一次能源消费的比重提高到 15%左右，增强森林管理、新增森林面积 4000 万公顷，森林蓄积量增加 13 亿立方米”的规划目标。

但长期以来，如何恢复被破坏的天然植被，使人工植被与生态环境重新融合为一体，并获得与天然植被相当的生态（服务）功能和生态产出效益，一直是一个既紧迫又为人们所忽视的问题。其原因在于，以人及人的需求为中心的自然观无视植被恢复所应遵循的生态学法则，仅将植被看成是一种孤立的生命现象，从而无所顾忌地割裂植被与自然生态系统之间的联系。其后果就是克隆出以亿万公顷计的“绿色沙漠”（解焱，2002）。

生态学意义上的植被生态恢复主要包括以下方面。

（1）植被完整性

生态完整性意味着当地物种处于可繁衍的水平，而且当前的生态过程能够支持这些物种持续的繁育能力。植被的生态完整性至少应包括以下几方面的内容：完整的植被结构、丰富的植被层次和充分的地表覆盖；完整的生态循环系统和丰富的生态功能群体；完整的生态（服务）功能和效益产出体系；丰富的生物多样性。这些都是植被融入或者作为自然生态系统所必需的。

完整的植被结构和丰富的植被层次以及充分的地表覆盖，意味着植被之间、植被与其他物种之间以及植被与非生命的生态要素和环境之间，有可能存在与天然植被相似的生存空间和生态关系。从而使得在天然植被中存在的生命活动、能量及物质循环、复杂的生态关系等不致被新的植被所阻碍或打断。同样，完整的生态循环系统和丰富的生态功能群体将可能使植被获得充分的营养和能量，以及完全的自我维持与自然演替的能力。而完整的生态（服务）功能和效益产出体系则要求在进行植被恢复工作时不能片面地追求某些功能或效益，否则即便达到目标，也将造成生态的破坏。最后，作为生态完整性的实现者和指标性要素，丰富的生物多样性将可以证实上述生存空间生态关系和循环过程的真实性、有效性和完整性，并且其本身就是一项最重要的生态功能和效益。

（2）植被多样性

恢复植被应具有天然生态系统所要求的异质性（或称多样性），这包括物种组成上的异质性，年龄结构上的异质性以及资源利用上的异质性，等等。这些异质性为多种动植物的生存提供了各种机会和条件，因此也有利于提高生物多样性水平。大部分天然林都是树龄交错的，其间总有发育良好的树苗与补充树层，以及成熟树木等，这使得森林系统具有自我维持的能力。即使是成熟林，也仍存在一定程度或规模的空隙。不同的动物常常生活在不同的空间结构层次上。不同的鸟类可能生活在树冠层、中层乔木、接近地面的灌木，或者地面上。植物也有喜光或耐阴等多种类型。然而人工林的建设过程中却忽略了对异质性的要求，其所形成的人工林的特点就是均一。物种、年龄、结构、间距、排列均整齐划一。这样的树木长大后很难形成层次丰富的结构，继而也引起其他生态问题。

（3）物种交互性

一个生态系统之所以具有自我更新和维持的能力，是因为生存其中的物种之间存在着紧密的交互作用关系，物种间的这些交互作用关系是维持生态系统健康的基础。大多数植物的种子得以传播甚至生根发芽，依赖的是能够传播种子的媒介动物。而控制病虫害的天敌动物，控制着蚕食植被或引起疾病的生物的数量，使生态系统不会因为某种昆虫的过度繁殖而崩溃；枯枝落叶和倒木，养活了许多动物，特别是土壤动物和微生物；分解枯枝落叶，加速土壤营养循环的动物，对维持生态系统内的正常营养循环，起着重要的作用。

在进行植被恢复的时候，必须认真而慎重地考虑到野生动植物之间的相互关系，采取适当方法促进这种良好关系的建立和发展应该被认为是植被恢复的必须步骤。而且可以利用物种之间的这种关系，来加快植被的恢复工作。如植被恢复初期可以选择种植具有小型果实的灌木或其他小型植物，以吸引野生动物来采食嫩叶、花卉或果实。从而带来天然林地区的植物种子，增加正在恢复的植被的物种丰富度。

（4）植被自然性

恢复植被的存废不能依赖人类的帮助，应充分利用自然力和自然演替规律使其逐渐演化为天然植被。唯其如此，植被才有可能真正成为自然生态系统的一部分，具有其应有的生态功能和效益。

根据这一原则，“自然恢复”在各种恢复方法中是最值得推荐的方法。“自然恢复”就是无需人工协助，只是依靠自然演替来恢复已退化的生态系统。封山育林是自然恢复的典型方法。通常这种方法可以缩短实现森林覆盖所需的时间，投资小、效益高。在保持水土、增加森林的稳定性，控制和改善微（局地）气候、保护生物多样性和珍稀物种以及维持大气平衡方面，人工林要比封闭后自然恢复的森林逊色得多。自然力可以是风、水流、天火等。依据各种自然力和自然演替规律而设计的植被恢复方法还有“生态恢复”法。此类方法通常只需种植一个或少数几个演替早期或中期阶段的树种（物种框架法），在城市和农村人口的密集区则可大量种植演替成熟阶段的树种（最大多样性法），其最终目标是实现生物多样性。

（5）植被连通性

连通性原则是非常重要的。生态系统被孤立将对生物物种和整个生态环境构成严重的威胁。而增加孤立的植被斑块间的连通性，可以大大提高生态系统保护生物多样性的能力。农业区和城市目前是造成自然生态系统被割裂的重要障碍。

我国典型的农业生产方式是大面积连绵不断的农田，动植物很难跨越这么大的空间范围，难以找到可以栖息的天然植被、水源或食物，而频繁的虫害，使农业依赖于化肥和农药。如今，农业区土壤的退化和沙化已经是北方沙漠化的重要成因。另外还导致更频繁的洪水、干旱和沙尘暴。在农业区保留当地天然植被带或斑块，以供作为控制害虫和授粉媒介的野生动物所用。这样即可以改进水文，为农作物庇荫和防风沙，还可以保护生物多样性及其景观价值。同时，沿堤坝、路边或农村未使用的地块，种植乡土树种亦可缓解当地对燃料的需求，减少对天然植被的压力。另有研究表明：农业区的天然植被可以为当地畜禽提供遮荫和保护，能够提高畜禽产量。将溪流两岸的植被加以恢复，还可以作为控制鼠害的一种策略。

至于目前我国城市中的花园、公园和绿地，则过于强调观赏性而忽略其生态价值，大量种植外来物种、一年生花卉与四季常绿物种，却没有考虑到种植的这些植物究竟对这个地区有多少生态价值，能否养育当地的各种动物，以及这样的植被能否不（或最少）依赖于人类的帮助而正常生长，并给人类带来好处。我们很需要城市植被能够给我们带来观赏性并降低污染的影响，但其实我们可以更加注重实现城市植被的完整生态功能，这是提高城市生活质量的最好方法。遵照生态学原则实现的植被恢复可以具有很好的水土保持功能，还可以不依赖或最低限度地依赖人类的帮助而自我更新。养育当地的动植物可以增加城市的生机。总之，城市中，特别是像中国这样自然资源已经十分贫乏，生态破坏十分严重的国家的城市，其绿化应该以恢复自然生态为主要目标，应该把非自然的展示减小到最低限度。

（6）植被乡土性

植被恢复应尽可能地使用本地物种，必要时经过严格的科学评估亦可使用某些外来物种，但不能大量使用，更严禁使用外来入侵物种。

外来入侵物种最主要的危害是采用各种方式杀死或排挤当地土著物种，从而引起生态系统中物种的单一化，进而导致很多相应的生态问题。最麻烦的还是一旦外来物种大面积入侵，就失去了人类的控制，往往是用尽所有办法都无法将其清除，甚至无法限制其继续扩散。很长时间以来我国在进行植被恢复和种植经济植物时使用外来物种甚至入侵物种。特别需要注意的是，“外来”这个概念不是以国界，而是以生态系统来定义的。如在退耕还林过程中大量种植的国产经济树种，其中许多被错误地种植到其原来不出现的海拔或地区，这同样会导致入侵现象。

即使不是入侵物种，而只是一般的外来物种，也不宜用于植被恢复，因为它们仍然会占据当地植物的生存空间及养分，造成当地植物以及动物种类和数量的减少。外来物种组成的生态系统所具有的生态功能和作用要远低于天然生态系统。大面积地种植外来物种，对于资源紧缺的中国来说也是一种浪费，因为它们占用了空间，消耗了资源，却没有给我们带来应有的生态功能。

2. 旅游开发与活动对植被的影响

植被是一定地域各种自然要素和人为因素相互作用的最直接表现，它能充分客观地反映其生态环境和人类活动。在以自然景观为主的旅游区，植被是主要的旅游资源，发挥着不可替代的作用，而且植被资源的合理利用是旅游地可持续发展的前提条件。植被受到伤害，就会影响旅游地的发展以及游客来访的数量，游客在景区的活动形式多种多样，对植被本身的影响是不容忽视的，主要有以下几方面的影响（杨丽芬，2008）：

（1）影响植被的生理代谢及形态

在旅游过程中，践踏导致植被受伤，改变其生理代谢功能。在植被的开花或顶芽的发育阶段，叶部受伤可使植被的光合作用受到明显的影响，导致植被生长缓慢，不开花或根部碳水化合物贮存量减少，使植株表现出与遭受病害或营养不良相似的症状，在旅游活动中的负荷增大时还导致植被严重的根腐病和蛀孔。

（2）影响植被种子的发芽及苗木的成活

践踏使土壤变得紧实，使其通透性大大降低，在种子发芽时期，幼芽和幼根的伸展就会受到抑制，践踏的强度加大会将植被的幼苗踩死而影响其成活，可生存的幼苗数量会随着土壤被压实的增加而减少，当 2 厘米厚度的土壤超过每平方厘米 24 公斤压力时，幼苗就没有生存的能力。

（3）影响植被的生长高度，并阻碍其生长

受旅游活动影响的植株，它的高度较未受影响植株降低许多。刘鸿雁、崔海亭和张金海（1998）通过旅游开发对东灵山亚高山草甸的生活型谱影响进行的比较研究，得出随着旅游业的发展，迅速增长的马匹散牧已经对该地区植被群落造成了严重的不良影响，包括植被群落的高度降低，植被覆盖减少的结果。

（4）影响植被的健康与活力

受冲击的植被的活力及抗病虫害能力减弱，具有较高的死亡率。在经过大量游客的徒步践踏后，将会显著地减少有机落叶层的覆盖，松散落叶层的密度将随着践踏的强度而增大，游道及营地上层树木的根系容易受伤害，降低树木吸收养分的能力，使树木抗风能力减弱，被大风刮倒的可能性加大。

（5）影响植被的开花及结果

受旅游活动影响的植被，开花及结果会受到抑制或减少，石强、钟林生等（2004）以旅游活动对张家界国家森林公园植被的影响为题进行了调查研究，调查的结果显示，经 120 人践踏的样区，植被开花量减少了 63%，经 400 人次践踏的地区，开花数则减少了 83%。这说明游客的数量越多，对植被开花及结实的影响就越大，几乎成正比关系。

（6）影响植被的更新与发展

受冲击地的植被更新能力降低，组成经常发生改变，旅游活动的加强使上层因苗木死亡而难以更新，这就给侵移性较强的植被提供了机会，导致冲击区新物种的入侵和定居，甚至取代原有的植物。

（7）影响植被种类的多样性及群落结构

随着旅游活动干扰的加强，植物群落的种类组成趋向简单，植被种类的多样性呈下降趋势。植被在受人为干扰后的恢复研究是群落与生态系统动态研究重点，旅游干扰对乔本层没什么大的影响（温庆忠，2002），但对草本层和灌木层的影响较为显著，受影响最大的是灌木层，这与灌木层容易受到践踏而难以恢复的特性有关（程占红、张金屯，2002）。

3. 旅游区植被环境管理对策

（1）对旅游区进行综合规划

旅游区管理必须运用生态学和旅游活动的规律性进行统一规划，合理划分功能区，把自然生态的保护和旅游产品的开发结合起来，步道和其他设施的布局应在充分论证之后进行，以达到合理引导游客、保护生物生境的目的。根据其生态容量，合理确定接待量。同时，加强生态管理，利用多种途径对旅游者进行生态环境意识教育。

（2）加强对游客流动管理，完善步道及解说系统，减少践踏

要减少旅游活动对植被的影响，如何减少游客践踏是值得考虑的关键问题。首先要在一定程度上提高各景点间的通达性，对游憩活动频率高的林区尽量铺设一定宽度的林中小径（步道），以利于游客对不同林区的观赏，同时可减少游客对林区的任意穿越；其次要加强各林区的保护，在易穿越的入口处应设立警告牌或种植具有一定防护作用的灌木树篱以阻止游客的任意穿越。另外要加强受游憩践

踏活动影响严重林区的植被与土壤恢复，对破坏严重的林区可采取一定程度的固化措施以防止土壤的进一步流失或者植入耐践踏高、防护性强的植物。

（3）对植被进行持续的环境评估和监督，建立完善的评估体系

对于植被恢复的不同目的和要求，还可以采用不同的评估标准或体系。覆盖率不应被用作唯一的评估标准，甚至不应被视为最重要的评估标准。如以水土保持为主要目标时，有效降水量系数可能是一个重要的指标，它表示土壤吸收水分的能力。再如监测生态完整性也很重要，这时生物多样性是一个很好的指标，因为它代表了生态系统的健康状况及其发展方向。物种多样性也是指标之一，但必须谨慎使用，因为物种种数并不一定与生态系统的健康状态成正比，外来物种也可能增加当地的物种数量。而如要监测生态过程，养分和能量的流动，分解率和生产率，主要生态功能群体（分解者、植食者、种子传播者、食肉动物等）的丰富度，关键种以及被保护的特殊物种的种群数量也都是重要的指标。同时，还可以设定一些特定的指标，以了解正在进行的植被恢复工作是否按照我们预计的目标在进行。这些目标包括环境效益、生物多样性保护以及经济可持续能力等。

（4）有计划开展植被恢复工作

植被恢复工作必须有计划地进行，但计划必须是适应性的计划，根据植被恢复的不同地点、不同的期间和面临不同问题进行制定。必须要有严格的计划评估策略，包括独立的科学评估以及确定和解决不确定因素的过程，以对原有计划进行必要的修正。这种计划的灵活性和更新可以使植被尽可能快地实现最高水平的恢复。这要求建立国家或省一级的植被恢复科学指导委员会对植被恢复进程进行评估，并提出修改恢复计划的建议。植被恢复工作应坚持以实现大范围的生态功能为最终目标，在制订任何一个小的计划或采取任何行动时，都应该评估这种行动对生态系统范围内的生态目标的贡献。

第二节　文化影响及其管理

一、地方文化敏感性

美国人类学家克罗伯（A. Krobter）和克鲁克洪（C. K. M. Kluckhohn）在其《文化：概念的批评考察》一书中提出一个对于文化的综合性定义："文化是通过符号而获得，并通过符号而传播的行为模型，这类模型有显形的和隐形的；其符号也像人工制品一样体现了人类的成就；在历史上形成和选择的传统思想，特别

是其所代表的价值关系，是文化的核心；文化系统一方面可以看作是行动的产物，另一方面又是进一步行动的制约因素。”

文化极易受外来因素和内在变化因素的影响与制约。在生态旅游中不可避免地面临着旅游者和旅游地居民在文化层面上的交锋和冲突。

1. 文化梯度

旅游者同旅游地居民间存在着文化梯度。

一种表现为发达地区居民的文化包容性和外来旅游者的文化所产生的梯度。由于发达地区所代表的先进文化，如：城市景观、艺术、文化古迹等所表达的深厚文化底蕴，在外来文化的冲击和移植中能够转化和吸收。所以这种文化梯度对于发达地区发展旅游业是必不可少的。

另一种表现为欠发达地区居民同来自发达地区的旅游者间产生的文化梯度。一些地区在谋取经济利益的同时，往往会产生一些“主”“客”关系倒置的问题。一些历史悠久的传统文化、工艺和地方文化被肢解、演化甚至扭曲以迎合旅游者的文化需求。在文化冲突和移植中，较为发达的文化具有明显的优势地位，呈现出文化替代的态势。当地居民在文化取优的过程中逐渐抛弃和减少了原有的生活习惯、劳动方式和固有的民俗风情和礼仪，而代之以能够在短期内取得经济效益的生产、生活方式，如过度商业化的婚礼表演、节庆表演等，但这种基于满足旅游者较低层次需求的旅游产品开发缺乏对于旅游者持续的吸引力。文化深层内涵在表象的旅游开发中弱化，这可以认为是文化在旅游开发与利用中的高消耗。

旅游吸引力的大小在很大程度上取决于旅游资源的独特性。文化的内涵和可供利用的价值也在旅游发展中处于动态变化中。如果不能针对旅游需求加以引导和增强文化本身的生命力，文化旅游产品将在一种快餐式消费中逐渐丧失其所蕴含的丰富内涵。尤其值得注意的是，文化也同生物物种一样，一旦消失，将不复存在。缺乏文化多样性的旅游将是旅游业发展的悲哀。同样，缺少了文化梯度也会丧失特色文化的吸引力，失去自身的价值。

2. 需求层次错位

通常旅游者主要来自经济比较发达的地区，他们的需求是一种较高层次的需求，主要表现为受尊重和自我实现的需求；而欠发达地区的旅游地居民的需求主要停留在较低层次需求的满足，主要表现为生存需要、安全需要和社会归属与爱的需要，追求的是自我条件的改善和生存状态的和谐。相对于欠发达地区旅游地居民对于吃、住、行等实际的物质生活需要来说，旅游者所追求的游、购、娱的需要是一种奢侈的精神需求（张晨郁，谷金明，2007）。而伴随着旅游开发所出现的地价和物价的上升，会直接影响当地居民的物质生活；娱乐设施的大量建设及其活动所带来的社会治安问题，使旅游在发展过程中存在着一定的问题；旅游开发中的重经济、轻教育的思想也会养成一部分人尤其是年轻一代盲目攀比、模仿和懒惰的心理，并伴随着传统文化意识的丧失，民风退化；由于需求层次上的错位所带来的心理落差，也使一部分人自尊心丧失，从而导致心灵扭曲，产生对于外来旅游者的敌对和仇视。这些都将挫伤当地居民维持传统文化和特色文化的信心，因此在旅游开发中文化保护显得尤其敏感。

一般说来，人们的文化观念在一定的情况下是可以改造和重塑的。虽然具有不同文化背景的人碰到一起可能会因为文化差异而产生误解和冲突，但旅游者健康的审美情趣和文化感知也可以对当地居民具有正面的影响作用：这就是文化适应性的表现。旅游过程中，旅游者和旅游地居民之间的文化互动关系有三种表现形式，即文化冲突、文化认同和文化整合。这些表现形式与居民对旅游者的态度有关（图 6.4）。由此可知，旅游地居民、旅游开发者、旅游者和旅游地社会团体之间是一种合作共生关系。在旅游开发和发展过程中，我们所期望的是经济的发展和文化的融合，即旅游者需要对旅游目的地的文化给予尊重，同时又可通过其健康的文化传播和影响使当地的发展能够更好地融入现代社会，得到发展和完善。

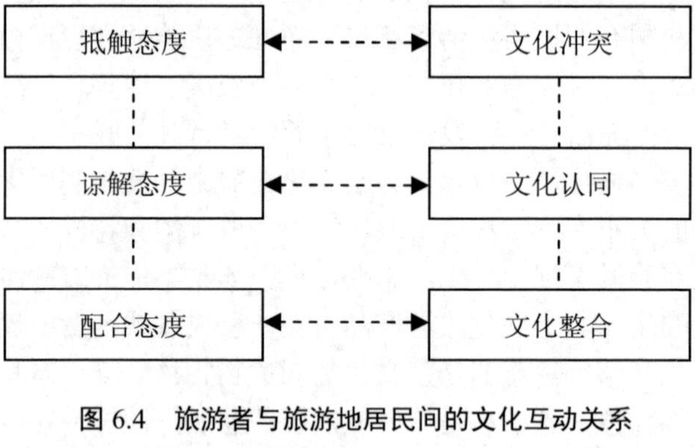

图 6.4 旅游者与旅游地居民间的文化互动关系

引自张晨郁，谷金明（2007）。

二、旅游过程中的跨文化交流

旅游过程实际上也是一个跨文化交流的过程，因此从跨文化角度研究旅游问题，有助于促进旅游目的地本土文化的保护和发展，同时又使得外来文化以一种平和的方式渗入，保证主客文化之间的交流，又不至于超出旅游目的地社会文化的承受力。从跨文化角度考虑，对旅游业影响较大的文化因素有：价值观念、社会关系规范、民族习俗与文化、旅游者个性心理因素、代码系统等。

1. 价值观念

旅游者生活在各自的社会文化背景之中，形成了与本土文化相对应的价值观。

价值观念系统包含了价值取向、行为取向等内容。

不同的文化背景的人，具有不同的价值取向。一般可分为两大类型：群体取向与个人主义取向。在中国社会中人们对集体或群体有很强的归属感，也就是常说的群体取向。因此在旅游观念上，中国人比较喜爱集体出游，成群结队。与中国文化相反，西方人崇尚个人主义，因此在旅游观念上，西方人提倡个体旅游。

从东西方价值取向的对比得知，个人主义表现出来的行为是"求变"，即人们不会满足于已取得的成就，而是要不断打破常规，不断创新。在旅游行为方面，西方人崇尚对外探索，性格外向，喜欢表现自我，喜欢探险旅游，冒险勇进，表现出一种征服的欲望。相对而言，群体取向的表现是"求稳"。人们更倾向于在平静的环境中"相安无事"、"知足常乐"。所以中国人在旅游行为中提倡适度旅游，反对过于张扬和冒险，古有"孝子不登高"、"父母在不远游"之说。另外，中国人对于故土有一种执着的认同感，不易融入异乡社会。

2. 社会关系规范

（1）关系取向与个人本位

人们熟知自己文化中的人际关系规范，但对不同文化的人际关系规范则可能一无所知。中国文化偏向关系群体取向，西方文化偏向个人取向。关系取向指的是在处理人与人之间的关系时，必然要考虑相关群体的利益，人与人之间相互依赖、相互合作。这种关系取向有积极的一面，如中国人谦虚、谨慎，相互合作，讲究集体主义；也有消极的一面，如中国人性格内向、含蓄，习惯于忍让并力求个人与整个环境相适应，使人们缺乏个人竞争意识，过分看重"关系"。个人取向在人际交往中必然会产生个人本位，即以自我为中心，主张个性解放、个性自由，表现出独立、自主，崇尚竞争及对自我实现的追求。

（2）权势与平等关系

在不同文化的社会中，社会关系直接影响着人际规范。这种社会关系表现为"权势"和"平等"关系。中国社会是一个"差序格局"的社会，即本质上是一个等级社会，这样的社会以维护上尊下卑的秩序为根本，所以中国社会的社会关系表现为"权势"。在人际关系中人们首先要服从权威和长辈。而西方的社会关系是一种平等的人际关系。这与中国社会传统的服从权威取向形成鲜明的对照。这对人际关系的影响意义深远，它标志着平等关系大于权势或主从关系，在人际的交往中人人平等。

（3）情感型关系与实用型关系

不同的社会，人际关系取向存在差异，人们对人际关系的类型的选择也有所不同。中西方的人际关系可以分为情感型关系和实用型关系。

所谓情感型关系指人与人之间交往时在物质、精神及情感上相互依存、相互满足并达到需求共享的关系。中国社会关系偏向这种类型关系。这就是为什么中国人非常注重人情和面子，为什么在交往时要善于“做人情”、“送人情”。所谓实用型关系指人们在交往时作为达到某一目标或获取某种东西所建立的一种手段或工具关系。西方社会的人际关系是以这种实用型为取向的，在人际交往中很少顾及人情、面子，常常是公事公办，不讲情面，以“公平交易”为准则。

3. 民族习俗与文化

民族习俗是人类自觉的本质力量的特有表现形式。不同民族认识世界、改造世界所采用的方式是不一样的，在文化上，民族习俗具有为不断推陈出新的现代科学所不可替代的价值，从某种意义上说，民族习俗是现代人类心灵的家园。

民俗文化是以民间文化和民俗风情为主体的民族民间物质上、精神上和制度上的传统，它包括生产与生活习俗、游艺竞技习俗、岁时岁日习俗、礼仪制度习俗、社会组织习俗、民间文学艺术等。

民俗文化是一种实用文化，被称为“活化石”，包含三个层面：第一是物质文化，包括民俗工艺品、民族服饰、建筑等。它是特定民族生产、生活的缩影。通过开发，旅游者可以亲身体验其民俗风情。第二是体制文化，体现为该民族的礼仪及社会习俗，如苗家的“拦路酒”、“打油茶”、“交杯酒”，壮家的“同心板鞋”。旅游者只有深入体验才能领略其文化底蕴。第三是精神文化。民俗形象深处所渗溶浸润的看不见摸不着的心理文化，通过物化的感性文化形态以及人化的社会文化形态得到真实的流露。

民俗文化的吸引力首先表现在民俗风情为旅游者提供了广泛的观赏对象；其次，民俗使人感到人类积极的生活态度，人在与大自然的斗争中将勇于拼搏的热情和良好的愿望相融合；再次，民俗风情可以使游客感受到人与人之间和睦、互助的亲情和礼仪；最后，风俗民情可以使人怀念家乡，起到恋乡爱国的潜意识的陶冶作用。此外，民俗风情活动可以为旅游者提供更多的参与机会。旅游者在观赏的同时总是希望能够把自己与客观景物融为一体，参与其中，这样获得的体验更具体、更生动、更强烈，寻求到的“异”更丰富、更突出，印象更深。

4. 旅游者个性心理因素

旅游行为的决策过程是一个复杂的心理过程，它与旅游需要、旅游动机的产生及对旅游目的地的态度有极为密切的关系。

人的需要总是由低级向高级呈上升的趋势。旅游是人们在温饱得到基本保障之后产生的愿望和行动。跨文化旅游作为一种高层次旅游形式，使旅游者在欣赏不同种类风格的建筑、文物古迹、宗教文化、民族风情、神话传说中，能充分领略当地的历史文化知识，以满足他们的文化心理需求。中国的儒家学说、三国文化等对东南亚、日本、韩国、德国的游客有很强的吸引力，可以说文化精神需要是人们外出旅游的动力。

旅游策划者要充分认识旅游者旅游动机形成的原因，正确地选择自己的目标市场，主动采取行动激发人们对旅游的兴趣。旅游动机的产生一方面来自旅游资源本身的吸引力。旅游资源的知名度与资源本身的特色、旅游者所在地的交通距离有关。原则上讲，资源的吸引力与其本身的特色、知名度成正相关，与旅游者到资源地的交通距离成负相关；另一方面也受各种推销宣传手段的影响。同时也与旅游服务的优良性有密切的关系。

态度是人们赞成或不赞成对某种事物进行评价的心理倾向。态度在跨文化旅游中的具体表现在以下几点：其中定势和偏见既可被看成是某种具有信念或情感性质的态度，也可被看成是识别和简单对外界事物分类的感知过程的产物。二者对跨文化旅游的影响不可忽视。定势是对于某些个人或群体的属性的一套信念。譬如我们常说的中国人好客；美国人富有、慷慨；德国人呆板；日本人勤劳等。这些看法过于一般化、简单化，可能有些是真实的，有些有谬误。由于定势的存在，在跨文化旅游中，旅游者往往以先入为主的印象来审视旅游目的地，容易产生旅游偏见。偏见意为以事先所作的决定或先前的经验为基础的判断。它是基于错误的判断，或先入之见，对别的群体或个人采取否定的态度，这是一种不合理、不健康的心态。

民族中心主义指按照本族文化的观念和标准去理解和衡量他族文化，包括人们的行为举止、交际方式、社会习俗、管理模式以及价值观念等。可以讲，世界上任何民族、任何文化的成员都常常自觉或不自觉地表现出程度不同的民族中心主义。人们在观察另一种文化时往往会不自觉地以自己的是非标准为标准去作出判断。

民族中心主义在跨文化旅游中最直接的影响是容易产生旅游距离。对来自比自己国家强的国家的旅游者往往会产生一种“回避距离”（distance of avoidance）；对弱国的旅游者会产生一种“蔑视距离”（distance of disparagement）或“漠不关心距离”（distance of indifference）。为避免产生旅游障碍，从业人员应该采取“文化相对主义”，即一种文化中的行为只能用其自身的准则去理解和评价，避免先入为主，要以平等的态度对待不同文化背景的成员，缩短旅游距离。

5. 代码系统

（1）符号的内涵

著名符号学家皮尔斯（C. S. Pierce）1997 年称符号是能够被用来在某些方面代表其他东西的任何物象。在旅游中，可以用符号来表达各种信息，如各民族通过服饰这种符号来表达一种社会秩序与法则，而符号由音像和由其所代表的概念组成。

由于文化之间的差异，人们对同一符号的理解有可能是不一样的。这就是信息的明指意义和暗含意义。明指意义指从某一符号直接获取的具体意义，是符号字面所指的意义；而暗含意义指符号字面以外的意义，可能代表所存在的文化中的文化意义、社会意义、情景意义、历史意义和政治意义等。

在中国文化中，梅、兰、菊、竹被誉为花木中的四君子，人们常以梅象征高雅纯洁，以兰象征高雅品格，以菊象征坚毅、清雅、淡泊的高尚品质，以竹象征正直、坚贞、廉洁、有气节。而在英语词汇中它们只是植物名称，不具有汉语词汇包含的文化内涵。

（2）编码和译码

在不同文化环境中，即使是同一符号也有可能存在不同理解。这与所处环境编译码系统有关。信息交流实际上是信息符号的相互转化，即编码和译码（encoding and decoding）的转化。编码是根据代码系统把思想、感情、意念等编成语码，编成诸如言语或非言语行为以及书面语等符号的过程；而译码则是根据代码系统对从外界接受的符号或信息赋予意义或进行解释的过程。其工作原理可以表达为：信息源→编码→信息→渠道→信息接收者→译码→反应→反馈信息传递是否到位，除了编译码系统外，还与交际环境文化有关。

（3）强交际环境文化与弱交际环境文化

在强交际环境的文化中，在人们交际时，有较多的信息量或者蕴涵在社会文化环境和情景中，或者内化于交际者的心中。相对地讲，明显语码负载较少。人们对微妙的环境提示较为敏感，即人们强调“意会”；而在弱交际环境文化中，交际过程中所产生的信息量的大部分由显性的语码负载，人们可以从语码中清晰明了地获取大部分信息，即人们注重“言传”。东方文化属于强交际环境文化，西方文化属于弱交际环境文化。

以上所提及的旅游中的跨文化因素在现实旅游中已有体现，如能充分利用好这些因素，就能促进当地旅游业的良性发展。广西桂林阳朔人口不过2～3万，而长住的外地游客有6～8万，是本地人口的3倍，每年到阳朔的游客超过300万，这个数字还在不断增加。阳朔除了拥有传统的山水景观旅游外，还有令年青旅游者心动的攀岩旅游、生态探险游等；游客可以领略到阳朔当地民族传统文化，同时西方一些思想、观念、生活方式又被当地居民逐渐了解、接纳，在这里交汇、融合，形成了独特的“西街文化”。在中西文化融合的环境中，游客对旅游环境的陌生感消除了，很快融入到这种多元文化氛围中，领略青山秀水，享受悠闲生活，了解民风民情。这里营造的多元文化氛围所具有的吸引力是其他旅游目的地所没有的。

三、旅游对当地文化传统的冲击

旅游对旅游目的地的社会文化影响简而言之就是对人的影响，是旅游地居民通过与游客的直接或间接的接触所感受到的影响，它主要表现为旅游地居民在价值观、个人行为、家庭结构、生活方式、道德观念、宗教、语言、健康和文化等诸方面的变化。①

1. 旅游地居民态度变化

旅游地居民对旅游业的态度与旅游发展的程度及其所处的阶段有关。旅游发展之始，当地居民十分积极，他们满怀善意地接待旅游者，双方都感到很满意。旅游发展起来以后，人们变得以盈利为目的，人与人之间的接触也形式化起来。当发生瓶颈效应或饱和现象，或者当本地发生已不能单独解决的旅游问题时，愤怒情绪也就出现了。愤怒越来越公开，旅游成了当地发展带来的所有弊端的替罪羊，旅游遭到坚决否定。当某些人谈论他们所失去的天堂时，另一些人则试图学会在与过去全然不同的一种生态系统中生活。如果这一旅游地大得可以接待大众旅游，那么它就将继续发展下去。

2. 外来文化影响

旅游者以其自身的意识和生活方式介入旅游地社会中，引起旅游地居民的思想变化，产生各种影响，这种作用称为示范效应。示范效应是旅游对目的地社会发生影响的主要途径。保继刚和楚义芳（1999）对示范效应作过较详尽的分析，认为:“年轻人注意到了西方年轻旅游者的自由和优越的物质生活并千方百计去争取同样的享受，他们受示范效应影响较大，往往到商界、旅游部门或政府机关寻找工作以获取高额报酬，来追求西方生活方式。老一代居民虽不同程度地受到外国生活方式的影响，但仍保持着祖先们传下来的生活习惯。”事实上，旅游者在目的地的行为也是一种失真的高消费，这是当地居民所未料到的。由此也引起了寻求较高生活质量的旅游地居民的向外迁移，这给当地的社会、经济以及家庭结构都带来许多不良影响。示范效应的正面作用是对提高落后地区人口素质有积极作用。落后地区的居民通过模仿和学习，其行为举止、卫生习惯、经商意识都得到改善和提高，从而使以交换而生产，以及由此而来的生活方式的变革已成为可能。

3. 道德退化现象

旅游可以摆脱日常生活的清规戒律，到没有熟人的远离自己住地的地方尽情花钱，因此也会出现道德退化现象。“闲逸、与工作似乎无关的任意支出、时髦的装备和装束、豪华奢侈的宾馆别墅——这一切都令第三世界的穷人心驰神往，让

① 本节三、四部分参考了李经龙、郑淑婧、周秉根（2003）的工作。

他们无心勤奋工作和田间劳作——旅游者的闲逛，正是反对发展的宣传。卖淫、酗酒和抢劫行为并非完全因为旅游而产生，但不可否认，旅游对这些现象是有影响的，并且导致了它们的扩展。”（比尼古尔，1982）找工作的困难和“现代”消费方式的诱惑，致使许多人沉沦下去。在一些不发达地区旅游业往往与色情、犯罪与赌博关系密切。

4. 对语言的影响

旅游是人与人、人与地之间交流的过程，而国际旅游者与当地居民的交流必然会引起语言和文字的渐趋改观。旅游者以能学会几句他乡方言而自豪，当地居民和服务人员以通晓外语为己任。随着旅游的发展，当地居民很想学习旅游者的语言，以便交流。由于旅游者的大量移民冲淡了当地方言，当地方言因旅游而被腐蚀了。旅游虽对促进语言的统一大有贡献，但却不利于语言文化多样性的保护，而且舶来品过多，会冲淡本土语言的纯洁性和严密性。

5. 对宗教的影响

宗教一方面会成为旅游吸引物，另一方面它会对异教徒有强烈的排他性，因而宗教地区对旅游本应持否定态度。但受经济利益的驱动，一些宗教地区大兴旅游业，使宗教的排他性降低，严格的宗教意义出现松懈，宗教活动的商业化倾向趋向严重。许多旅游者去宗教圣地旅游，并不是为了精神上的需求，而纯粹是宗教向往和好奇心使然，他们的行为举止、服装衣饰经常引起虔诚教徒的严重不满。宗教在旅游者与当地民众的冲突中已成了商品化的产物。当然，许多宗教和考古建筑之所以能从被毁坏的境地中拯救出来，更多地是由于旅游的发展，而不是由于它们在当地民众看来所具有的价值。

6. 文化移入

纽兹（Nunez）1977 年研究表明，当两种不同的文化接触时，彼此通过反复“借用”的方式向对方靠拢。但是这种借用并不是对等的，墨菲（Murphy，1985）认为：“它总是较先进的文化影响较落后的文化。”夏普利（Sharpley）1994 年指出，文化移入与旅游者和居民接触的类型及特征有关，因为只有那些发现自己正在与旅游者进行有意义的交流的人才能意识到文化的移入。但是，布伦特和考特尼（Paul Brunt & Paul Courtney）1999 年的研究表明，不进行这种有意义的交流，对文化的某种程度的影响照样存在。比尼古尔说：“在这一过程中，许多因素起着作用。首先，一种或多种民族文化——它们的形式各不相同——常常被贬低和扭曲。然后，对外部的模仿效应等得到加强和发展。最后便产生了接待国家居民对外国观光者的明显的自卑感。”

旅游业只是文化移入的一个方面，各种文化碰撞引起的文化变更并不仅仅是旅游发展的结果，便利的交通、城市化的进程、探索者与当地人的交往等都有助于文化的移入。因此，在研究中一定要分清哪些是来自旅游业的影响，哪些是其他因素作用的结果。

四、旅游对当地社区的影响

1. 古镇过度商业化

纵观文化遗产地的发展，大都逃脱不了这样的一个发展模式：遗产被“发现”、被包装后推向市场，开始走入“商业化”的发展道路，虽然起到了地区经济的带动作用，但当地人却失去对经济资本规模和类型的控制，最终陷入“过度商业化”的困境（徐红罡，2005）。商业化主要表现在以下几个方面。

（1）景观的高强度开发用于满足大量旅游者的需求。在景观旅游区形成人流如织，大规模的人口聚集和大规模的接待服务设施，表现出明显的商业化特征，而非文化特征。

（2）在旅游区内部或周边地区，兴建了旅游商业化基地，从事大规模的固定的物品商业贸易，成为景观区城镇化的典型。

（3）在周边人工仿造一系列景观从事旅游经营指向十分明确的各种经营活动，使原有的景观环境高度商业化。

（4）到处兜售的各种纪念品和宣传招贴、现代音乐都强化了商业化氛围。

商业化是一个值得讨论的问题。有的商业化形成对文化景观生态的不可逆破坏。而有的商业化形成则是满足文化景观规模化发展的需要。对于旅游者来说，感受真实性是历史与环境相融合，适度的商业化过程是必要的，但高度商业化会误导“自然—文化—生活”地方性景观的可靠性、真实性和旅游者的经历与感受。

文化遗产的发展是以当地经济、文化、社会的和谐发展为目标的，然而商业化，包括旅游的开发导致的商业化所带来的人员流动和异地文化的入侵，引发了旅游目的地社会文化环境的一系列变迁。尤其在古镇旅游的商业化进程中，地方文化资源是被当作商品进行生产和消费的，有商品交换则必然存在价值规律的作用，而市场法则具有的盲目性使得商业因素的投入规模和发展速度往往难以控制，若经济的发展以文化的流失为代价，当造成文化不可逆转的破坏时，即商业化的发展超过“度”的限制时，旅游开发便成为一种文化资本向经济资本的单向度转化过程，从而陷入多数学者所言的“过度商业化”的局面，这是旅游商业化的极端表现（李倩、吴小根、汤澍，2006）。

保继刚、苏晓波（2004）在实地调查苏州周庄古镇和云南丽江古城的基础上，提出“过度商业化”现象具有以下特征：一是商业功能的转化是由旅游推动的，面向旅游者的店铺数量比例很大，甚至超过面向本地居民的店铺数量（参见图6.5）；二是商铺商品的供给超过当地居民的购买力，旅游商品同质性严重，手工艺品减少，大规模生产的产品充斥市场。目前，我国文化遗产旅游的发展中，周庄、武当山、丽江、凤凰等文化遗产地都存在不同程度的“过度商业化”倾向。

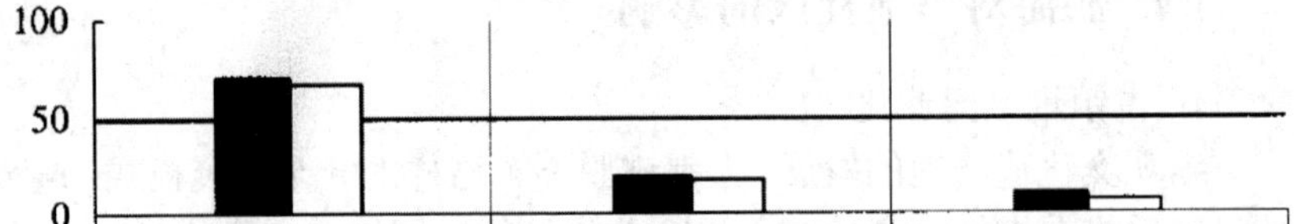

	面向旅游者的门面	面向旅游者和居民的门面	面向居民的门面
■丽江古城（%）	69.66	19.92	10.42
□周庄古镇（%）	67.02	17.99	7.28

图 6.5 丽江古城和周庄古镇主要商业功能占各自总体的统计

引自保继刚，苏晓波（2004）。

2. 工艺品过度世俗化

卡达（de Kadt）1979 年认为：“旅游者对文化纪念品的需求可以导致当地工艺品的新生”。比尼古尔说：“在进行了古董、古老的首饰、地毯、小雕像和面具的最初拍卖后，这种现象便迅速发展起来。这是为了满足旅游者的需要，因为，从第三世界带回的物品在这些国家引起了迷恋”。夏普利（Sharpley）1994 年指出，当地社区旅游商品的大批生产致使其纪念意义和可信度的下降。国内研究表明：旅游业的发展引起了旅游地工艺美术风格和形式上的变化，也改变了这些工艺美术品原来的意义，一些原来富有宗教和礼仪意义的工艺品现在也变成了纯粹的商品。人类学家认为，工艺品与外界交流的过程中经历了 3 个主要阶段的变化：（1）失去其传统的艺术设计形式，特别是那些有深刻宗教含义和神话意义的工艺品；（2）代之而起的是能成批生产的退化而简单的工艺品；（3）随后而来的是技术水准很高和富有地方特色的工艺品的复兴。应该注意的是，在受到当今迅速发展的旅游业的冲击以前，旅游地的工艺美术形式就已经开始发生变化。国内现在对民间工艺品的现代开发，用追求效益（即使打着文化效益的牌子）的规模和规格化生产代替溶注了心血和情感的手工生产，丧失了其中精神意味。

3. 习俗节事过度娱乐化

罗贝尔·郎卡尔 1997 年研究表明：“旅游能促使传统的或民间的舞蹈变成粗俗的肚皮舞，并使其丧失神圣性和象征性。它还使礼拜的场所非神圣化，使宗教仪式变质，使圣物受到亵渎。”那些传统的节日以及风俗习惯在许多旅游地经过预先安排以娱乐的形式被介绍给旅游者，从而失去了其原有的意义。传统习俗的商业化、庸俗化，使得旅游者在当地逗留的时间越短，对当地的扭曲越大。而且由旅游地居民表演的扭曲的本土文化现象，并非发展中国家的专利，发达国家的旅游胜地也不乏类似的文化商品化现象。国内最常采用的市场开发和兴建“民俗村”等措施，尽管可以唤起人们对民俗的兴趣和保护意识，但却有使民俗成为“文化表演”的危险。众多案例表明，文化形式经过修饰去为旅游服务，就失去了其传统的意义。

4. 社会结构趋于复杂化

伯恩斯和霍顿（Burns & Holden，1995）认为：“旅游一方面使当地收到了社会经济利益，另一方面也使当地人对旅游的依赖性及其社会差异性增强了。旅游地存在的最大社会问题就是太拥挤。不断紧张的社会压力使企业家或政府工作人员为了缓和这一压力而采取政策性的内部变化。”哈里森（Harrison）1992 年认为：“旅游给社会变化提供了新的机会，也促进了社会变化。”

从单个的旅游目的地或国家来看，旅游业的迅速发展导致了社会结构的变化。这些变化中有些是有利的，如不断增加的收入、教育、就业机会、基础设施和服务；还有一些是不利的，如对社会和家庭价值的挑战、新的垄断组织的出现和迎合旅游需求的文化活动的频繁等。还有对旅游地居民健康的影响、通货膨胀给居民带来的不便等。

五、旅游地文化管理原则

1. 文化保护原真性与真实性

原真性就是坚持生态旅游区原有文化的原创性、真实性及不可复制性。原真性保护的目的是真实、全面地保存并延续文化的历史信息及全部价值。保护的任务是通过技术和管理的措施，修缮自然力和人为造成的损伤，制止新的破坏。所有保护措施都必须遵守不改变文化原有状态的原则。文化保护还涉及生态旅游地建筑的原真性保护，主要体现在一是保存原来的建筑形制，即包括原来的平面布局、原来的造型、原来的艺术风格等；二是保存原来的建筑结构；三是保存原来的建筑材料；四是保存原来的工艺技术。文化保护的目的是要保存历史的原貌，因为回归历史原貌才能正确反映当时历史的真实情况，才能具有真实的历史价值。

2. 当地社区公众参与

公众参与（Public Participation，PP）是在一定的社会环境下，公众通过各种形式，自主发动“受公众决策影响的各方”参与到有关的决策过程中，对决策方施加影响乃至改变决策方向的过程。西方“公众参与”概念出现于 20 世纪 70 年代，经过长期的实践和理论发展，较为成熟，参与程度高，参与成本低，参与手段多。我国的“公众参与”概念是 20 世纪 80 年代末从西方引进的。经过三十多年的实践，取得了一定成绩，但面临大量的问题，主要体现在：参与程度低，参与手段单一，专业性过强，技术方法落后，政府干预思想突出。

为了保护和复兴旅游目的地的文化，当地居民和社区公众应当被赋予相应权利，如永久参与政策的制定过程、直接参与环境管理、保护当地文化独特性等。必须在公众和文化资源之间建立起某种“消费关系”，将文化定位于社区的符号结构中。国家、机构、企业必须让当地居民和社区参与到遗产旅游地管理中来，而不只是扮演一个被动的“主人”角色。

世界旅游组织、世界旅游理事会与地理理事会联合制定并颁布的《关于旅游业的21世纪议程》倡导可持续发展旅游业的重要措施之一，就是将当地居民作为关怀对象，并把他们的参与作为旅游发展过程的一项重要内容和不可缺少的环节。社会文化的旅游开发尤其需要注重这种参与性开发。如果大多数的村民眼睁睁看着旅游经济所带来的种种好处自己不但不能从中受益，反而还要忍受由旅游所带来的负面影响，这样很可能导致传统文化的扭曲甚至丧失。当地居民是民族文化的拥有者和实践者，民族文化的旅游开发是离不开他们的，没有他们的参与，旅游开发将无法进行。通过他们的参与使他们获得一定的经济利益，分享旅游发展带来的好处，让他们真切地感受到传统文化带给他们的一切，增加他们对民族文化的自信心和自豪感，同时使他们重视并自觉保护这些文化遗产，从而使他们的民族文化得以传承。而民族文化的继续传承又使其作为旅游资源得以继续开发和利用，最终使民族地区旅游业获得了可持续发展。

以我国最早（1987年）作为少数民族村寨博物馆正式对外开放的黔东南苗族侗族自治州雷山县苗族村郎德上寨为例。经过多年的检验，郎德上寨对于立体保护少数民族传统文化起到了较好的作用。而且，在对外旅游开放的二十多年中，郎德上寨共接待了国内外旅游者几十万人，收到良好的经济效益和社会效益。

3. 适度开发

民族文化是旅游资源的源泉。从民族文化的文化要素分类方面看，能开发成旅游产品的民族文化主要是所谓的“显性文化要素”，即显露在外、与特定物质关系紧密相连、有明确物质形态与之对应、人们可以直接感知的文化要素，如建筑、服饰、交通设施、生产工具、工艺品、语言、文字、风俗等；而不能表现在外的由知识、态度、价值观等构成的所谓“隐性文化要素”，主要存在于人们的精神生活中，并不以特定的物质形态表现出来，不容易被人们感知，就不适合开发成旅游产品。许多少数民族将大量的具有象征意义和精神意义的文化要素注入一定的仪式中（如苗族巫师进行巫事的仪式），如果不加选择地将它们开发成旅游产品，则由于绝大多数旅游者不具备相当的人类学知识，不能理解隐含在这些仪式或礼俗中的宇宙观，只是将它们视为奇异、新鲜的习俗，从而造成民族文化的肤浅化和庸俗化。因此，在开发民族文化村寨所承载的民族文化旅游资源时，应注重适度原则，不能过度开发，不能把所有的民族文化的方方面面作为旅游产品向游客开放。

4. 体现地域特色

不同的地域有不同的自然、社会政治、经济、文化、历史条件，其文化景观必然带有浓厚的地域特色，同时在一定的地域背景人们形成了特定的世界观、生产生活方式和习俗，如人际交往习俗、服饰、饮食习俗、住居习俗、建筑习俗、婚嫁习俗，等等。旅游活动本身就是一种文化行为，从文化学的角度来看，旅游者的出游动机往往是追求一种文化的认同或者文化的差异。因此，旅游产品只要能够把地域文化活灵活现地表现出来，对旅游者就会有吸引力。

5. 和谐共处

文化生态学认为，人类对环境的利用与影响是通过文化的作用而实现的，人类的文化越发达，人对环境的利用越广泛，其影响也就越大越深入，文化生态系统内部各种文化要素与自然环境之间有着固有的联系，系统内部有着独特的物质和信息流及系统的反馈调控机制。旅游产品的开发必须遵循文化生态学原则，要有利于文化生态系统的稳定和良性发展，要实现旅游者与旅游地的和谐共处。在这个和谐的大系统里面，旅游者、旅游经营者、旅游地居民、政府各自都有应担负的责任和享有的权利。

六、文化保护与管理面临的挑战

1. 旅游地传统文化的孤岛化

“孤岛化”现象是现今传统地域文化景观面临的重大问题之一。由于现代产业技术对自然环境的制约和依赖性降低，依托技术就可以形成具有技术集群的产业集群。因此城市化、工业化和商业化的分散发展和成片推进，加之不同等级的交通体系的分割，传统地域文化景观逐步被现代景观所替代，传统地域文化景观的完整空间逐步缩小，最后被现代城市景观、现代产业景观、商业景观和现代居住景观所包围或呈现三面围合的现象，传统地域文化景观空间呈现出孤岛化特征。孤岛化主要表现在传统地域文化景观在空间上的“岛屿化”孤立格局和空间上的不连续现象。

2. 旅游地传统文化的边缘化

传统地域文化景观的边缘化现象成为文化继承与发展的重要障碍。边缘化主要表现在：

（1）由于在发展过程中偏离经济的中心地区和热点地区而成为经济发展相对的“冷区域”，经济发展相对落后，社会变革相对缓慢，因此使传统地域文化景观得以保存；

（2）由于交通变化和对外联系途径的变化而失去往日繁华的地位在空间上成为被遗弃的区域具有边缘化特征；

（3）由于地处偏僻地区和较差的可达性使传统地域文化景观的边缘化特征；

（4）在区域发展中由于时尚文化和现代文化的发展占据主流，而传统文化的空间越来越少，呈现边缘化现象。

从某种程度上看，传统地域文化景观能够存在的主要原因是得益于现代经济社会文化的相对滞后。但边缘化则使这些传统文化景观区域付出发展的巨大机会成本，并因为与周边环境间巨大的差异而形成巨大的文化和心理反差，进一步加大人们对现代文化的渴望和需求，从而加强了文化景观边缘化的格局。

3. 旅游地传统文化的现代化

传统地域文化景观的现代化突出表现在以下几个方面：

（1）现代工业技术文明的广泛传播和应用深刻改变了人与环境相互作用的过程和机理；

（2）现代材料的革新彻底改变了景观构筑物的本底特征，成为区别与传统景观建筑的重要特征；

（3）现代产业活动与产业结构在传统地域的发展，成为现代化的重要标志；

（4）建筑物、道路、交通工具的城镇化；

（5）传统地域生活环境的人工景观化；

（6）少数民族生活节奏和方式的都市化。

景观的现代化是落后地区享有发展权利和享受现代文明权利的必然结果。现代化是不可逆转的发展趋势。现代化与地方性同样成为传统地域文化景观过程中的两个方面。地方性是发展中的个性，而现代化同样既存在于同化作用占主导的一体化过程，又存在于异化作用下的地方特色发展。

4. 旅游地传统文化的商业化

商业化对景观环境与景观生态保护来讲是一个值得讨论的问题。有的文化景观商业化形成对景观生态的不可逆破坏。而有的商业化形成则是满足文化景观规模化发展的需要。虽然有违于景观的真实性，但却创造性地进行了景观的开发，蕴藏着巨大的市场机会。对于旅游者来说，感受到真实性是将历史与环境相融合和完善商业化过程是必要的，但高度商业化会误导“自然—文化—生活”地方性景观的可靠性、真实性和旅游者的经历与感受。

5. 旅游地传统文化的失真化

我国早期进行风景名胜区建设忽视了环境协调和保护性的要求，以致后来产生了许多负面影响。风景名胜区中的一些世界遗产项目在开发时并没有完全遵循完整性和真实性两大原则，没有全方位考虑如何体现世界遗产的独特价值，人工建筑和设施对自然环境也造成了极大冲击。

6. 旅游地文化管理的分散化

我国风景名胜区分为国家重点风景名胜区、省级风景名胜区、市（县）级风景名胜区三个等级，其目前的管理模式主要有三种形式（表 6.1）。我国目前的三种管理模式，既不符合市场经济的要求，也不利于保护风景名胜区中世界遗产项目的完整性和真实性要求，更不利于旅游业的发展。企业是一个盈利的机构，在开发中，不可避免因为经济利益的驱动，忽略世界遗产的完整性和真实性要求，即便我国的“国家直接管理模式”和国外国家公园的“中央集权管理”在形式上有相近的地方，但我国的国家管理效率不高，风景名胜区归口于建设部，整个权力在地方政府，造成条块分割、各自为政的局面，难以形成统一管理。

表 6.1　我国生态旅游目的地管理模式对比

管理模式	特点	弊端	景区代表
国家直接管理	经营权和所有权合一	中央财政压力大，经营效率低	八达岭长城
企业化管理	所有权属于国家，经营权属于企业	企业的短视，破坏性开发严重	张家界、黄山
部分企业化经营	所有权和部分经营权属于国家，部分旅游项目企业化运营，过渡性	企业的自主经营权有限，无法充分调动经营者的积极性	武夷山、庐山

7. 文化管理与保护经费来源的单一化

我国大部分风景名胜区的保护经费主要由中央和地方财政拨款，经费来源单一，加重了各个财政机构的负担，而且落实情况并不理想，很多的款项没有按规定到位，造成保护工作不能及时开展。同时，我国部分风景名胜区过分依靠门票收入维持其日常运营，特别是到了旅游旺季，门票价格飙升，出现许多世界遗产地的天价门票。

七、文化保护及管理模式

作为一种具有保护价值的地区文化，其必然经由长期的外部环境和当地人们生产生活等活动相互作用而逐步形成，也必然随着外部世界的变化而逐步演进。不论任何一种文化，在全球化、现代化、市场化的背景下，势必面临全球与本土、现代与传统、市场与公益的抉择。

但是，我们应该看到，全球化、现代化、市场化是一种不可逆的趋势，如果阻止这种趋势，只能造就生态旅游地“封闭自守”、“不合时宜”的地域文化，可能会造成当地人与外界的割裂、孤立，甚至会带来严重的社会问题，如当地人的自卑、自甘落后、不思进取、犯罪等行为。只有与时俱进地推进当地的经济发展，才能激起当地人对本地文化的自豪感，才能有意识地积极地进行保护。

总体来说，有以下两种文化保护及管理的模式。

1. 非营利的文化保护及管理模式

非营利性的文化管理意味着文化单位不依赖市场经营获取经济利益，而主要依赖于国家财政拨款及NGO和NPO的文化赞助和文化捐赠。进行非营利性经营的文化单位多强调收藏、展示、陈列、教育、传播、普及知识等作用，主要满足学习、科研、健康等需求，具有较强的专业性，对游客的技术能力、学识、鉴赏能力、体力等有一定的要求。因此，其受众面较窄，即使市场化经营，也难以获得足够的资金维持日常运营成本。

（1）政府财政投入

政府财政投入包括这样几个部分，国家财政拨款、地方财政拨款、国家专项基金投入、其他地区政府的对口支援等。政府财政投入是非营利性文化单位的主要资源来源。

（2）NGO、NPO的赞助及捐款

NGO（Non-Governmental Organization）意为“非政府组织”，指独立于政府之外，不以营利为目的的自愿者的组织。而NPO是Non-Profit Organization的缩写，意为“非营利组织”。非营利组织为社会提供特殊形式的公共物品，对政府职能欠缺提供必要的补充，其存在不以营利为目的。从活动领域上讲，它主要从事慈善、科学、教育、文化、卫生等事业。从性质上讲，它提供的服务或产品往往有着明显的公益性或互益互助性。从机构性质上讲，它区别和独立于作为公共管理部门的政府和作为营利部门的企业，是第三部门。

NPO的主要组织形式有社会团体、民办非企业单位、基金会等，由于各种非营利组织的组织形式不同，活动范围和活动方向不同，筹集资金的方式不同等种种原因，从实际情况看，不同类型的非营利组织的收入来源还不尽相同。目前社团组织最主要收入来源是收取的会员会费收入，该项来源几乎占了社团所有收入来源的一半以上。社团组织居第二位的收入来源是各种营业性收入，包括培训班收入、评比收入、技术转让收入、利息收入、咨询收入、刊物发行收入和“三产”收入等十几种收入；还有社会捐赠和项目经费等来源的收入，占比重比较低；以及有些社团组织可以得到政府提供的财政拨款或补贴。民办非企业单位基本上不能得到政府提供的财政拨款和补贴，其主要收入来源是提供各种服务等营业性的收入，接受的社会捐赠也很少。基金会的收入情况也根据其主办方的不同而不尽相同。多数公募基金会的收入来源主要是财政拨款、补贴和社会捐赠，另外，资金运行的保值增值收入也组成收入来源的一部分。公募基金会可以面向社会公众募捐。非公募基金会的收入来源主要是公司或个人捐赠，非公募基金会不得面向社会公众募捐。非公募基金会的收入来源十分有限，基本上是依靠发起设立的原始基金和进行运营基金而得到的收益。

随着社会的发展，人们慈善意识的增强，以及慈善理智的提高，NPO 的数量增加很快，其提供的功能服务也更加丰富和多元化。相信未来 NPO 的公共服务和资金等赞助支持也会为中国生态旅游地的文化保护及管理作出积极贡献。

2. 营利性的文化保护及管理模式

并非所有的文化单位都是枯燥而缺乏吸引力的，有的文化单位因其稀缺性、独特性、参与性、故事性、娱乐性、大众性、形象性等特点而具有极强的吸引力，极易被开发，从而适宜于开展营利性的文化经营。其营利模式可以分为两种：

（1）门票模式

对于文化单位收取门票，有这样一些好处：第一可以增加收入；第二可以弥补运营成本；第三有利于景区改进设施服务，让游客享受更好服务；第四有利于控制客流，减少景区的环境压力，有利于可持续发展。在目前中国还没有更好的办法应付巨大的旅游流的情况下，收取门票是对地方财政和景区景点来说双赢的一件事情。

（2）无门票的社区共赢模式

文化单位的收费有悖于其自身的公益性，这也是专家为之争论不休的问题。尤其在国外鲜有这方面的先例存在情况下，国内采取与国际做法相悖的如此具有中国特色的门票之路，也是极度引起争议的问题。另外，门票收取也有悖于宗教的信义，如少林寺主持释永信认为少林寺收门票有悖于千百年来佛教寺庙向信徒及过客免收门票及提供公益服务的传统。

免收门票并不意味着收入的流失，而意味着旅游收入分配的多元化，从而带动景区周边大批的旅游产业的发展。2002 年，杭州西湖景区突然宣布取消门票，“还湖于民”，成为开放性景点。杭州也因此以每年 2530 万元的门票损失换来了上百亿元的经济效益。杭州市审计局 2006 年完成的《环西湖景点免费开放以来管理单位财务收支绩效情况的专题调查报告》表明，免费开放和西湖综合保护工程的实施，带动了西湖景区商业网点经营价值的提升，通过拍卖、出租或承包景区商业网点经营权等市场化手段，不仅抵补了所损失的门票收入问题，也用最小的成本理顺了景区管理养护单位与政府、企业、游客间的利益关系。

“还富于民”不仅在提高市民生活品质、提升城市整体形象的全局利益上发挥了重要作用，而且对推进名胜区管理体制改革、更新管理理念、改善部门财务收支状况也起到了一定的激励作用，社会效益同样显著。

思考题

1. 何谓环境管理？请简要说明环境管理的基本原则和功能。
2. 环境管理的主要类型有哪些？
3. 简述主要的环境管理技术。
4. 简述旅游对于水体和植被的影响。
5. 说明旅游对当地文化传统的冲击和主要表现。
6. 简述旅游地文化管理的主要原则。
7. 文化保护和管理面临的挑战有哪些？

参考文献

1. Alderson, W.T., & Low, S. P. Interpretation of Historic Sites (2nd Ed.) [M]. TN: American Association for State and Local History, 1985.
2. Amerom, M. African Foreign Relations as a Factor in Ecotourism Development: The Case of South Africa [J]. Journal of Ecotourism. 2006, 5: 112-127.
3. Backman, K. F., & Potts, T. D. Profiling Nature-Based Travellers: Southeastern Market Segments [M]. Strom Thurmond Institute, Clemson University, 1993.
4. Blamey, R. Principles of Ecotourism [C]. In D. Weaver (1st Ed.), Encyclopedia of Ecotourism [M]. Wallingford, UK: CAB International. 2001.
5. Boo, E. Ecotourism: The Potentials and Pitfalls [M]. WWF. 1990.
6. Buckley, R. A Framework for Ecotourism [J]. Annals of Tourism Research, 1994, 21(3): 661-664.
7. Buckley, R. Ecotourism Land Tenure and Enterprise Ownership: Australian Case Study [J]. Journal of Ecotourism, 2004a, 3: 208-213.
8. Buckley, R. Environmental Impacts of Ecotourism [M]. Wallingford, UK: CABI. 2004b.
9. Buckley, R. In Search of the Narwhal: Ethical Dilemmas in Ecotourism [J]. Journal of Ecotourism, 2005, 4: 129-134.
10. Burns, P., & Holden, A. Tourism: A new perspective [M]. London: Prentice Hall, 1995.
11. Burton, R. Travel Geography [M]. Pitman, London，1995
12. Burton, F. Can Ecotourism Objectives Be Achieved [J]. Annals of Tourism Research, 1997, 24(4): 755-757.
13. Butcher, J. The Moral Authority of Ecotourism: A Critique [J]. Current Issues in Tourism, 2005, 8: 114-124.
14. Butcher, J. The United Nations International Year of Ecotourism: A Critical Analysis of Development Implications [J]. Progress in Development Studies, 2006, 6: 146-156.

15. Nieuwkamp, B. W. Zone, L. Modelling in Ecotourism [M]. Diss. 1996.
16. Campbell. L. M. Ecotourism in Rural Developing Communities [J]. Annals of Tourism Research, 1999, 1(26): 534-553.
17. Canadian Institute of Planners. Community Cycling Manual - A Planning and Design Guide [G], 1990.
18. Charnley, S. From Nature Tourism to Ecotourism? The Case of the Ngorongoro Conservation Area, Tanzania [J]. Human Organization, 2005, 64:75-88.
19. Chapman, K. National Parks: Private Sector's Role [M]. University of Southern Queensland Press, 1996, pp.134–139.
20. Gunn, Clare A. Tourism Planning [M]. Taylor & Francis, 1988.
21. Cooper, C., & Wanhill, S. Tourism Development: Environmental and Community Issues [M]. John wiley & Sons, 1997.
22. Davies, J. Exploring Open Spaces and Protecting Natural Places [J]. Journal of Ecotourism, 2002, 1: 173-180.
23. Diamantis D. The concept of ecotourism: Evolution and trends [J]. Current Issues in Tourism, 1999, 2(2-3): 93-122.
24. Dinerstein, E., Bookbinder, M. P., Rijal, A., Cauley, H., & Rajouria, A. Ecotourism's Support of Biodiversity Conservation [M]. Blackwell Publishers Ltd, 1998.
25. Dixon, J., & Sherman, P. Economics of Protected Areas [M]. Washington, DC: Island Press, 1990.
26. Drum, A., Alan, M., Soles, A., Patterson, C., & Terborgh, J. E. The Business of Ecotourism Development and Management [M]. The Nature Conservancy, 2004.
27. Duffy, R. Global Environmental Governance and the Politics of Ecotourism in Madagascar [J]. Journal of Ecotourism, 2006, 5: 128-144.
28. Dunlap, R. E., Van Liere K D. A proposed measuring instrument and preliminary results: The 'New Environmental Paradigm'[J]. Journal of Environmental Education, 1978, 9(1): 10-19.
29. Eagles, P. F. J., & Cascagnette, J. W. Canadian ecotourists: Who are they?[J]. Tourism Recreation Research, 1995, 20(1): 22-28.
30. Eagles, P. E. The Travel Motivations of Canadian Ecotourists [J]. Journal of Travel Research, 1992, 31(2): 3-7.
31. Eubanks, T., Stoll, J., & Ditton, R. Understanding the Diversity of Eight Birder Sub-populations: Socio-demographic Characteristics, Motivations, Expenditures and Net Benefits [J]. Journal of Ecotourism, 2004, 3: 151-172.

32. Fennell, D. Ecotourism: An Introduction [M]. London: Routlege Press, 1999.
33. Fennell, & Eagles P.F.J. Ecotourism in Costa Rica: A Conceptual Framework [J]. Journal of Parksand Recreation Administration, 1990, 8(1): 23-34.
34. Fennell, D., & Weaver, D. The Ecotourism Concept and Tourism Conservation Symbiosis [J]. Journal of Sustainable Tourism, 2005, 13: 373-390.
35. Fennell, D. A Content Analysis of Ecotourism Definitions [J]. Current Issues in Tourism. 2001, 4: 403-421.
36. Fennell, D. 著. 张凌云译. 生态旅游［M］. 北京：旅游教育出版社. 2004, 11.
37. Fennell, D., & Dowling, R. 著. 张广瑞等译. 生态旅游政策与规划 [M]. 天津：南开大学出版社，2003.
38. Ferreira, S., & Harmse, A. The Social Carrying Capacity of Kruger National Park, South Africa: Policy and Practice [J].Tourism Geographies, 1999, 1: 325-342.
39. Froster, R. Planning for Man and Nature in National Parks [M]. Switzerland: International Union of Conservation of Nature and Natural Resources, 1973.
40. Galley, G., & Clifton, J. The Motivational and Demographic Characteristics of Research Ecotourists: Operation Wallacea Volunteers in Southeast Sulawesi, Indonesia [J]. Journal of Ecotourism, 2004, 3: 69-82.
41. García, J. C., & Ricalde, D. G.著 蔡学娣译．服务能力解放了当地居民：玻利维亚马迪迪国家公园的恰拉兰生态旅馆[J]．产业与环境（中文版），2002, 12.
42. Gössling, S. The consequences of tourism for sustainable water use on a tropical island: Zanzibar, Tanzania[J]. Journal of Environmental Management, 2001, 61(2): 179-191.
43. Green, M. J., & Paine, J. State of the World's Protected Areas at the End of the Twentieth Century. Paper presented at the IUCN World Commission on Protected Areas Symposium, Albany, Australia, 1997, 24-29 November.
44. Eagles, P. F. J. The travel motivations of Canadian ecotourists[J]. Journal of Travel Research, 1992, 31(2): 3-7.
45. Gunn, C. A. Tourism Planning (3rd Ed.) [M]. Taylar & Francis. 1994.
46. Hammit, W. E., & Cole, D. N. Wiwdland Recreation Ecology and Management [M]. John wiley & Sons. 1987.
47. Harris, R., & Walshaw, A. Sustainable Tourism: An Australian Perspective [M]. Sydney: Butterworth Heinnemann, 1995.
48. Hawkins, D. A protected Areas Ecotourism Competitive Cluster Approach to Catalyse Biodiversity Conservation and Economic Growth in Bulgaria [J]. Journal

of Sustainable Tourism, 2004, 12: 219-244.

49. Holland, S., Ditton, R., & Graefe, A. An Ecotourism Perspective on Billfish Fisheries [J]. Journal of Sustainable Tourism, 1998, 6: 97-116.

50. Honey, M. Ectourism and Sustainable Development: Who Owns Paradise? [M]. Washington, D.C.: Island press, 2002, pp.2-19.

51. Hunter, C., & Green, H. Tourism and the environment: A sustainable relationship? [M]. Routledge, 1995.

52. Hunter, C., & Shaw, J. Applying the Ecological Footprint to Ecotourism Scenarios [J]. Environmental Conservation, 2005, 32: 294-304.

53. Johnson, D. Providing Ecotourism Excursions for Cruise Passengers [J]. Journal of Sustainable Tourism, 2006, 14: 43-54.

54. Inskeep, E. Tourism Planning: an Integrated and Sustainable Development Approach [M]. New York Van Nostrand Reinhold, 1991.

55. Jones, & Jones. Esthetics and Visual Resource Management in the Highway Development Process: First Pilot Course[M]. Transpoint, Washington, D. C., 1977.

56. Kerstetter, D., Hou, J., & Lin, C. Profiling Taiwanese Ecotourists Using A Behavioral Approach [J]. Tourism Management. 2004, 25: 491-498.

57. Knudson, D. M., *et al.* Interpretation of Cultural and Natural Resources [M]. Venture Publishing, Inc. 1999.

58. Kontogeorgopoulos, N. Conventional Tourism and Ecotourism in Phuket, Thailand: Conflicting Paradigms or Symbiotic Partners? [J]. Journal of Ecotourism, 2004, 3: 87-108.

59. Lai, P., & Shafer, S. Marketing Ecotourism through the Internet: An Evaluation of Selected Ecolodges in Latin America and the Caribbean [J]. Journal of Ecotourism, 2005, 4: 143-160.

60. Lascurain, C. The Future of Ecotourism [J]. Mexico Journal, 1987, 1: 13-14.

61. Lascurain, C. Tourism, Ecotourism and Protected Area [J]. IUCN (the World Conservation Union), 1996.

62. Leiper N. Tourist attraction systems [J]. Annals of tourism research, 1990, 17(3): 367-384.

63. Leones, J., Colby, B., & Crandall, K. Tracking expenditures of the elusive nature tourists of Southeastern Arizona [J]. Journal of Travel Research, 1998, 36(3): 56-64.

64. Lumsdon, L. A., & Swift, J. S. Ecotourism at A Crossroads: the Case of Costa Rica

[J]. Journal of Sustainable Tourism, 1998, 6(2): 155-172.

65. Luzar, E. J., Diagne, A., Ecgan. C., *et al.* Profiling the nature-based tourist: A multinomial logit approach [J]. Journal of Travel Research, 1998, 37(1): 48-55.
66. Luzar, E. J., & Henning, B, R. Tourism Survey [J]. Louisiana: Department of Agricultural Economics and Agribusiness, Louisiana State University, Baton Rouge, 1994.
67. Luzar, E. J., Diangne, A., & Gan, H. R. Evaluating Nature-based Tourism Using the New Environmental Paradigm [J]. Journal of Agricultural and Applied Economics, 1995, 27(2): 544-555.
68. Mackoy, R., & Osland, G. Lodge Selection and Satisfaction: Attributes Valued by Ecotourists [J]. Journal of Tourism Studies, 2004, 15: 13-25.
69. Meric, H. J., & Hunt, J. Ecotourists' Motivational and Demographic Characteristics: A Case of North Carolina Travelers [J]. Journal of Travel Research, 1998, 36(4): 57-61.
70. Minca, C., & Linda, Ecotourism on the edge: the case of Corcovado National Park, CostaRica[M]. Wallingford, UK: CAB International, 2000.
71. Ministry of Transportation of Ontario. Ontario Bikeway Planning and Design Guidelines [G]. 1996.
72. Moscardo, G., Ballantyne, R., & Hughes, K. Designing Interpretive Signs Principles in Practice [M]. Fulcrum Publishing, 2007.
73. Moscardo, G., Morrison, A. M. and Pearce, P. L. Specialist Accommodation and Ecologically-Sustainable Tourism. [J]. Journal of Sustainable Tourism, 1996, 4(1): 29-52.
74. Murphy, Peter E. Tourism A Community Approach [M]. New York: Methuen. 1985.
75. Nevin, O., & Gilbert, B. Measuring the Cost of Risk Avoidance in Brown Bears: Further Evidence of Positive Impacts of Ecotourism [J]. Biological Conservation, 2005, 123: 453-460.
76. Orams, M.B. Towards a More Desirable Form of Ecotourism [J]. Tourism Management, 1995, 16(1): 3-8.
77. Ospina, G. War and Ecotourism in the National Parks of Colombia: Some Reflections on the Public Risk and Adventure [J]. International Journal of Tourism Research, 2006, 8: 241-246.
78. Parker, S., & Khare, A. Understanding Success Factors for Ensuring Sustainability

in Ecotourism Development in Southern Africa [J]. Journal of Ecotourism, 2005, 4: 32-46.

79. Pierce, R. C., & Kalivas P W. A circuitry model of the expression of behavioral sensitization to amphetamine-like psychostimulants [J]. Brain research reviews, 1997, 25(2): 192-216.
80. Price, G. Ecotourism Operators and Environmental Education: Enhancing Competitive Advantage by Advertising Environmental Learning Experiences [J]. Tourism Analysis, 2003, 8: 143–147.
81. Rodger, K., & Moore, S. Bringing Science to Wildlife Tourism: The Influence of Managers' and Scientists' Perceptions [J]. Journal of Ecotourism, 2004, 3: 1-19.
82. Romeril, M. Tourism and the environment — accord or discord? [J]. Tourism management, 1989, 10(3): 204-208.
83. Ross, S., & Wall, G. Ecotourism towards Congruence between Theory and Practice [J]. Tourism Management., 1999, 20: 36-42.
84. Ryan, C. & Saward, J. The Zoo as Ecotourism Attraction Visitor Reactions, Perceptions and Management Implications: The Case of Hamilton Zoo, New Zealand [J]. Journal of Sustainable Tourism, 2004, 12: 245-266.
85. Ryan, C. Application of Leisure Motivation Scale to Tourism [J]. Annals of Tourism Research, 1998, 22(1): 169 - 184.
86. Ryan, C. Tourism and Cultural Proximity: Examples from New Zealand [J]. Annals of Tourism Research, 2002, 29(4): 952 -971.
87. Sautter, E. T., and Leisen, B. Managing Stakeholders: A Tourism Planning Model. Annals of Tourism Research, 1999, 26(2): 312-328.
88. Scott, D., Shafer, C. S. Recreational specialization: a critical look at the construct[J]. Journal of Leisure Research, 2001, 33(3): 319-343.
89. Sharpley, R. Ecotourism: A Consumption Perspective [J]. Journal of Ecotourism. 2006, 5: 7-22.
90. Shackley, The Future of Gorilla Tourism in Rwanda [J]. Journal of Sustainable Tourism, 1995, 3(2): 61-72.
91. Sheehan, L. R., and Ritchie. J. R. Destination Stakeholders: Exploring Identity and Salience. Annals of Tourism Research, 2005, 32(3): 711-734.
92. Silva, G., & McDill, M. Barriers to Ecotourism Supplier Success: A comparison of Agency and Business Perspectives [J]. Journal of Sustainable Tourism. 2004, 12: 289-305.

93. Sirakaya, E. Attitudinal Compliance with Ecotourism Guidelines [J]. Annals of Tourism Research, 1997, 24(4): 919-950.

94. Solomon, B., Luse, C., & Halvorsen, K. The Florida manatee and eco-tourism: Toward a safe minimum standard [J]. Ecological Economics, 2004, 50: 101-115.

95. Stein, T., Clark, J., & Rickards, J. Assessing Nature's Role in Ecotourism Development in Florida: Perspectives of Tourism Professionals and Government Decision-makers [J]. Journal of Ecotourism, 2003, 2: 155-172.

96. Sutherland, W. J. 等著．张金屯译．生态学调查方法手册[M]．北京：科学技术文献出版社．1997.

97. Swain, M., & Swain, M. An Eco-feminist Approach to Ecotourism Development [J]. Tourism Recreation Research, 2004, 29: 1-6.

98. Tananone, B. International tourism in Thailand: environment and community development [J]. Contours (Bangkok), 1991, 5(2): 7-9.

99. Tao, C. H., Eagles, P., & Smith, S. L. J. Profiling Taiwanese Ecotourists Using a Self-definition Approach [J]. Journal of Sustainable Tourism, 2004, 12(2): 149-168.

100. Tilden, F. Interpreting our heritage (2nd. Ed.) [M]. Chapel Hill: University of North Carolina Press, 1967.

101. Thomlinson, E., & Getz, D. The Question of Scale in Ecotourism: Case Study of Two Small Eco-Tour Operators in the Mundo Maya Region of Central America[J]. Journal of Sustainable Tourism, 1996:4(4), 183-200.

102. Transportation Association of Canada. Bikeway Traffic Control Guidelines [G]. 1998.

103. Transportation Association of Canada. Geometric Design Guideline for Canadian Roads [G]. 1999.

104. Twidale, C. R., & Bourne, J. A. Commentary: Practices, Problems and Principles for Ecotourism — A Case Study [J]. Tourism Geographies, 2003, 5(4): 482-492.

105. Uzzell, D., & Ballantyne, R. Contemporary Issues in Heritage & Environmental Interpretation (1st Ed.) [M]. The Stationery Office. 1998.

106. Wallace, G. & N., & Pierce, S. M. An Evaluation of Ecotourism in Amazonas, Brazil [J]. Annals of Tourism Research, 1996, 23(4): 843-873.

107. Wall. G., & Wright, C. The environmental impact of outdoor recreation [J]. Publication Series, Department of Geography, University of Waterloo, 1977 (11).

108. Weaver, D. B., & Lawton, L. J. Overnight ecotourist market segmentation in the Gold Coast hinterland of Australia [J]. Journal of Travel Research, 2002, 40(3):

270-280.

109. Weaver, D. Comprehensive and Minimalist Dimensions of Ecotourism [J]. Annals of Tourism Research, 2005, 32: 439-455.

110. Weaver, D. Ecotourism (2nd Ed.) [M]. Brisbane, Australia: Wiley, 2006.

111. Weaver, D. Ecotourism as Mass Tourism: Contradiction or Reality? [J]. Cornell Hotel and Restaurant Administration Quarterly, 2001, 42: 104-112.

112. Weaver, D. Ecotourism in the Less Developed World [M]. Cab International, 1998.

113. Weaver, D. Mass and Urban Ecotourism: New Manifestations of an Old Concept [J]. Tourism Recreation Research, 2005, 30: 19-26.

114. Weaver, D. The Encyclopedia of Ecotourism [M]. CABI Pub, 2001.

115. Wight. R. G., Green, M. F., & Erki, M. A. Prestressed FRP sheets for poststrengthening reinforced concrete beams[J]. Journal of composites for construction, 2001, 5(4): 214-220.

116. Zografos, C., & Oglethorpe, D. Multi-criteria Analysis in Ecotourism: Using Goal Programming to Explore Sustainable Solutions [J]. Current Issues in Tourism, 2004, 7: 20-43.

117. Zwirn, M., Pinsky, M., & Rahr, G. Angling Ecotourism: Issues, Guidelines and Experience from Kamchatka [J]. Journal of Ecotourism, 2005, 4: 16-31.

118. 白光润．生态旅游[M]．福建人民出版社．2002.

119. 宝山生态步道吸引都市骑车人，目前已建成 58 公里乡间绿色长廊[N]．上海青年报．2007-6-12.

120. 保继刚，苏晓波．历史城镇的旅游商业化研究[J]．地理学报．2004，6: 427-436.

121. 保继刚，苏晓波．历史城镇的旅游商业化研究[J]．地理学报，2004，59(03).

122. 保继刚，楚义芳．旅游地理学（修订版）[M]．高等教育出版社，1999.

123. 比尔·劳森，大卫·鲁德著．建筑材料、能源与环境：朝向生态可持续发展[M]．中国环境科学出版社．2000.

124. 不祥．生态旅馆定义[N]．中国绿色时报．2001，10，31（003）.

125. 常旭．生态旅游的社区参与研究——基于制度经济学[D]．华中师范大学．2005.

126. 陈晨，王民，蔚东英．环境解说历史及其理论基础的研究[J]．环境教育，2005，7：15-17.

127. 陈福亮，侯佩旭．国内外生态旅游者的生态意识调查研究——以三亚市南山旅游文化区为例[J]．海南大学学报（人文社会科学版），2005，23(1)：114-117.

128. 陈静，朱丹丹，刘明丽．松山自然保护区生态旅游环境教育研究[J]．四川林勘设计．2008，9：39-41.
129. 成升魁，吴大伟，钟林生．生态旅游理论进展与实践探索 2009 中国青海国际生态旅游高峰论坛文集[M]．中国环境科学出版社．2010.
130. 程占红，张金屯，上官铁梁，等．芦芽山自然保护区旅游开发与植被环境的关系 51 植被环境质量分析[J]．生态学报，2002，22（10）：1765-1773.
131. 丁缘媛，李源．生态旅游及其经济效益初探[J]．理论与当代．2007，5：16-18.
132. 都伟．公共设施[M]．机械工业出版社．2006.
133. 范海兰，洪滔等．中国国家级森林公园数量特征分析[J]．2009，6：157-160.
134. 冯卫红，邵秀英．旅游产品设计与开发[M]．中国科学技术出版社，2006，06.
135. 高峻，刘世栋．可持续旅游与环境管理[M]．南开大学出版社．2005.
136. 国务院关于发布第六批国家重点风景名胜区名单的通知[G]．国函[2005]107号.
137. 海鲁尔·阿尔诺建筑事务所编著．自然、建筑和外表：生态建筑设计[M]．华中科技大学出版社．2009，8.
138. 韩立民．2010 中国海洋论坛论文集[M]．中国海洋大学出版社．2010.
139. 何磊．谈生态旅游者的判定、特征及培育[J]．商业时代．2009，4：49-50.
140. 何玮．环境保护与汽车工业的可持续发展[G]．中国环保产业．2005，4：19-20.
141. 侯沛芸，李光中，王鑫．生态旅游与世界遗产教育策略拟定之研究[J]．旅游科学．2005，10：8-13.
142. 胡卫华．生态旅馆的标准，现状及发展对策探讨[J]．环境科学与管理，2009，34（1）：27-29.
143. 胡文海．旅游规划环境影响评价研究[J]．池州学院学报．2009，10：48-50.
144. 黄光宇，陈勇．生态城市理论与规划设计方法[M]．科学出版社．2002.
145. 黄震方．海滨生态旅游地的开发模式研究[D]．南京师范大学．2002.
146. 贾党辉．基于自然保护区的生态旅游规划理论、方法与实践的研究[D]．西安建筑科技大学．2003.
147. 贾小换．森林公园野外宿营地开发规划研究[D]．东北林业大学．2007.
148. 江嘉熙．发展旅游事业中的一些环境生态问题[J]．生态学杂志，1985，8.
149. 姜付高．浅议体育旅游生态化建设[J]．曲阜师范大学学报．2002，4：114-116.
150. 解焱，李典谟，MacKinnon J．中国生物地理区划研究[J]．生态学报，2002，22（10）：1599-1615.
151. 解焱．植被恢复的生态学原则[J]．大自然，2003 （3）.

152. 金文姬，沈哲．海洋旅游产品开发[M]．浙江大学出版社．2013.
153. 李博．生态学[M]．北京：高等教育出版社．2000.
154. 李洪波，黄安民．生态旅游等级评价一个理论框架[J]．生态经济．2003，10：130-134.
155. 李经龙，郑淑婧，周秉根．旅游对旅游目的地社会文化影响研究[J]．地域研究与开发．2003，12：80-83.
156. 李明辉，谢辉．中外生态旅游者动机与行为的比较研究[J]．旅游科学，2008，22（3）：18-23.
157. 李倩，吴小根，汤澍．古镇旅游旅游开发及其商业化现象出探[J]．旅游学刊，2006，21（12）：52-56.
158. 李强，理论与实践：旅游规划编制结构的比较研究[D]．西安建筑科技大学．2001.
159. 李素馨．都市视觉景观偏好之研究[J]．都市与计划，1999，26（1）：19-40.
160. 李文明，钟永德．生态旅游环境教育[M]．中国林业出版社．2010.
161. 李小英，张汝栋，张文．汽车露营与生态环境保护[J]．中国环境生态网．2006，6：19.
162. 李燕琴．一种生态旅游者的识别与细分方法——以北京市百花山自然保护区为例[J]．北京大学学报（自然科学版），2005，6：010.
163. 李周，孙若梅．中国自然保护区和国家森林公园对环境与社会的影响[J]．生态经济．1996，6：9-14.
164. 梁莺莺．生态旅游区环境解说系统规划与设计研究[J]．北京交通大学．2008.
165. 林水富．福建省生态旅游产品开发研究[D]．福建农林大学．2004.
166. 刘峰．旅游系统规划．地理学与国土研究，1999，15（1）.
167. 刘鸿雁，崔海亭，张金海等．旅游开发对东灵山亚高山草甸的影响[J]．生态学杂志，1998，17（3）：63-66.
168. 刘家明．生态旅游地可持续旅游发展规划初探[J]．应用生态学报．1999，14（1）：79-82.
169. 刘静艳等．生态旅游社区参与模式的典型案例分析[J]．旅游科学．2008，8：59-63.
170. 刘先觉等．生态建筑学[M]．中国建筑工业出版社．2009.
171. 刘长海，李宏．国内环境解说研究现状及发展方向探讨[J]．首都师范大学学报 （自然科学版），2007，6：013.
172. 刘忠伟，王仰麟，陈忠晓．景观生态学与生态旅游规划管理[J]．地理研究．2001，5：207-212.

173. 卢云亭，王建军．生态旅游学[M]．旅游教育出版社．2004.
174. 罗艳蕊，董翠香．环境保护与体育运动可持续发展[N]．北京体育大学学报．2005，28：584-586.
175. 吕永龙．生态旅游的发展与规划[J]．自然资源学报，1998，13（1）：81-86.
176. 马木兰，汪宇明．非物质文化遗产旅游产品化的转型模式[J]．桂林旅游高等专科学校学报．2008，4：282-287.
177. 苗雅杰，苗静．实施生态旅游环境教育的意义及对策[J]．长春大学学报．2004，11：89-91.
178. 欧阳志云，王如松，赵景柱．生态系统服务功能及其生态经济价值评价[J]．应用生态学报，1999，10（5）：635-640.
179. 彭顺生．中国遗产旅游环境解说系统管理功能的缺失与重构——以丽江古城为例[J]．广州大学学报（社会科学版）．2009，6：42-47.
180. 彭兆荣．旅游人类学[M]．北京：民族出版社．2004，21：321-191.
181. 任保才，刘振邦．生态能源与现代化生态能源企业[J]．内蒙古农业大学学（社会科学版）．2003，2：16-19.
182. 山本良一著．王天民译．战略环境经营生态设计——范例 100[M]．化学工业出版社．2003，4.
183. 申元村，刘锋．中国的生态环境与生态旅游[M]．气象出版社．2011.
184. 沈兵．大理苍洱自然保护区旅游与环境可持续发展的规划进行研究[J]．国土开发与整治，1996，13（1）：5-8.
185. 沈花晨．旅游区游客中心规划设计研究[J]．东南大学学报（哲学社会科学版）．2006，12（8）：95-97.
186. 石金莲、李俊清、李绍泉．北京松山自然保护区生态旅游客源结构调查研究[J]．北京林业大学学报（社会科学版）．2003，01：45-48.
187. 石强，钟林生，汪晓菲．旅游活动对张家界国家森林公园植物的影响[J]．植物生态学报，2004，28（1）：107-113.
188. 史本林．生态旅游发展研究[M]．西安地图出版社．2005，09.
189. 宋瑞．我国生态旅游利益相关者分析[J]．中国人口资源与环境．2005，1：36-41.
190. 苏雁．我国野生动物栖息地保护法律问题研究[D]．昆明理工大学．2007.
191. 孙玉军，刘艳江，赵炳柱．生态旅游及其评价指标探讨[J]．北京林业大学．2001，3：109-110.
192. 田穗文，龙晓明．旅游发展中的跨文化研究[J]．经济与社会发展．2003，7：30-34.

193. 佟玉权．环境与生态旅游[M]．中国环境科学出版社．2009.
194. 汪华斌，周玲主编．生态旅游开发[M]．科学出版社．2000.
195. 王德刚．乡村生态旅游开发与管理[M]．山东大学出版社．2010.
196. 王敬武．论生态旅游的内涵及规律[J]．北京工商大学学报（社会科学版）．2005，2：95-100.
197. 王丽莹，王逢瑚．浅析生态酒店室内自然景观的构成要素[J]．家具与室内装饰，2007（5）：62-64.
198. 王民，蔚东英，陈晨．通过环境解说实施环境教育的研究[J][J]．环境教育，2005，5：4-7.
199. 王仰麟，杨新军．风景名胜区总体规划中的旅游持续发展研究[J]．资源科学．1999，21（1）：37-43.
200. 温庆忠．人为干扰对珠江源自然保护区森林植被的影响[J]．林业调查规划，2002，27（1）：43-48.
201. 翁锡全，吴燕波，王玉昕，林文韬．体育运动开展的生态问题及其可持续发展对策[G]．生态与自然保护．2001，1：33-34.
202. 吴必虎，高向平，邓冰．国内外环境解说研究综述[J]．地理科学进展．2003，3：326-334.
203. 吴必虎．旅游生态学与旅游目的地的可持续发展[J]．生态学杂志．1996，15（2）：37-43.
204. 吴必虎．旅游研究与旅游发展[M]．南开大学出版社．2009.
205. 吴楚材．论中国野营区的开发建设[J]．旅游学刊．1997，05：37–40.
206. 吴宜进．旅游资源学[M]．华中科技大学出版社．2009.
207. 肖朝霞，杨桂华．国内生态旅游者的生态意识调查研究——以香格里拉碧塔海生态旅游景区为例[J]．旅游学刊．2004，01：67-71.
208. 肖笃宁，杨桂华．生态旅游透视[M]．中国旅游出版社．2002.
209. 肖笃宁．论当代景观科学的形成与发展[J]．地理科学．1999，19（4）：379-384.
210. 谢彦君．旅游与接待业研究：中国与国外的比较——兼论中国旅游学科的成熟度[J]，旅游学刊．2003，5：20-25.
211. 休·罗芙，曼纽尔·福安特，斯蒂芬妮·托马斯著．栗德祥，邹涛译．生态建筑设计指南[M]．中国林业出版社．2008.
212. 徐红罡．文化遗产旅游商业化的路径依赖理论模型[J]．旅游科学．2005，6：74-78.
213. 徐红罡．文化遗产旅游商业化的路径依赖理论模型[J]．旅游科学，2005，19（3）：74-78.

214. 徐克帅，朱海森．英国的国家步道系统及其规划管理标准[J]．规划师．2008，11（24）：85-89.
215. 徐嵩龄．中国文化与自然遗产的管理体制改革[J]．管理世界．2003，6：63-73.
216. 许秀杰．生态旅游基本特征及发展对策研究[J]．乡镇经济．2007，1：52-55.
217. 雅法尔·雅法里．旅游对发展中国家社会经济变化的作用[M]．1973.
218. 雅克·比尼古尔．趾高气扬的旅游者在非洲[M]．巴黎：昂达·卡尔塔拉出版社．1982：23-25.
219. 杨桂华，钟林生 等．生态旅游[M]．北京：高等教育出版社．2000.
220. 杨桂华．生态旅游景区开发[M]．科学出版社．2004.
221. 杨桂华．生态旅游可持续发展四维目标模式探析[J]．人文地理．2005，5：71-77.
222. 杨慧，陈志明，张展鹏．旅游、人类学与中国社会[C]．云南大学出版社．2001，8.
223. 杨正荣．保护、开发利用鸡足山自然生态资源，发展旅游事业的探讨[J]．生态经济，1986，3
224. 杨正泰．旅游景点景区开发与管理[M]．福建人民出版社．2000.
225. 尹贻梅，刘正浩，刘志高．生态旅游环境监测系统[J]．国土与自然资源研究．2003，1：67-68.
226. 印开蒲，鄢和琳．生态旅游与可持续发展[M]．四川大学出版社．2003.
227. 于志刚，刘洪滨，李京梅等．海洋经济[M]．海洋出版社．2009.
228. 袁新华．区域生态旅游营销管理——基于旅游者环境态度与行为差异的研究[M]．中国旅游出版社．2009.
229. 约翰·维佛卡著．郭毓洁，吴必虎，于萍译．旅游解说总体规划[M]．中国旅游出版社．2008，6.
230. 张朝枝．旅游与遗产保护——基于案例的理论研究[M]．南开大学出版社．2008.
231. 张晨郁，谷金明．文化生态旅游的敏感性分析及操作原则初探[J][J]．商业时代，2007，20：96-97.
232. 张帆．旅游景区管理[M]．福建人民出版社．2006.
233. 张广瑞．生态旅游理论辨析与案例研究[M]．社会科学文献出版社．2003.
234. 张广瑞．生态旅游理论辨析与案例研究[M]．社会科学文献出版社．2004.
235. 张建春．生态环境保护与旅游资源开发[M]．浙江大学出版社．2010.
236. 张建春．生态旅游研究[M]．杭州出版社．2007，2.
237. 张建萍．生态旅游[M]．中国旅游出版社．2008.

238. 张建萍．生态旅游理论与实践[M]．中国旅游出版社．2001，6.
239. 张馨文．北观国家风景区自行车道及步道系统整体规划暨选线委托方案成果报告书[R]．台湾中华大学综合研究中心．2004，12.
240. 张馨文．九十六年度新竹县自行车道整体规划设计总结成果报告书[R]．台湾中华大学综合研究中心．2008，12.
241. 张着疆，安云娜．浅谈生态旅游中的国民生态素质教育[J]．菏泽学院学报．2008，7：123-125.
242. 章锦河，张捷．旅游生态足迹模型及黄山市实证分析[J]．地理学报．2004，59（5）：763-771.
243. 章锦河．旅游废弃物生态影响评价——以九寨沟、黄山风景区为例[J]．生态学报．2008，6.
244. 甄翌．关于建立我国生态旅游认证制度的思考[J]．世界标准化与质量管理．2006，7：41-43.
245. 郑泽厚．论旅游生态经济学的理论体系[J]．理论月刊．1998，11：33-37.
246. 中国汽车露营未来的发展[N]．21 世纪房车网．2004，8.
247. 中国汽车运动联合和汽车露营分会．体育休闲（汽车）露营营地建设标准（试行）[S]．2004.
248. 中国人与生物圈国家委员会．自然保护区与生态旅游[M]．中国科学技术出版社．1998.
249. 中国人与生物圈国家委员会秘书处，杨桂华等．生态旅游的绿色实践[M]．科学出版社．2000.
250. 钟洁，杨桂华．中国大学生生态旅游者的生态意识调查分析研究——以云南大学为例[J]．旅游学刊．2005，1：53-57.
251. 钟林生，赵士洞，向宝惠．生态旅游规划原理与方法[M]．化学工业出版社．2003，4.
252. 钟林生，郑群明，石强．中国实施生态旅游认证的机遇与挑战[J]．中国人口．资源与环境．2005，2：112-116.
253. 周怀东，彭文启．水污染与水环境修复[M]．化学工业出版社．2005.
254. 周玲强．生态旅游区认证标准及推广过程中政府行为研究——以浙江省为例[D]．浙江大学博士学位论文．2005：13-87.
255. 周敦源．生态旅游机器产品营销策略研究[D]．中南林学院硕士论文．2003.